Tenzin Wangyal Rinpoche

# Übung der Nacht

TENZIN WANGYAL RINPOCHE

# ÜBUNG DER NACHT

## Tibetische Meditationen in Schlaf und Traum

Aus dem Amerikanischen von Jochen Eggert

Diederichs

Die Originalausgabe erschien unter dem Titel
*The Tibetan Yogas of Dream and Sleep*
bei Snow Lion Publications, Ithaca, New York.
Sie wurde bearbeitet und herausgegeben von Mark Dahlby.

*Dieses Buch widme ich Namkhai Norbu Rinpoche,*
*der für mich eine große Inspiration ist,*
*sowohl in meiner Art zu lehren als auch in meiner*
*eigenen Praxis.*

Die Deutsche Bibliothek – CIP-Einheitsaufnahme
Tenzin Wangyal <Rin-po-che> :
Übung der Nacht : Meditationen in Schlaf und Traum /
Tenzin Wangyal Rinpoche. Aus dem Amerikan. von Jochen Eggert. –
Kreuzlingen ; München : Hugendubel, 2001
(Diederichs)
Einheitssacht.: The Tibetan yogas of dream and sleep <dt.>
ISBN 3-7205-2189-3



Umschlaggestaltung: Zembsch' Werkstatt, München
Produktion: Maximiliane Seidl
Satz: EDV-Fotosatz Huber/Verlagsservice G. Pfeifer, Germering
Druck und Bindung: Huber, Dießen
Printed in Germany

ISBN 3-7205-2189-3

# Inhalt

# Vorwort

Ein tibetisches Sprichwort lautet: »Um Zweifeln an der Echtheit der Lehre und der Übermittlung zu begegnen, soll man die Linie und die Geschichte vorweisen.« Deshalb möchte ich dieses Buch mit einer kurzen Darstellung meines Werdegangs beginnen.

Ich wurde kurz nach der Flucht meiner Eltern vor den chinesischen Unterdrückern in Tibet geboren. Unsere Lebensumstände waren damals schwierig, und meine Eltern brachten mich in einem christlichen Internat unter, in der Hoffnung, daß ich dort gut aufgehoben sei. Mein Vater war ein buddhistischer Lama*, meine Mutter praktizierte Bön*. Mein Vater starb nach einiger Zeit. Meine Mutter heiratete später noch einmal, und zwar einen Bön-Lama. Er und meine Mutter wünschten sich, daß ich in meine Kultur eingebunden bliebe, und so kam ich mit zehn Jahren nach Dolanji, in das Hauptkloster des Bön in Indien, und erhielt die Mönchsordination.

Ich hatte bereits einige Zeit in diesem Kloster gelebt, als ich von dem Lopon (Hauptlehrer) Sangye Tenzin Rinpoche als Reinkarnation Khyungtul Rinpoches, eines berühmten Gelehrten, Lehrers, Autors und Meditationsmeisters, erkannt wurde. Er genoß außerdem den Ruf eines großen Astrologen und war in Westtibet und Nordindien als Bezwinger wilder Geister berühmt. Man kam von weit her, um ihn als einen Heiler mit magischen Fähigkeiten aufzusuchen. Einer seiner Gönner war der Herrscher von Himachal in Nordindien. Er und seine Frau hatten sich schon lange Kinder gewünscht,

* Die mit einem Stern markierten Begriffe sind im Glossar erklärt. (Anm. d. Red.)

aber vergeblich, und so baten sie Khyungtul Rinpoche, sie zu heilen. Er tat es, und der Sohn, der dem Paar daraufhin geschenkt wurde, ist der gegenwärtige Chief Minister von Himachal Pradesh, Virbhardur.

Als ich dreizehn war, plante mein gütiger Wurzelmeister, Lopon Sangye Tenzin, ein Mann von großem Wissen und hoher Verwirklichung, eine Einführung in eine der wichtigsten, hochesoterischen Lehren der Bön-Religion, in die Dzogchen*-Lehre der »Mündlichen Übermittlung von Zhang Zhung« (*Zhang Zhung Nyan Gyud**). Obwohl ich noch recht jung war, besuchte mein Stiefvater Lopon Rinpoche und bat ihn, auch mich zu diesen Unterweisungen zuzulassen, die drei Jahre lang jeden Tag in Anspruch nehmen würden. Lopon willigte ein, doch wie alle anderen zugelassenen Schüler mußte ich ihm einen Traum aus der Nacht vor dem Beginn der Unterweisungen berichten; aus diesem Traum konnte er für jeden einzelnen ersehen, ob er wirklich schon bereit war, die Lehre zu empfangen.

Manche der Schüler konnten sich an keinen Traum erinnern, und das galt als Zeichen dafür, daß Hindernisse im Wege lagen. Lopon wies ihnen geeignete Reinigungsübungen zu und verschob den Beginn der Unterweisung so lange, bis jeder Schüler einen Traum gehabt hatte. Die von anderen Schülern berichteten Träume dienten Lopon als Hinweis auf bestimmte Übungen, die zur Vorbereitung dienen konnten – beispielsweise Übungen, welche die Verbindung der Schüler zu den Beschützern* des Bön stärkten.

Ich träumte von einem Bus, der das Haus meines Meisters umrundete, obgleich es dort keine Straße gab. Mein Freund war in diesem Traum der Schaffner im Bus, und ich stand neben ihm und händigte allen Leuten im Bus die Fahrscheine aus. Auf diesen Fahrscheinen war nichts weiter als der tibetische Buchstabe *A* zu sehen. Das war im zweiten oder dritten Jahr meiner Erziehung in Dolanji, und ich wußte noch nicht, daß dieses *A* in den Dzogchen-Lehren ein Symbol von großer Bedeutung ist. Mein Lehrer verlor kein Wort über diesen Traum, doch das war überhaupt seine Art. Er sagte nie viel über etwas, das gut war, aber mir war alles recht, wenn ich nur zu den Unterweisungen zugelassen wurde.

Es ist in den spirituellen Traditionen Tibets üblich, daß der Lehrer sich der Träume seiner Schüler bedient, um zu ermitteln, ob der Schüler reif ist, bestimmte Unterweisungen zu empfangen. Für mich sollte es zwar noch eine Weile dauern, bis ich mit Studium und Praxis des Traum-Yoga beginnen würde, aber dieses Erlebnis war der Beginn meines Interesses an Träumen. Mir wurde hier schon sehr deutlich, welchen hohen Stellenwert der Traum in der tibetischen Kultur und im Bön hat und inwiefern Informationen aus dem Unbewußten häufig von größerem Wert sind als das, was unser Oberflächenbewußtsein an Information bereitstellen kann.

Nach den drei Jahren dieses Lehrzyklus, zu dem auch etliche Meditationsklausuren in der Gruppe und allein gehörten, trat ich in die Dialektik-Schule des Klosters ein. Das Studium nimmt normalerweise neun bis dreizehn Jahre in Anspruch. Zur traditionellen Ausbildung gehören allgemeine Fächer wie Grammatik, Sanskrit, Dichtkunst, Astrologie und die Künste, aber auch sehr anspruchsvolle Gegenstände wie Erkenntnislehre, Kosmologie, Sūtra*, Tantra* und Dzogchen. Während meiner Mönchsausbildung kam ich mit einer Reihe von Lehren über den Traum in Berührung, deren wichtigste auf Texten des *Zhang Zhung Nyan Gyud*, des »Mutter-Tantra« und von Shardza Rinpoche beruhten.

Ich kam in meiner Schulung gut voran, und mit neunzehn wurde ich aufgefordert, andere zu unterweisen. Das tat ich, und in dieser Zeit schrieb und veröffentlichte ich außerdem eine kurzgefaßte Biographie des Erhabenen Shenrab Miwoche*, des Stifters der Bön-Religion. Später war ich vier Jahre lang Leiter der Dialektik-Schule und bemühte mich um ihre Ausgestaltung und Entwicklung. 1986 erhielt ich den Titel eines Geshe, den höchsten in der tibetischen Klosterausbildung vergebenen Titel.

1989 folgte ich einer Einladung von Namkhai Norbu Rinpoches Dzogchen-Gemeinschaft in Italien und reiste in den Westen. Ich hatte nicht vor zu lehren, wurde aber von

Mitgliedern der Gemeinschaft darum gebeten. Einmal verteilte ich dabei kleine Zettel, die bei der Meditation verwendet werden sollten. Sie waren alle mit einem tibetischen *A* beschrieben. Da war plötzlich dieser Traum von vor fünfzehn Jahren wieder da, in dem ich genau solche Zettel an die Leute im Bus verteilt hatte. Diese Erinnerung traf mich wie ein Schlag auf den Kopf.

Ich blieb im Westen und erhielt 1991 ein Rockefeller-Forschungsstipendium an der Rice University. 1993 veröffentlichte ich mein erstes Buch im Westen, in dem ich die Dzogchen-Lehren auf klare und einfache Weise darzustellen versuchte.[1] 1994 stellte das National Endowment for the Humanities Forschungsgelder bereit, damit ich – in Zusammenarbeit mit Professor Anne Klein, Inhaberin des Lehrstuhls für Religionswissenschaft an der Rice University – die logischen und philosophischen Aspekte der Bön-Religion erforschen konnte.

Meine wissenschaftlichen Interessen fanden also weiterhin Betätigungsgebiete, aber die Praxis ist stets das Wichtigste, und in dieser ganzen Zeit habe ich mich weiterhin auch für Traum und Traumpraxis interessiert. Und das ist kein bloß theoretisches Interesse. Ich habe der Weisheit meiner Träume vertraut, darin von früher Jugend an durch die Traumerfahrungen meiner Lehrer und meiner Mutter und durch den Stellenwert des Traums in der Bön-Tradition bestärkt; und ich habe in den letzten zehn Jahren intensiv den Traum-Yoga praktiziert. Wenn ich abends zu Bett gehe, empfinde ich Freiheit. Die Geschäfte des Tages sind vorüber. In manchen Nächten läuft die Praxis gut, in anderen weniger gut, und das ist nicht anders zu erwarten, bis man einen sehr hohen Stand erreicht hat. Ich gehe jedoch beinahe jeden Tag mit der Absicht zu Bett, die Traumpraxis auszuführen. Was ich in diesem Buch mitzuteilen habe, stammt aus meiner eigenen Erfahrung und aus den drei bereits angeführten Texten. Es erwuchs aus mündlichen Unterweisungen, die ich über etliche Jahre in

[1] Tenzin Wangyal, *Der kurze Weg zur Erleuchtung*. Dzogchen-Meditation nach den Bön-Lehren Tibets. Frankfurt a. M. 1997.

Kalifornien und New Mexico gegeben habe. Der informelle Charakter dieser Unterweisungen wurde größtenteils beibehalten.

Der Traum-Yoga ist für mich eine der wichtigsten Stützen bei der Entwicklung meiner Praxis, und das gilt für viele Meister und Yogis* Tibets. Sehr beeindruckend habe ich beispielsweise immer die Geschichte von Shardza Rinpoche gefunden. Er war ein großer tibetischer Meister, der bei seinem Tod im Jahre 1934 den Lichtkörper (*jalus**) erlangte, ein Zeichen der vollkommenen Verwirklichung. Er hatte viele hervorragende Schüler, verfaßte zahlreiche bedeutende Texte und setzte sich tatkräftig für das Land ein, in dem er lebte. Man kann sich kaum vorstellen, wie er in seinem äußeren Leben so produktiv sein, wie er um der Menschen willen so viele Aufgaben auf sich nehmen und so viele langfristige Projekte begleiten konnte und dabei auch noch in der Lage war, seine spirituelle Praxis zu solcher Vollendung zu führen. Es gelang ihm, weil er nicht einen Teil des Tages nur schrieb, einen anderen Teil nur lehrte und in den wenigen verbleibenden Stunden dann meditierte. Sein ganzes Leben war Praxis, mochte er sich zur Meditation niedergesetzt haben oder schreiben oder lehren oder schlafen. Er schreibt, die Traumpraxis sei von zentraler Bedeutung für seinen spirituellen Weg und völlig unverzichtbar für das Erreichte gewesen. Das kann auch für uns gelten.

# Einleitung

Ein Drittel unseres Lebens verbringen wir schlafend. Ob unser Tun tugendhaft oder lasterhaft ist, ob wir Mörder oder Heiliger, Mönch oder Freigeist und Wüstling sind, alle Tage enden gleich. Wir schließen die Augen und vergehen ins Dunkel. Wir tun es ohne Angst, obwohl ja alles, was wir »ich« nennen, verschwindet. Nach kurzer Zeit stellen sich Bilder ein, und mit ihnen kehrt unser Ichgefühl zurück. Wir existieren wieder in der scheinbar grenzenlosen Welt unserer Träume. Jede Nacht haben wir teil an diesen tiefen Mysterien, gehen von einer Dimension der Erfahrung in eine andere über, verlieren unser Ichgefühl und finden es wieder – und all das ist uns ganz selbstverständlich. Am Morgen wachen wir auf und machen weiter mit dem »wirklichen« Leben, aber in gewissem Sinne schlafen und träumen wir noch. Die Lehren sagen uns, daß wir weiterhin, Tag und Nacht, in diesem verblendeten, traumartigen Zustand bleiben oder aber zur Wahrheit erwachen können.

Wenn wir uns mit Schlaf- und Traum-Yoga befassen, werden wir Teil einer langen Übermittlungslinie. Seit Jahrhunderten widmen sich Menschen dieser Praxis, begegnen den gleichen Zweifeln und Hindernissen wie wir, und was sie schließlich erringen, steht auch für uns bereit. Viele hohe Lamas und Yogis haben den Schlaf- und Traum-Yoga zu ihrer Hauptpraxis gemacht und durch ihn Erleuchtung gefunden. Wenn wir uns diese Geschichte vergegenwärtigen und an die Menschen denken, die ihr Leben diesen Lehren gewidmet haben – an unsere spirituellen Ahnen, die in diesen Lehren die Früchte ihrer Praxis an uns weitergeben –, werden wir Vertrauen zu dieser Tradition fassen und dankbar sein, daß es sie gibt.

Manchen tibetischen Meister mag es befremden, daß ich diese Praktiken an Menschen aus dem Westen weitergebe, die sich nicht den vorbereitenden Übungen gewidmet haben und nicht das für erforderlich erachtete Vorverständnis besitzen. Traditionell sind diese Lehren stets geheim gewesen, und das war sowohl ein Zeichen der Achtung als auch eine Vorkehrung gegen ihre Verwässerung durch die Mißverständnisse unvorbereiteter Praktizierender. Sie waren nie öffentlich oder leicht zugänglich und blieben Menschen vorbehalten, die die nötige Reife besaßen.

Die Praktiken sind heute nicht weniger wirksam oder wertvoll als früher, aber die Bedingungen in unserer Welt haben sich geändert, und so versuche ich jetzt etwas anderes. Ich hoffe, daß die Tradition dadurch, daß ich sie offen und einfach darlege, leichter zu bewahren ist und mehr Menschen zum Nutzen gereicht. Es bleibt natürlich wichtig, die Lehren zu achten, damit sie geschützt sind und unsere Praxis fördern können. Bemühen Sie sich bitte um direkte Einführung in diese Lehren durch einen authentischen Lehrer. Es ist gut, über diese Yogas zu lesen, aber noch besser ist die direkte mündliche Übermittlung, die stärkere Verbindungen zur Übertragungslinie knüpft. Außerdem stößt man unterwegs leicht auf Hindernisse, die man allein kaum zu überwinden vermag, während ein erfahrener Lehrer sie erkennt und helfen kann, sie aus dem Weg zu räumen. Das ist ein ganz wichtiger Punkt, den man nicht vergessen darf.

Unser menschliches Leben ist kostbar. Körper und Geist sind mit allem Notwendigen ausgerüstet. Vielleicht sind wir Lehrern begegnet und haben Unterweisungen empfangen, jedenfalls haben wir in diesem Leben die Freiheit, dem spirituellen Pfad zu folgen. Wir wissen, daß Praxis von entscheidender Bedeutung für die spirituelle Reise ist und unser Bestreben, anderen zu helfen, ebenfalls nicht ohne Praxis auskommt. Das Leben vergeht so schnell, und der Tod ist uns gewiß, doch obwohl wir das wissen, finden wir in unserem geschäftigen Leben selten die Zeit, so viel zu praktizieren, wie wir gern möchten. Wir meditieren vielleicht jeden Tag ein oder zwei

Stunden lang, aber da bleiben immer noch zweiundzwanzig Stunden, in denen wir abgelenkt sind und von den Wellen des Samsāra* herumgeschleudert werden. Ein Gutteil unserer Zeit verbringen wir allerdings schlafend, und diese Stunden lassen sich für die Praxis verwenden.

So lautet denn auch eine der Hauptaussagen dieses Buchs, daß wir durch Übung mehr Bewußtheit in jeden Augenblick unseres Lebens hineintragen können. Dann werden Freiheit und Flexibilität beständig zunehmen, und wir lassen uns nicht mehr so sehr von allen unseren Belangen in Atem halten und ablenken. Wir sind auf lebhafte Weise und durchgängiger als bisher präsent, was uns zu besonneneren Reaktionen auf alles, was der Tag bringt, befähigt – Reaktionen, mit denen anderen und unserer eigenen spirituellen Entwicklung in der bestmöglichen Weise gedient ist. Schließlich können wir dann eine durchgängige Bewußtheit erreichen, die im Traum ebenso gewahrt bleibt wie im Wachzustand. Dann erst können wir Traumphänomene schöpferisch und auf positive Weise umsetzen und den Traumzustand für die Praxis nutzen. Sobald das weit genug entwickelt ist, werden wir feststellen, daß das Leben für uns im Wachen wie im Träumen unbekümmerter, leichter und klarer wird und wir es mehr zu schätzen wissen; außerdem bereiten wir uns auf diese Weise auf die Befreiung im Zwischenzustand (*bardo**) nach dem Tod vor.

Die Lehren geben uns viele Methoden für die Steigerung der Qualität unseres gewöhnlichen Lebens an die Hand. Das ist gut so, denn dieses Leben ist wichtig und lebenswert. Letztlich sind diese Yogas jedoch dazu da, uns zur Befreiung zu führen. Deshalb nimmt man dieses Buch am besten als ein Praxishandbuch, als Führer zu jenen Yogas der zum Bön oder Buddhismus gehörenden Traditionen Tibets, die Träume zum Aufwachen aus dem Traum des gewöhnlichen Lebens und den Schlaf zum Erwachen aus dem Zustand der Unwissenheit nutzen. Um das Buch in diesem Sinne nutzen zu können, sollten Sie Verbindung zu einem qualifizierten Lehrer aufnehmen. Dann sollten Sie zur geistigen Stabilisierung die im dritten Teil beschriebenen Übungen des Ruhigen Verweilens (*zhine**) folgen lassen. Wenn Sie sich dann bereit fühlen, können Sie mit den vorbereitenden Übungen beginnen und sie nach und nach zu einem Bestandteil Ihres Lebens machen. Danach gehen Sie zu den primären Praktiken über.

Es gibt keinen Grund zur Eile. Seit unvordenklichen Zeiten irren wir in den Illusionen des Samsāra umher. Noch ein Buch über Spiritualität zu lesen wird daran nicht viel ändern. Folgen wir diesen Übungen aber von Anfang bis Ende, so werden wir zu unserer ursprünglichen Natur erwachen, und das ist nichts anderes als Erleuchtung.

Wenn wir nicht im Schlaf präsent zu bleiben lernen, wenn wir uns jede Nacht wieder verlieren, welche Chance haben wir dann wohl, im Tod bewußt zu bleiben? Wenn wir uns unseren Träumen so überlassen und uns den Bildern des Geistes gegenüber so verhalten, als wären sie real, dürfen wir erwarten, im Nachtod-Zustand Befreiung zu erlangen. Betrachten Sie Ihre Traumerfahrung, und Sie werden wissen, wie es Ihnen nach dem Tod ergehen wird. Betrachten Sie Ihre Schlaferfahrung, und Sie werden erkennen, ob Sie wirklich wach sind oder nicht.

## *Die Lehren empfangen*

Die beste Art, mündliche oder schriftliche spirituelle Unterweisungen zu empfangen, ist »hören, Schlüsse ziehen und erleben«, also das Gesagte aufnehmen und intellektuell verstehen, sich klarmachen, was gemeint ist, und es dann praktisch anwenden. Geht man so an das Lernen heran, so ist es ein kontinuierlicher und nie endender Prozeß; wo es sich jedoch auf die Ebene des Intellekts beschränkt, wird es ein Hindernis für die Praxis.

Was das Hören oder Empfangen der Lehren angeht, ist der gute Schüler wie eine klebrige Wand: Was man dagegen wirft bleibt daran haften. Der schlechte Schüler dagegen ist wie eine trockene Wand: Was man dagegen wirft fällt wieder zu Boden. Hat man die Lehren einmal empfangen, darf man sie nicht wieder verlieren oder vergeuden. Der Schüler muß die Lehren behalten und mit ihnen umgehen. Nicht von Verstehen durchdrungene Unterweisungen sind wie Gräser, die man an die Wand wirft und die zu Boden fallen und vergessen werden.

Zu einer Schlußfolgerung über die Bedeutung der Lehren kommen, das ist wie Licht machen in einem dunklen Zimmer: Was verborgen war wird jetzt klar. Alle Bruchstücke fügen sich zu einem Bild und werden begriffen: »Aha!« Von einfachem begrifflichem Verstehen unterscheidet sich dieses Begreifen dadurch, daß es etwas ist, was wir jetzt wissen und nicht bloß gehört haben. Wenn man uns beispielsweise von einem gelben und einem roten Kissen in einem Zimmer erzählt, dann haben wir zwar ein intellektuelles Wissen von ihnen, aber wenn wir dann in dieses Zimmer gehen und es dort dunkel ist, wissen wir nicht, welches das gelbe und welches das rote ist. Den Sinn erfassen ist wie Licht machen: Wir erkennen dann sofort das gelbe und das rote Kissen. Die Lehre ist dann nichts mehr, was wir lediglich wiedergeben können; sie ist Teil unserer selbst.

Mit »praktisch anwenden« meinen wir die Umsetzung des begrifflich Verstandenen – des Entgegengenommenen, Erwogenen und in seiner Bedeutung Erforschten – in unmittelbare Erfahrung. Das läßt sich am Geschmack von Salz erläutern. Wir können über Salz sprechen, es in seiner chemischen Struktur erfassen und so weiter, aber die unmittelbare Erfahrung gewinnen wir nur dadurch, daß wir es schmecken. Diese Erfahrung kann nicht intellektuell erfaßt oder in Worten vermittelt werden. Wenn wir jemandem, der noch nie Salz geschmeckt hat, davon erzählen, wird er nicht verstehen können, was wir da erfahren haben. Erzählen wir es aber jemandem, der weiß, wie Salz schmeckt, dann wissen wir beide, was gemeint ist. Ganz genauso ist es mit den Lehren. Und so studiert man sie: Man hört oder liest sie, denkt über sie nach, schließt auf ihre Bedeutung und sucht diese Bedeutung in der unmittelbaren Erfahrung auf.

In Tibet legt man Rohleder in die Sonne und reibt es mit Butter ein, damit es weicher wird. Der Schüler ist wie solches

Rohleder, zäh und hart, voller starrer Anschauungen und unbeweglich in seinem Denken. Die Lehre (*dharma**) ist die Butter, die durch Praxis einmassiert wird; die Sonne ist hier die unmittelbare Erfahrung. Wo beide vorhanden sind, wird der Schüler weich und geschmeidig. Butter wird jedoch auch in Lederbeuteln aufbewahrt. Läßt man die Butter jahrelang in solch einem Beutel, dann wird das Leder bretthart und ist auch mit frischer Butter nicht mehr zu erweichen. Wenn jemand viele Jahre die Lehren studiert, sie aber nur intellektuell verarbeitet und kaum praktische Erfahrung gewinnt, ist er wie dieses hart gewordene Leder. Die Lehren machen die zähe Haut der Unwissenheit und Konditionierung zunächst weicher, aber wenn sie dann einfach nur im Intellekt aufbewahrt und nicht durch Praxis einmassiert und von direkter Erfahrung durchwärmt werden, kann dieser Mensch in seinem intellektuellen Verständnis starr und unbeweglich werden. Weitere Lehren machen ihn dann nicht wieder geschmeidig; sie dringen nicht ein und können ihn nicht verwandeln. Geben wir also acht, daß wir die Lehren nicht einfach als Verstandesinhalte speichern, denn als bloße Verstandesinhalte würden sie uns den Zugang zur Weisheit verstellen. Die Lehren sind keine Ideen, die man sammeln kann. Sie sind ein Pfad, dem man folgen muß.

# I
# DIE NATUR DES TRAUMS

# 1. Traum und Wirklichkeit

Wir alle träumen, ob wir uns daran erinnern oder nicht. Wir träumen schon als Säuglinge; wir träumen, bis wir sterben. Jede Nacht betreten wir eine unbekannte Welt. Dort sind wir für uns selbst so, wie wir uns kennen, aber manchmal erleben wir uns auch als völlig andere Person. Wir begegnen Menschen, die wir kennen oder nicht kennen, die leben oder tot sind. Wir fliegen, haben mit nichtmenschlichen Wesen zu tun, machen Erfahrungen von Glückseligkeit, lachen, weinen und sind entsetzt oder fühlen uns erhoben oder gewandelt. Dennoch schenken wir diesen außergewöhnlichen Erfahrungen normalerweise nicht viel Aufmerksamkeit. Viele Menschen des Westens gehen, wenn sie sich diesen Lehren zuwenden, von psychologischen Vorstellungen über das Traumgeschehen aus. Später, wenn es ihnen mehr um den Gebrauch der Träume für ihr spirituelles Leben geht, richten sie ihr Augenmerk meist mehr auf Inhalt und Bedeutung der Träume. Selten wird nach der Natur des Träumens selbst gefragt. Tut man es aber, so stößt man auf geheimnisvolle Prozesse, die nicht nur unserem Traumleben, sondern unserer gesamten Erfahrung zugrunde liegen.

Der erste Schritt bei der Traumpraxis ist ganz einfach: Man muß das große Potential des Traums für die spirituelle Reise erkennen. Wir sehen den Traum gern als »unwirklich« gegenüber dem »wirklichen« Leben im Wachzustand. Aber es gibt nichts Wirklicheres als den Traum. Diese Aussage wird uns erst einleuchten, wenn wir verstanden haben, daß das normale Leben im Wachzustand so unwirklich ist wie der Traum – und in genau dem gleichen Sinne unwirklich. Dann wird klar, daß der Traum-Yoga für alle Arten der Erfahrung gültig ist, für die Träume des Tages ebenso wie für die der Nacht.

# 2. Wie Erfahrung entsteht

## *Unwissenheit*

Unsere gesamte Erfahrung, auch die Traumerfahrung, entsteht aus Unwissenheit. Das dürfte im Westen eine ziemlich verblüffende Aussage sein, machen wir uns also erst einmal klar, was mit Nichtwissen oder Unwissenheit (*ma-rigpa**) gemeint ist. Die tibetische Tradition unterscheidet zwei Arten von Unwissenheit, angeborene und kulturelle Unwissenheit. Angeborene Unwissenheit ist die Grundlage des Samsāra und das Kennzeichen gewöhnlicher Lebewesen. Gemeint ist das Nichtwissen um unser wahres Wesen und das wahre Wesen der Welt, das zur Verwicklung in die Wahnvorstellungen des dualistischen Geistes führt.

Dualität ist die verfestigte Form von Polaritäten und Dichotomien. Sie trennt die nahtlose Einheit der Erfahrung in dies und das, Richtig und Falsch, dich und mich auf. Auf der Grundlage dieser gedanklichen Scheidungen entwickeln wir Vorlieben, die sich als Habenwollen und Ablehnung manifestieren, als jene eingefleischten Reaktionsmuster, die einen Großteil dessen ausmachen, was wir »ich« nennen. Wir wollen dies haben, nicht jenes; wir möchten dies glauben, nicht jenes; wir wollen dies achten und jenes verachten. Wir wünschen uns Lust, Komfort, Reichtum und Ruhm, möchten aber Schmerz, Armut, Schande und Unbehagen möglichst meiden. Was wir uns wünschen, wollen wir für uns selbst und die, die uns lieb sind, und alle übrigen sollen selbst sehen, wo sie bleiben. Wir wünschen uns etwas anderes als das, was wir haben, oder wir halten an etwas fest und stemmen uns gegen den unvermeidlichen Wandel, der es uns dann doch entwindet.

Die zweite Art der Unwissenheit ist kulturell bedingt. In einer Kultur nehmen Begierden und Abneigungen institutionalisierte Formen an und werden in ein Wertesystem übersetzt. So wäre es etwa einem Hindu unmöglich, das Fleisch einer Kuh zu essen, aber mit dem Verzehr von Schweinefleisch hat er keine Probleme. Muslime können dagegen ohne weiteres Rindfleisch essen, aber Schweinefleisch ist ihnen verboten. Tibeter essen beides. Wer hat nun recht? Hindus denken, daß sie recht haben, Muslime denken, daß sie recht haben, und Tibeter denken ebenfalls, daß sie recht haben. Solche gegensätzlichen Überzeugungen können kaum aus grundlegender Einsicht erwachsen, sondern sind Folgen der Vorannahmen und Voreingenommenheiten, die es in jeder Kultur gibt.

Ein weiteres Beispiel wären die mitunter sehr stark voneinander abweichenden Auffassungen in der Philosophie. Viele philosophische Systeme definieren sich ja gerade durch ihre grundsätzlichen oder subtilen Unterschiede. Diese Systeme sind zwar ursprünglich dazu gedacht, die Menschen zur Weisheit zu führen, doch tatsächlich produzieren sie Unwissenheit, weil ihre Anhänger an einer dualistischen Sicht der Wirklichkeit festhalten. Das ist allerdings in einem rein begrifflichen System nicht anders zu erwarten, da das begriffliche Denken selbst eine Manifestation der Unwissenheit ist.

Kulturelle Unwissenheit wird in Traditionen entwickelt und bewahrt. Sie findet sich in allen Bräuchen, Meinungen, Wertvorstellungen und Wissensgebieten. Die einzelnen und die Kultur als Ganzes sehen ihre Auffassung als so grundlegend an, daß sie sie nur für selbstverständlich oder gottgegeben halten können. Während wir in eine Kultur hineinwachsen, lernen wir, uns bestimmte Überzeugungen zu eigen zu machen, uns einer Partei, einem medizinischen System, einer Religion, einer Anschauung von Richtig und Falsch zugehörig zu fühlen. Wir durchlaufen Grundschule, Oberschule und vielleicht eine Hochschule, und jedes unserer Zeugnisse ist in gewissem Sinne ein Diplom immer noch raffinierterer Unwissenheit. Was wir Bildung nennen, verstärkt nur die Tendenz, die Welt durch eine ganz bestimmte Brille zu sehen. Wir werden Experten einer irrigen Anschauung, bringen es darin zu großem Detailwissen und tauschen uns mit anderen Experten darüber aus. Das gibt es auch in der Philosophie, wo man intellektuelle Systeme bis in die Feinheiten durchdringen und den Verstand zu einem messerscharfen Instrument der Zergliederung machen muß. Solange wir jedoch die mitgebrachte Unwissenheit einfach auf sich beruhen lassen, bringen wir nicht Weisheit, sondern nur Vorurteile hervor.

Die kleinsten Dinge können ungeheuer wichtig für uns sein: eine bestimmte Seifenmarke, eine ganz bestimmte Frisur. Im größeren Maßstab zimmern wir uns Religionen und politische Systeme, Philosophien, Psychologien und Wissenschaften. Aber niemand wird geboren mit der Überzeugung, daß es schlecht ist, Rindfleisch oder Schweinefleisch zu essen, daß diese Philosophie recht hat und jene sich irrt, daß diese Religion die wahre und jene die falsche ist. All das muß man erst lernen. Das blinde Festhalten an bestimmten Werten ist eine Auswirkung der kulturellen Unwissenheit, aber die Neigung, sich beschränkte Ansichten zu eigen zu machen, hängt mit dem Dualismus zusammen, der sich aus der angeborenen Unwissenheit ergibt.

Das ist nicht schlecht oder schlimm, sondern einfach das, was der Fall ist. Unsere Verhaftungen können zum Krieg führen, aber sie bringen auch hilfreiche Technologien und Künste hervor, von denen die Welt großen Nutzen hat. Solange wir unerleuchtet sind, haben wir teil am Dualismus, und das ist ganz richtig so. Ein tibetisches Sprichwort lautet: »Wenn du im Körper eines Esels lebst, dann freu dich am Geschmack des Grases.« Schätzen und genießen wir also dieses Leben, denn es ist in sich selbst sinnvoll und wertvoll – und es ist das Leben, das wir nun mal haben.

Wenn wir nicht achtgeben, können die spirituellen Lehren unserer Unwissenheit sogar noch Nahrung geben. Man könnte versucht sein zu sagen, es sei schlecht, nach akademischen Titeln zu streben oder sich an bestimmte Ernährungsvorschriften zu halten, aber darum geht es überhaupt nicht. Man könnte auch sagen, Unwissenheit sei schlecht oder das normale Leben sei nichts als samsārischer Stumpfsinn. Aber Unwissenheit ist einfach nur eine Verdunkelung des Bewußtseins. An ihr zu hängen oder sie abzulehnen, das ist wieder nur das alte Dualismus-Spiel. Wie zählebig dieses Spiel doch ist! Sogar die Lehren müssen mit Dualismen arbeiten – etwa um eine Hinwendung zur Tugend und einen Widerwillen gegen Untugend zu erzeugen –, und hier wird der Dualismus der Unwissenheit als Mittel zur Überwindung der Unwissenheit eingesetzt. Unsere Einsicht muß sehr subtil werden, und sehr leicht kann man hier in die Irre gehen. Deshalb ist Praxis so wichtig, damit wir zu unmittelbarer Erfahrung kommen, anstatt nur ein weiteres Begriffssystem zu entwickeln, das dann ausgestaltet und verteidigt werden muß. Von oben gesehen, wirkt jedes Gelände relativ eben. Aus der Sicht der nichtdualen Weisheit gibt es kein Wichtig und Unwichtig.

## *Taten und Folgen*

Die Kultur, in der wir leben, prägt uns, aber wir tragen die Keime der Prägung schon in uns, wohin wir auch gehen. Alles, was uns bedrückt, ist in Wirklichkeit in uns selbst. Wir machen unsere Umgebung und unsere Lebensumstände für unser Unglück verantwortlich und glauben, wenn wir an diesen Umständen etwas ändern könnten, wären wir glücklich. Doch unsere Lebenssituation ist nur die sekundäre Ursache unseres Leidens. Die primäre Ursache ist die angeborene Unwissenheit und der daraus entstehende Wunsch, die Dinge möchten anders sein, als sie sind.

Vielleicht entschließen wir uns, dem Streß der Stadt zu entfliehen und ans Meer oder in die Berge zu ziehen. Vielleicht tauschen wir die Einsamkeit und die Schwierigkeiten des Landlebens gegen das aufregende Stadtleben ein. Das kann eine ganz nette Abwechslung sein, denn wir ändern hier die sekundären Ursachen und finden vielleicht Zufriedenheit. Aber nur vorübergehend. Die Wurzel unserer Unzufriedenheit begleitet uns in unser neues Zuhause und wird dort wieder austreiben und neue Gefühle des Ungenügens erzeugen. Bald befinden wir uns wieder im Strudel von Furcht und Hoffnung.

Oder wir bilden uns ein, wir brauchten nur mehr Geld, einen besseren Partner, einen besseren Job, eine bessere Ausbildung, dann wären wir glücklich. Aber wir wissen, daß das nicht stimmt. Reiche Menschen haben auch ihr Leid zu tragen, ein besserer Partner wird uns doch wieder irgendwie enttäuschen, der Körper wird altern, der neue Job wird auch wieder Routine und so weiter. Wenn wir uns einbilden, die Lösung unserer Probleme sei in der Außenwelt zu finden, ist unser Begehren immer nur vorübergehend zu stillen. Da wir das nicht verstehen, beutelt uns der Wind des Begehrens hierhin und dorthin, und wir bleiben rastlos und unbefriedigt. Wir sind von unserem Karma beherrscht und legen ständig die Saat künftiger karmischer Ernten. Dieses Vorgehen lenkt uns nicht nur vom spirituellen Pfad ab, sondern verhindert auch, daß wir in unserem täglichen Leben Zufriedenheit und Glück finden.

Solange wir uns mit dem Mögen und Nichtmögen des betriebsamen Geistes identifizieren, produzieren wir die negativen Emotionen, die in der Kluft zwischen dem Gegebenen und dem Erwünschten ausgebrütet werden. Das von diesen Emotionen ausgehende Handeln – und das betrifft so gut wie alles Handeln im gewöhnlichen Leben – hinterläßt karmische Spuren.

Karma* bedeutet »Handeln« oder »Tat«. Karmische Spuren* sind Folgen des Handelns; sie bleiben im Bewußtseinsstrom erhalten und beeinflussen unsere Zukunft. Wir können uns dem Verständnis karmischer Spuren annähern, wenn wir an die im Westen so genannten »Tendenzen« im Unbewußten denken. Es handelt sich um Neigungen, um Muster inneren und äußeren Verhaltens, eingefleischte Reaktionen, Denkschablonen. Sie diktieren uns unsere emotionalen Reaktionen ebenso wie unsere Sicht der Dinge, unsere charakteristischen emotionalen Gewohnheiten ebenso wie unsere starren

Anschauungen. Sie erzeugen und formen jede unserer Reaktionen auf alles, was uns begegnet.

Die gleiche Dynamik begegnet uns auch auf ganz subtilen Ebenen. Zum Beispiel: Ein Mann wächst in einem Haus auf, in dem viel gestritten wird. Jahrzehnte, nachdem er sein Elternhaus verlassen hat, geht er einmal eine Straße entlang und kommt an einem Haus vorbei, in dem Leute laut miteinander streiten. In der Nacht träumt er von einem Streit mit seiner Frau oder Partnerin. Am Morgen wirkt er bedrückt und in sich gekehrt. Seine Frau bemerkt es und läßt sich von seiner Stimmung anstecken, was ihn nur noch mehr in Bedrängnis bringt.

Dieser Ablauf zeigt uns das Wirken karmischer Spuren. In seiner Jugend reagierte dieser Mann auf die Streitigkeiten in seinem Elternhaus mit Furcht, Zorn und Verletztsein. Er mochte diese Streitereien, was eine normale Reaktion ist, überhaupt nicht, und diese Abneigung hinterließ eine Spur in ihm. Jahrzehnte später kommt er an einem Haus vorbei und hört einen heftigen Wortwechsel. Dieser sekundäre Auslöser reaktiviert eine alte karmische Spur, die sich in der Nacht als Traum manifestiert.

In diesem Traum reagiert der Mann auf die Provokationen eines anderen mit Verärgerung und fühlt sich gekränkt. Anstoß zu dieser Reaktion sind karmische Spuren, die sich während seiner Kindheit in ihm angesammelt haben und vermutlich seitdem noch vielfach verstärkt worden sind Als der Traum-Kontrahent – der gänzlich seine eigene Projektion ist – ihn provoziert, reagiert er, wie schon als Kind, mit Aversion. Diese im Traum empfundene Aversion ist nun die neue Aktion, die einen neuen karmischen Keim erzeugt. Beim Aufwachen ist er ganz in die negativen Emotionen verstrickt, die eine Frucht seines früheren Karma sind. Er fühlt sich ohne Zugang zu seiner Partnerin. Sie wiederum – und das macht die Sache nur noch komplizierter – reagiert aufgrund ihrer eigenen karmisch bedingten Tendenzen und wird vielleicht ungehalten oder zieht sich ebenfalls zurück oder bekommt Schuldgefühle oder zeigt sich unterwürfig, worauf der Mann wieder negativ reagiert und einen weiteren karmischen Samen legt.

Jede Reaktion auf eine Situation – sei sie innerlich oder äußerlich, im Traum oder im Wachzustand gegeben – läßt im Geist eine karmische Spur zurück, wenn sie aus Mögen oder Nichtmögen erwächst. Karma diktiert Reaktionen, Reaktionen erzeugen weiteres Karma, das wiederum Reaktionen diktiert – und so weiter. So erzeugt Karma immer mehr von seiner Art. Das ist das Rad des Samsāra, der endlose Kreislauf von Aktion und Reaktion.

In diesem Beispiel haben wir das Wirken des Karma auf der psychischen Ebene betrachtet, aber es wirkt auf jeder Ebene des Daseins. Es formt die emotionalen und mentalen Ereignisse unseres Lebens ebenso wie die Wahrnehmung und Deutung des Daseins, die Funktionen des Körpers und die Ursache-Wirkung-Dynamik der Außenwelt. Jeder Aspekt der Erfahrung, wie groß oder klein er auch sei, ist dem Karma unterworfen.

Die karmischen Spuren, die im Geist zurückbleiben, sind wie Samen. Wie bei allen Samen, müssen auch hier bestimmte Bedingungen gegeben sein, damit sie wirksam werden können. Ein Samenkorn braucht die richtige Mischung aus Feuchtigkeit, Licht, Nährstoffen und Wärme, um keimen und wachsen zu können, und so manifestiert sich auch eine karmische Spur dann, wenn die richtigen Umstände vorliegen. Die Elemente der Situation, die zur Manifestation des Karma führen, nennt man sekundäre Ursachen oder Bedingungen.

Es ist nützlich, sich den karmischen Prozeß als die Dynamik von Ursache und Wirkung vorzustellen, denn dann wird klar, daß die Wahl unserer Reaktion auf irgendeine äußere oder innere Situation Folgen hat. Wenn wir wirklich verstanden haben, daß jede karmische Spur ein Same für weiteres karmisch bedingtes Handeln ist, können wir darangehen, Negatives in unserem Leben zu meiden und statt dessen Bedingungen herzustellen, die unser Leben in eine positive Richtung lenken. Oder wir können zulassen, daß die Emotion sich »selbst befreit«, wie man im Dzogchen sagt – sofern wir wissen, wie man das macht. In diesem Fall wird kein neues Karma erzeugt.

## *Negatives Karma*

Wenn wir mit negativen Gefühlen auf eine Situation reagieren, wird die in uns zurückbleibende Spur irgendwann ausreifen und eine Situation im Leben negativ beeinflussen. Wenn zum Beispiel jemand ärgerlich auf uns ist und wir dann selbst böse werden, bleibt davon eine Spur zurück, die unsere Neigung, ärgerlich zu werden, verstärkt und außerdem die Wahrscheinlichkeit erhöht, daß wir in Situationen geraten, die unseren Ärger auslösen. Das ist leicht zu sehen, wenn es in unserem Leben viel Zorn und Ärger gibt oder wir jemanden kennen, bei dem das so ist. Ärgerliche Menschen geraten ständig in Situationen, die ihren Ärger zu rechtfertigen scheinen, und das ist bei weniger zum Ärger neigenden Menschen nicht so. Die äußeren Umstände müssen sich gar nicht so sehr unterscheiden, aber die jeweiligen karmischen Neigungen der Menschen sorgen dafür, daß sie in ganz verschiedenen Welten leben.

Wenn man einer Emotion impulsiv nachgibt, kann sie starke Reaktionen und entsprechende Folgen nach sich ziehen. Zorn kann zu Handgreiflichkeiten oder anderen destruktiven Aktionen führen. Dabei können Menschen körperlich oder psychisch verletzt werden. Und das gilt nicht nur für Zorn. Wer seiner Furcht in dieser Weise nachgibt, kann in große Bedrängnis geraten, sich anderen entfremden und so weiter. Es ist leicht zu sehen, daß das zu negativen Spuren führen muß, die die Zukunft negativ beeinflussen.

Wenn wir Gefühle unterdrücken, bleibt trotzdem eine negative Spur. Unterdrückung ist ja eine Ausdrucksform des Nichtmögens. Wir »reißen uns zusammen«, verstecken etwas hinter einer Tür und schließen sie ab, schieben eine Seite unserer Erfahrung ins Dunkle, wo es – scheinbar in feindseliger Absicht – darauf wartet, daß es auf geeignete sekundäre Ursachen hin doch wieder losschlagen kann. Das kann auf mancherlei Weise geschehen. Wenn wir beispielsweise unsere Eifersucht auf andere unterdrücken, wird sie sich vielleicht schließlich als Gefühlsausbruch Luft verschaffen, oder sie zeigt sich als hartes Urteil über andere, auf die wir insgeheim eifersüchtig sind (ohne es uns selbst jedoch einzugestehen). Solches Urteilen ist ebenfalls ein Handeln, und da es auf Aversion beruht, erzeugt es negative karmische Samen.

## *Positives Karma*

Wir sind aber zu diesen negativen Verhaltensweisen – in unserem Verhalten von karmischen Tendenzen getrieben zu sein oder sie zu unterdrücken – keineswegs gezwungen. Wir können einen Augenblick innehalten und mit uns selbst zu Rate gehen, um ein Mittel gegen unsere negative Emotion zu finden. Wenn jemand böse auf uns ist und uns dann selbst der Ärger packt, heißt das Gegenmittel Mitgefühl. Anfangs mag es sich gezwungen und unecht anfühlen, solch ein Gefühl in sich heraufzubeschwören, doch wenn uns klar wird, daß der Mensch, der uns ärgert, nur willenlos seiner eigenen Konditionierung unterliegt und an einer Bewußtseinstrübung leidet, weil er ein Gefangener seines negativen Karma ist, empfinden wir zumindest schon ein wenig Mitgefühl und beharren nicht mehr ganz so wie früher auf unseren negativen Reaktionen. Damit beginnen wir, unsere Zukunft positiver zu gestalten.

Diese neue Reaktionsweise, auch wenn sie nach wie vor auf Begierde (nach Tugend, nach Frieden, nach spirituellem Wachstum) beruht, erzeugt eine positive karmische Spur. Wir haben die Saat des Mitfühlens gelegt. Wenn wir jetzt wieder einmal mit Ärger konfrontiert sind, werden wir schon eher mitfühlend reagieren, und darin fühlen wir uns wohler, weil es hier mehr Raum gibt als in der Enge zorniger Reaktion zum Schutz des eigenen Ich. Durch die Übung dieses positiven Verhaltens konditionieren wir uns allmählich um, so daß uns – wunderbarerweise – außen wie innen immer weniger Ärger begegnet. Wenn wir in dieser Übung nicht nachlassen, wird unser Mitgefühl schließlich spontan und ohne jedes Bemühen in uns entstehen. Von dieser Auffassung des Karma her können wir unseren Geist gleichsam umschulen, so daß er jede Erfahrung, auch die persönlichsten und flüchtigsten Tagträume, für unsere spirituelle Praxis nutzen kann.

## *Die Emotionen befreien*

Mit negativen Emotionen werden wir am besten dadurch fertig, daß wir im nichtdualen Gewahrsein bleiben, frei von Mögen und Nichtmögen, und sie dadurch sich selbst befreien lassen. Wenn uns das gelingt, zieht das Gefühl nur durch uns hindurch, wie ein Vogel durch die Luft fliegt. Keine Spur bleibt zurück. Das Gefühl bildet sich und löst sich spontan in Nichts auf.

Der karmische Same manifestiert sich hier zwar – als Gefühl oder Gedanke, als körperliche Empfindung oder Impuls zu einem bestimmten Verhalten –, aber wir reagieren weder mit Festhalten noch mit Abwehr, und so entsteht kein Same künftigen Karmas. Jedesmal wenn wir beispielsweise den Neid einfach zulassen und sich dann wieder auflösen lassen, weil wir ihm weder nachgeben noch ihn zu unterdrücken versuchen, wird unser karmischer Hang zum Neid ein wenig mehr geschwächt. Er bekommt keine weitere Nahrung. Durch dieses Befreien unserer Emotionen wird das Karma an der Wurzel abgeschnitten. Es ist, als würden wir die karmischen Samen verbrennen, bevor sie wachsen und in unserem Leben Schaden anrichten können.

Man könnte fragen, warum das Befreien der Emotionen besser ist, als positives Karma zu erzeugen. Die Antwort liegt darin, daß alle karmischen Spuren uns eher einengen, auf bestimmte Identitäten festlegen. Ziel des Pfades ist jedoch die vollkommene Befreiung von allen Konditionierungen. Das bedeutet freilich nicht, daß es positive Züge wie etwa Mitgefühl nach der Befreiung nicht mehr gibt. Wenn wir jedoch nicht mehr von karmischen Neigungen getrieben sind, können wir unsere Situation klar sehen und spontan und angemessen reagieren, anstatt in diese Richtung geschoben oder in jene gezogen zu werden. Aus positiven karmischen Tendenzen erwachsendes Mitgefühl ist sicherlich sehr gut, aber immer noch relativ; besser ist das absolute Mitgefühl, das mühelos und in vollkommener Weise in einem von karmischen Prägungen befreiten Menschen entsteht. Es ist weit und schließt alles ein; es ist frei vom Wahn der Dualität und daher wirksamer.

Am besten ist es also, alle Emotionen sich selbst befreien zu lassen, doch das ist schwierig, solange unsere Praxis noch nicht eine gewisse Reife und Stabilität erreicht hat. Aber wie es um unsere Praxis auch bestellt sein mag, jeder kann sich dazu entscheiden, beim Aufwallen von Emotionen einen Augenblick innezuhalten, in sich zu gehen und dann so sinnvoll wie möglich zu handeln. Wir alle können lernen, die Macht der Impulse, der karmischen Gewohnheiten, ein wenig zu schwächen. Und wir können uns da einer gedanklichen Hilfe bedienen: Wir sagen uns, daß alles, was wir erleben, einfach das Reifwerden früherer karmischer Spuren ist. Dann läßt unsere Identifikation mit diesem Gefühl oder jener Anschauung vielleicht ein wenig nach, und wir brauchen keine so starke Abwehrhaltung mehr. Mit dem Knoten der Emotion löst sich auch der Panzer unserer Identität ein wenig, er wird geräumiger. Jetzt können wir positivere Reaktionen wählen und positives Karma säen. Noch einmal: Das hat zu geschehen, ohne daß wir Emotionen unterdrücken. Wir sollten bei diesem Erzeugen von Mitgefühl gelöster werden, aber nicht den Zorn in unseren Körper abdrängen und dabei gute Gedanken zu denken versuchen.

Die spirituelle Reise soll nicht erst in ferner Zukunft oder im nächsten Leben Früchte tragen. Indem wir positivere Reaktionsweisen einüben, ändern wir unsere karmischen Spuren und bilden Eigenschaften heran, die schon in unserem jetzigen Leben positive Veränderungen bewirken. Immer klarer sehen wir, daß jede Erfahrung, wie klein und persönlich sie auch sein mag, Folgen hat; und diese Einsicht können wir nutzen, um unser Leben und unsere Träume zu ändern.

## *Verdunkelungen des Bewußtseins*

Karmische Spuren begleiten uns als die psychischen Überreste von allem Handeln aus Mögen und Nichtmögen. Sie sind Verdunkelungen des Bewußtseins, die im Grund-Bewußtsein des Individuums (*kunzhi namshe**) gespeichert werden. Das klingt so, als sei das Grund-Bewußtsein ein Behältnis, aber eigentlich ist es gleichbedeutend mit den Verdunkelungen: Wo keine Verdunkelungen des Bewußtseins sind, gibt es auch kein Grund-Bewußtsein. Es ist kein Ding oder Ort, sondern das dynamische Organisationsprinzip aller dualistischen Erfahrung. Es ist so substanzlos wie eine Sammlung von Gewohnheiten, aber auch so mächtig wie die Gewohnheiten, die Sprache einen Sinngehalt geben, Formen als Objekte deuten und uns das Dasein als etwas Sinnhaltiges erscheinen lassen, in dem wir uns zurechtfinden und das wir verstehen können.

Die gängige Metapher für das Kunzhi namshe ist die eines unzerstörbaren Speichers. Wir können uns das Grund-Bewußtsein als einen Speicher von Mustern und Schemata denken. Es ist gleichsam eine Grammatik der Erfahrung, auf die jede unserer äußeren oder inneren, körperlichen oder gedanklichen Handlungen sich mehr oder weniger stark auswirkt. Solange es im Bewußtsein des Individuums Gewohnheitstendenzen gibt, existiert auch das Kunzhi namshe. Wenn man stirbt und der Körper zerfällt, bleibt das Grund-Bewußtsein bestehen. Die karmischen Spuren bleiben im Bewußtseinsstrom bestehen, bis sie geläutert werden. Sind sie jedoch alle vollständig geläutert, so existiert das Kunzhi namshe nicht mehr, und der Mensch ist ein Buddha.

## *Karmische Spuren und der Traum*

Alle samsārische Erfahrung ist durch karmische Spuren geformt. Stimmungen, Gedanken, Emotionen, innere Bilder, Wahrnehmungen, Instinktreaktionen, der praktische Verstand, ja sogar unser Identitätsgefühl – das alles unterliegt dem

Wirken des Karma. Nehmen wir zum Beispiel an, Sie wachen deprimiert auf. Sie frühstücken, alles scheint in Ordnung zu sein, aber es bleibt dieses deprimierte Gefühl, für das Sie keinen Grund finden. Wir sagen in solchen Fällen, daß irgendein Karma gerade ausreift. Ursachen und Bedingungen haben sich so gefügt, daß sich jetzt eine Depression manifestiert. Es könnte hundert Gründe für diese Depression an gerade diesem Morgen geben, und sie kann auf unzählige verschiedene Weisen in Erscheinung treten. Sie kann sich auch als ein Traum in der Nacht manifestieren.

Wenn sich karmische Spuren im Traum manifestieren, spielt dabei der Verstand, mit dem wir Gefühle oder flüchtige Bilder so gern wegrationalisieren, keine Rolle. Wir können uns das so vorstellen: Am Tag wirft das Bewußtsein Licht auf die Sinne, und wir erfahren die Welt, wir verweben sinnliche und psychische Erfahrung zum sinnerfüllten Ganzen unseres Lebens. Nachts zieht sich das Bewußtsein von den Sinnen zurück und verweilt in seinem Grundzustand. Wenn wir durch Übung eine starke geistige Präsenz und genügend Einblick in die leere, leuchtende Natur des Geistes gewonnen haben, werden wir dieses reinen, luziden Bewußtseins gewahr sein. Bei den meisten von uns wirft das Bewußtsein jedoch nur Licht auf die Verdunkelungen, die karmischen Spuren, und diese manifestieren sich als Traum.

Karmische Spuren haben etwas von Photos, die wir von allen unseren Erfahrungen machen. Jede Reaktion des Habenwollens oder Widerwillens auf irgendeine Erfahrung – seien es Erinnerungen, Gefühle, Sinneswahrnehmungen oder Gedanken – ist wie ein Druck auf den Auslöser. In der Dunkelkammer des Schlafs entwickeln wir den Film. Welche Bilder wir in einer bestimmten Nacht entwickeln, hängt von den sekundären Bedingungen ab, denen wir in letzter Zeit begegnet sind. Manche Bilder oder Spuren sind uns durch heftige Reaktionen tief eingebrannt, während andere, die aus eher oberflächlichen Erfahrungen stammen, nur schwache Reste hinterlassen. Unser Bewußtsein durchleuchtet die aktivierten Spuren wie das Licht eines Projektors, und so werden aus ihnen die Bilder und Erfahrungen des Traums. Wir reihen sie zu einem Film aneinander, denn nach diesem Verfahren stellt unsere Psyche Bedeutung und Sinn her, und es entsteht eine aus tief sitzenden Tendenzen und Identitätsvorstellungen gefügte Erzählung: der Traum.

Das gleiche geschieht auch kontinuierlich im Wachzustand, und so entsteht das, was wir »unsere Erfahrung« nennen. Die Dynamik ist anhand des Traums besser zu verstehen, denn hier ist sie unabhängig von der Außenwelt und dem rationalen Bewußtsein zu beobachten. Was tagsüber geschieht, ist zwar auch nur diese Traumproduktion, aber wir projizieren diese innere Aktivität des Geistes auf die Welt und halten unsere Erfahrung für real und außerhalb unseres Geistes ablaufend.

Im Traum-Yoga wird dieses Verständnis des Karma zur Umerziehung des Geistes eingesetzt; er lernt anders auf die Erfahrung zu reagieren, und so entstehen neue karmische Spuren und aus ihnen Träume, die für die spirituelle Praxis förderlicher sind. Hier geht es nicht um Gewalt, um die Unterwerfung des Unbewußten durch das Bewußtsein. Der Traum-Yoga verläßt sich vielmehr darauf, daß vermehrte Bewußtheit und Einsicht uns positive Entscheidungen im Leben ermöglichen. Wenn wir den dynamischen Charakter der Erfahrung erkannt haben und wissen, daß jedes Handeln Folgen hat, werden wir in jeder Erfahrung eine Gelegenheit zur spirituellen Praxis erblicken.

Die Traumpraxis gibt uns auch die Möglichkeit, die Samen künftigen Karmas schon während des Traums zu verbrennen. Wenn wir beim Träumen im Gewahrsein bleiben, können wir die karmischen Spuren sich selbst befreien lassen, sobald sie sich bilden; sie werden sich dann in unserem Leben nicht weiter als negative Zustände bemerkbar machen. Das jedoch ist – wie im Wachzustand – nur möglich, wenn wir im nichtdualen Gewahrsein bleiben können, im klaren Licht des Geistes, das wir Rigpa* nennen. Sollte uns das noch nicht gelingen, können wir trotzdem die Neigung zu spirituell positiven Verhaltensweisen sogar im Traum verstärken, bevor wir Vorlieben und Dualitäten ganz hinter uns lassen können.

Wenn wir die Verdunkelungen geläutert haben, bis keine mehr da sind, gibt es natürlich keinen Film mehr, keine verborgenen karmischen Einflüsse, die das Licht unseres Bewußtseins färben. Aus karmischen Spuren erwachsen unsere Träume, und wenn keine Spuren mehr da sind, bleibt nur das reine Licht des Gewahrseins – kein Film, keine Story, kein Träumer, kein Traum, nur das wahre Wesen, das absolut Wirkliche. Deshalb wird die Erleuchtung auch als »Erwachen« bezeichnet, das Ende der Träume.

## *Die sechs Bereiche des zyklischen Daseins*

Den alten Lehren zufolge gibt es sechs Daseinsbereiche (*loka**), in denen alle verblendeten Wesen existieren. Die Bewohner dieser sechs Bereiche sind die Götter, Halbgötter, Menschen, Tiere, Hungrigen Geister und Höllenwesen. Im Grunde sind damit sechs Dimensionen des Bewußtseins gemeint, sechs Dimensionen möglicher Erfahrung. Sie treten in uns als die sechs negativen Emotionen auf: Zorn, Gier, Unwissenheit, Neid, Hochmut und lustvolle Zerstreuung (letztere ist der Zustand, in dem die übrigen fünf Emotionen in harmonischer Ausgewogenheit vorhanden sind). Die sechs Bereiche sind jedoch nicht bloß Kategorien emotionaler Erfahrung, sondern auch reale Lebensbereiche, in denen die Lebewesen geboren werden. Wie wir im Bereich der Menschen geboren werden, so die Löwen im Bereich der Tiere.

Man kann sich jeden dieser Bereiche als ein Erfahrungskontinuum denken. Der Höllenbereich etwa reicht von inneren emotionalen Erfahrungen wie Zorn und Haß über entsprechende Verhaltensweisen wie Streit und Krieg bis hin zu allen auf Haß gebauten Institutionen und Ideologien wie Armeen, Rassenhaß und Intoleranz und meint schließlich auch den Bereich selbst, in dem die Lebewesen existieren. Diese gesamte Dimension der Erfahrung, von der individuellen Emotion bis zum tatsächlichen Lebensbereich, trägt den Namen »Hölle«.

Die Bereiche sind wie die Träume Manifestationen karmischer Spuren, nur geht es bei den Bereichen um kollektive und nicht individuelle Spuren. Die Wesen eines Bereichs haben ein kollektives Karma und machen ähnliche Erfahrungen in einer Welt, die sie ähnlich wahrnehmen. So machen wir als Menschen ähnliche Erfahrungen wie andere Menschen. Das kollektive Karma läßt die Wesen eines Bereichs an Körper, Sinnen und geistigem Vermögen ähnlich sein, so daß sie sich auch in ihren Möglichkeiten und der Art ihrer Erfahrung ähneln und Erfahrungen einer anderen Art ihnen nicht möglich sind. Hunde beispielsweise können Laute hören, die der Mensch nicht hört, und der Mensch besitzt eine Sprache, die den Hunden nicht in der gleichen Weise zugänglich ist.

Alle Bereiche wirken für ihre Bewohner so real und fest gefügt wie unsere Welt für uns Menschen, aber eigentlich sind sie substanzlos, eher wie Träume. Sie durchdringen sich sogar gegenseitig, und wir haben zu jedem Verbindung. Wir tragen in uns Samen der Wiedergeburt in den anderen Bereichen, und in unseren Emotionen haben wir teil an den Formen des Leidens, das in anderen Bereichen herrscht. Wenn wir uns von einem eingebildeten Ego oder von ärgerlicher Mißgunst beherrschen lassen, können wir ein wenig die für den Bereich der Halbgötter charakteristische Erlebensweise nachvollziehen.

Manchmal ist an Menschen zu erkennen, daß sie von einem dieser Bereiche mehr bestimmt sind als von den übrigen: mehr tierhaft, mehr nach Art der Hungrigen Geister oder der Götter oder der Halbgötter. Das ist als ein hervorstechender Charakterzug an ihrer Sprechweise, ihrem Gang, ihren Beziehungen zu erkennen. Wir kennen vielleicht Menschen, die in der Mentalität der Hungrigen Geister gefangen zu sein scheinen: Sie können nie genug bekommen, sie gieren stets nach mehr – sie wollen mehr von ihren Freunden, mehr aus ihrer Umgebung, mehr vom Leben haben – und sind doch nie zufrieden. Vielleicht kennen wir auch jemanden, der wie ein Höllenwesen ist, zornig, gewalttätig, tobend, immer in Aufruhr. An den meisten Menschen lassen sich jedoch Züge aller Bereiche erkennen.

Diese Dimensionen des Bewußtseins finden ihren Niederschlag in den Emotionen, und hier zeigt sich, wie universal sie sind. Jede Kultur kennt beispielsweise Eifersucht. Ihr Erscheinungsbild mag unterschiedlich sein, denn das emotionale Ausdrucksverhalten ist eine zwar biologisch bedingte, aber kulturell gefärbte Gestensprache: Das Gefühl der Eifersucht ist überall das gleiche, aber die Ausdrucksformen unterscheiden sich. Im Bön-Buddhismus wird diese Universalität mit der Realität der sechs Bereiche erklärt und zu ihr in Beziehung gesetzt.

Die sechs negativen Emotionen sind nicht als erschöpfende Liste aller Emotionen gedacht. Es hat wenig Sinn, sich darüber zu streiten, wo etwa Traurigkeit und Furcht ihren Platz haben. Furcht kann in jedem der Bereiche auftreten, und das gilt auch für Traurigkeit, Zorn, Eifersucht und Liebe. Die negativen Emotionen sind unsere persönliche Erfahrung und die kennzeichnenden Erfahrungsweisen der einzelnen Bereiche, darüber hinaus aber auch Schlüsselbegriffe für die gesamte Dimension der Erfahrung, also für das Kontinuum, das von der individuellen emotionalen Erfahrung bis zu den Bereichen selbst reicht. In jedem dieser Bereiche ist ein breites Spektrum an Erfahrungen möglich, und dazu gehören auch die unterschiedlichsten Emotionen.

Die sechs Qualitäten des Bewußtsein werden Pfade genannt, denn sie führen irgendwohin: Sie führen uns an die Orte unserer Wiedergeburt und in die verschiedenen Bereiche der Erfahrung in diesem Leben. Wenn man sich mit einer der negativen Emotionen identifiziert oder von ihr nicht mehr loskommt, so hat das bestimmte Folgen. Nach diesem Prinzip wirkt das Karma. Um beispielsweise als Menschen geboren zu werden, müssen wir in früheren Existenzen um unsere moralische Entwicklung gerungen haben. Das findet seine Entsprechung in der allgemein verbreiteten Auffassung, daß ein Mensch erst als »wahrhaft menschlich« gelten kann, wenn er gelernt hat zu lieben und auf das Wohlergehen anderer bedacht zu sein.

Wenn wir ein Leben in Haß und Zorn gelebt haben, werden wir mit einer anderen Folge Bekanntschaft machen: Wir werden in der Hölle wiedergeboren. Zu dieser Wiedergeburt im Höllenbereich kann es im buchstäblichen Sinne kommen, aber es kann auch einfach eine psychische Verfassung damit gemeint sein. Wenn wir uns auf Haß einlassen, kommt es schon in diesem Leben zu Erfahrungen, die als höllisch zu bezeichnen sind.

Ganz offensichtlich ist das aber nicht für alle Menschen ein Anlaß, solche Erfahrungen zu meiden. Das Karma kann einen Menschen so sehr in eine bestimmte Dimension der Erfahrung tendieren lassen, daß ihm die zugehörigen Emotionen als verlockend erscheinen. Denken wir nur an all den Haß, die Gewalt, den Krieg, die uns als »Unterhaltung« angeboten werden. Man kann Geschmack daran finden. Wir sagen: »Der Krieg ist die Hölle«, aber viele von uns haben einen Hang zum Kriegerischen.

Auch unsere Kultur hat einen Anteil daran, zu welcher Dimension der Erfahrung wir neigen. Wenn eine Gesellschaft den bitterbösen Krieger zu ihrem Helden macht, werden viele Menschen sich in diese Richtung entwickeln. Das ist ein Beispiel für die weiter oben dargestellte kulturelle Unwissenheit.

Die tibetische Sicht der sechs Bereiche mag für Menschen des Westens etwas Märchenhaftes haben, aber wir finden diese Bereiche in unserer eigenen Erfahrung wieder, im Traum wie im Wachzustand und auch im Leben anderer in unserer Umgebung. So kann es beispielsweise vorkommen, daß wir uns innerlich ratlos fühlen. Wir kennen uns zwar mit den täglichen Verrichtungen aus und kommen zurecht, verstehen aber nicht, worum es eigentlich geht. Die Bedeutung ging verloren, aber nicht durch Befreiung, sondern durch fehlendes Verständnis. Im Traum hängen wir im Schlamm fest oder befinden uns an einem finsteren Ort oder auf einer Straße ohne Schilder und Zeichen. Wir kommen in einen Raum, der keinen Ausgang hat, oder wissen nicht, welche Richtung wir einschlagen sollen. Das kann eine Erscheinungsform der im Bereich der Tiere herrschenden Unwissenheit sein. (Das ist eine andere Form der Unwissenheit als die angeborene; sie hat etwas Dumpfes und ist eher ein Intelligenzmangel.)

In Zeiten der lustvollen Zerstreuung, des wohligen Müßiggangs, erleben wir etwas vom Bereich der Götter. Solche Zeiten enden jedoch irgendwann, und solange sie andauern, müssen wir unser Bewußtsein im Seichten halten. Wir müssen oberflächlich bleiben und dürfen uns nicht erlauben, von dem Leiden um uns her allzuviel zu bemerken – sonst wäre die ganze Wonne schnell dahin. Natürlich dürfen wir die angenehmen Seiten unseres Lebens genießen, doch wenn wir dabei die Praxis vernachlässigen, wenn wir uns nicht weiterhin von einengenden, falschen Identitäten freimachen, werden wir, wenn die angenehmen Zeiten vorbei sind, unvorbereitet in schwierigere Zustände geraten und dort wahrscheinlich leiden. Nach einer Party oder am Ende eines schönen Tages verfliegt die gute Stimmung manchmal sehr schnell, und auf dem Heimweg beschleicht uns eine gewisse Niedergeschlagenheit. Nach einem schönen Wochenende kann es sehr ernüchternd sein, wieder an die Arbeit gehen zu müssen.

Wir alle tauchen also immer wieder mal in die Erfahrungswelt anderer Bereiche ein: in die Wonnen der Götterwelt, wenn wir im Urlaub sind oder mit Freunden wandern, in nagendes Verlangen, wenn wir etwas Begehrenswertes sehen, in verletzten Stolz und Beschämung, in Anfälle von Eifersucht, in die Hölle von Bitterkeit und Haß, in die dumpfe Verwirrung der Unwissenheit. Sehr leicht und entsprechend häufig gerät man von der Erfahrungsweise eines Bereichs in die eines anderen. Wir alle haben schon unbeschwerte Augenblicke erlebt, wie sie für den Götterbereich typisch sind; die Sonne scheint, alle Menschen haben etwas Strahlendes, und wir fühlen uns so wohl in unserer eigenen Haut. Dann kommt irgendeine schlimme Nachricht, oder ein Freund sagt etwas, was uns kränkt. Urplötzlich scheint sich die Welt verändert zu haben. Das Lachen klingt hohl, der Himmel ist kalt und teilnahmslos, die Menschen haben so gar nichts Anziehendes mehr – der Spaß ist uns gründlich verdorben. Tatsächlich hat sich aber die Welt nicht geändert, sondern wir sind in eine andere Dimension der Erfahrung eingetreten. So haben auch die Wesen anderer Bereiche zu den Erfahrungsweisen aller

Bereiche Zugang. Eine Katze kann ebenso wie ein Halbgott zornig und eifersüchtig werden oder emotionale Bedürfnisse haben.

Auch im Traum erleben wir die sechs Bereiche. Die sechs negativen Emotionen formen die Gefühle und Inhalte des Traums ebenso wie die des Tages. Träume kommen in unendlicher Vielfalt vor, aber karmische Träume hängen mit einer oder mehreren der sechs Dimensionen zusammen.

Der folgende Kasten bietet eine Kurzcharakterisierung der sechs Bereiche. Die traditionelle Darstellung der Bereiche bietet eine Beschreibung der Örtlichkeiten und der Bewohner. So gibt es beispielsweise achtzehn Höllen, neun heiße und neun kalte. Alle Details der traditionellen Darstellung haben ihre Bedeutung, aber für uns geht es hier nur um die typische Erfahrungsweise aller Bereiche im gegenwärtigen Leben. Mit jeder Dimension der Erfahrung sind wir durch ein Energiezentrum (*chakra**) des Körpers verbunden, deren Lage hier angegeben wird. Die Chakras sind bei vielen Praxisformen von Bedeutung und spielen eine wichtige Rolle im Traum-Yoga.

| BEREICH | PRIMÄRE EMOTION | CHAKRA |
|---|---|---|
| Götter (Devas) | lustvolle Zerstreuung | Scheitel |
| Halbgötter (Asuras) | Neid | Kehle |
| Menschen | Eifersucht | Herz |
| Tiere | Unwissenheit | Nabel |
| Hungrige Geister (Pretas) | Gier | Sexualorgane |
| Höllenbewohner | Haß | Fußsohlen |

## *Der Höllenbereich*

Die Kernemotionen des Höllenbereichs sind Zorn und Haß. Die karmischen Spuren des Zorns manifestieren sich in vielerlei Formen, etwa Aversion, Spannung, Groll, Kritik, Streit und Gewalt. Die Zerstörungen des Krieges gehen auf Zorn zurück, und täglich sterben viele Menschen aufgrund dieses Zorns. Aber Zorn löst niemals irgendein Problem. Wenn er über uns kommt, verlieren wir die Selbstkontrolle und »kennen uns nicht mehr«. Wenn wir von Haß, Gewalt und Zorn nicht loskommen oder selbst ihr Opfer werden, haben wir teil an der Erfahrung des Höllenbereichs.

Das energetische Zentrum des Zorns liegt in den Fußsohlen. Aufgelöst wird Zorn durch reine bedingungslose Liebe, die dem aller Bedingtheit ledigen Ich entspringt.

Nach traditioneller Darstellung besteht der Höllenbereich aus neun heißen und neun kalten Höllen. Die Höllenbewohner müssen unvorstellbare Qualen erdulden, indem sie immer wieder zu Tode gemartert werden und augenblicklich zu neuem Leben erwachen.

### *Der Bereich der Hungrigen Geister*

Im Bereich der Hungrigen Geister (*preta*) ist Gier die Keimemotion. Gier erwächst aus dem Gefühl einer Bedürftigkeit, die so groß ist, daß sie nie befriedigt werden kann. Ebensogut könnte man versuchen, den Durst mit Salzwasser zu löschen. Wenn die Gier uns gepackt hat, suchen wir nicht mehr in uns selbst, sondern nur noch außen Befriedigung, doch wir finden nie genug, um diese entsetzliche Leere zu füllen und sie damit loszusein. Unser wahrer Hunger richtet sich aber auf die Erkenntnis unseres wahren Wesens.

Gier ist mit sexueller Begierde assoziiert; ihr energetisches Zentrum im Körper ist das Chakra hinter den Genitalien. Durch Gebefreudigkeit, das freimütige Geben dessen, was andere benötigen, ist der Knoten der Gier zu lösen.

In der traditionellen Darstellung erscheinen die Pretas mit riesigen Bäuchen, winzigen Mündern und äußerst dünnen Hälsen. Manche leben in Dürregebieten, wo jahrhundertelang keine Rede von Wasser ist. Andere finden wohl zu essen und zu trinken, aber was auch immer sie durch ihren winzigen Mund zu sich nehmen, verwandelt sich im Bauch in Flammen und erzeugt große Schmerzen. Die Pretas leiden auf mancherlei Art, doch alles Leiden erwächst aus Kleinlichkeit und aus Opposition gegen die Großzügigkeit anderer.

### *Der Bereich der Tiere*

Unwissenheit ist die charakteristische Geistesverfassung des tierischen Bereichs. Erlebt wird sie als Orientierungslosigkeit, Dumpfheit, Unsicherheit und Unkenntnis. Viele Menschen sind aus solcher Unwissenheit düster und traurig. Sie fühlen ein Bedürfnis, wissen aber nicht wonach und was man tun könnte, um es zu befriedigen. Im Westen glauben wir häufig, daß ständig beschäftigte Menschen zufrieden seien; aber in all unserer Geschäftigkeit sind wir doch unwissend, wenn wir unser wahres Wesen nicht kennen.

Das zugehörige Energiezentrum liegt auf der Höhe des Nabels. Die Weisheit, die wir finden, wenn wir uns nach innen wenden und unser wahres Wesen erkennen, ist das Mittel gegen die Unwissenheit.

Die Wesen dieses Bereichs leben im Dunkel der Unwissenheit. Tiere leben in Angst, weil sie ständig durch andere Tiere oder den Menschen bedroht sind. Auch große und wehrhafte Tiere müssen leiden, etwa an Insekten, die sich in ihre Haut fressen und von ihrem Fleisch ernähren. Haus- und Nutztiere werden gemolken, müssen Lasten schleppen, müssen Nasenringe tragen, werden kastriert, dienen als Reittiere und können dem nicht entkommen. Tiere empfinden Schmerz und Lust, doch beherrscht sind sie von der Unwissenheit, die ihnen nicht über ihre unmittelbaren Lebensumstände hinauszublicken und ihr wahres Wesen zu finden erlaubt.

### *Der menschliche Bereich*

Die Wurzelemotion des menschlichen Bereichs ist die Eifersucht. Wenn Eifersucht von uns Besitz ergreift, möchten wir uns ganz fest an das klammern, was wir haben: eine Idee, ein Besitztum, eine Beziehung. Wir sehen die Quelle des Glücks außerhalb unserer selbst und haften deshalb verzweifelt am Gegenstand unseres Begehrens.

Eifersucht steht in Verbindung mit dem Herz-Zentrum. Gegen Eifersucht hilft große Offenheit des Herzens, die Offenheit, die sich einstellt, wenn wir Verbindung zu unserem wahren Wesen aufnehmen.

Die Leiden unseres eigenen Bereichs sind für uns leicht zu erkennen. Wir erleben Geburt, Krankheit, Alter und Tod. Alles ändert sich ständig, und Verlust ist eine häufige Erfahrung. Wenn wir bekommen, was wir uns gewünscht haben, setzen wir alles daran, es zu behalten, aber irgendwann, soviel ist sicher, geht es uns doch wieder verloren. Häufig können wir uns am Glück anderer nicht freuen, sondern sind neidisch und eifersüchtig. Die menschliche Geburt wird als ein großer und seltener Glücksfall betrachtet, weil nur Menschen die Lehren hören und praktizieren können; aber nur sehr, sehr wenige von uns finden Zugang zu dieser großen Gelegenheit und nutzen sie.

### *Der Bereich der Halbgötter*

Im Bereich der Halbgötter (*asura*) ist Stolz das Grundgefühl. Stolz hängt zusammen mit dem Gefühl, besondere Vorzüge zu besitzen, häufig auch mit Revierdenken. Streit und Krieg erwachsen oft daraus, daß einzelne oder ganze Gesellschaften sich einbilden, sie wüßten die Lösungen für die Probleme anderer. Dann gibt es noch einen verkappten Stolz, der sich darin zeigt, daß wir uns in bestimmten Fertigkeiten oder Zügen für schlechter als andere halten, eine negative Selbstbezogenheit, die uns von den anderen abhebt.

Stolz steht im Zusammenhang mit dem Kehl-Chakra. Er äußert sich häufig als von Zorn geleitetes Handeln, und Abhilfe schafft hier der große Frieden und die Demut, die sich einstellen, wenn wir in unserem wahren Wesen geborgen sind.

Die Asuras haben ein angenehmes Dasein im Überfluß, aber sie neigen doch zu Neid und Zorn. Ständig haben sie untereinander Streit, aber wirklich leidvoll wird es für sie dadurch, daß sie sich gegen die Götter, die ein Wohlleben in noch größerer Fülle genießen, auflehnen. Die Götter besitzen mehr Macht als die Asuras und sind sehr schwer zu töten. Unweigerlich gewinnen sie jeden Krieg, und die Asuras leiden anschließend unter ihrem verletzten Stolz und ihrem Neid; sie fühlen sich gedemütigt, und das treibt sie immer wieder in den Krieg, den sie nie gewinnen können.

### *Der Bereich der Götter*

Die Götter haben ein durch lustvolle Zerstreuung gekennzeichnetes Dasein. Auch hier gibt es die fünf negativen Emotionen, aber in harmonischem Gleichgewicht wie in einem fünfstimmigen Chor. Die Götter leben in gedankenlosem Müßiggang und sind auf nichts anderes als die Annehmlichkeiten ihres Daseins bedacht. Sie erfreuen sich jeder Art von Besitz und haben alle Bequemlichkeiten, und ihr Leben dauert ein ganzes Zeitalter. Für alle Bedürfnisse scheint gesorgt zu sein, jeder Wunsch wird erfüllt. Doch dieses lustvolle Leben ist – wie auch für manche Menschen oder ganze Gesellschaften – eine Falle. Die Götter wissen nichts von einer tieferen Wirklichkeit. Sie geben sich diesem Dasein der inhaltslosen Zerstreuung und Lust einfach hin und kommen gar nicht auf den Gedanken, den Pfad der Befreiung zu suchen.

Doch irgendwann sind die karmischen Ursachen dieses Daseins im Götterbereich erschöpft, und auch das längste Götterleben endet. Wenn der Tod naht, verlassen Freunde und Gefährten den sterbenden Gott, denn sie ertragen diesen Anblick nicht, der ja auch von ihrer eigenen Sterblichkeit kündet. Der einst so vollkommene Körper altert und verfällt. Die Zeit des Glücks ist vorüber. Mit seinen göttlichen Augen erkennt der sterbende Gott bereits die Zustände in dem Bereich des Leidens, in dem ihm wiedergeboren zu werden bestimmt ist, und noch vor seinem Tod beginnt das Leiden dieses künftigen Daseins.

Der Götterbereich steht im Zusammenhang mit dem Scheitel-Chakra. Das Mittel gegen den ichsüchtigen Lebensgenuß der Götter ist ein allumfassendes Mitfühlen, das sich spontan einstellt, wenn ein Bewußtsein der tieferen Wirklichkeit jenseits von Ich und Welt entsteht.

## *Weshalb »negative« Emotionen?*

Viele Menschen des Westens kommen schlecht damit zurecht, daß bestimmte Emotionen als negativ bezeichnet werden. Natürlich sind nicht die Emotionen selbst negativ. Alle Emotionen sind überlebensnotwendig und haben im Spektrum menschlicher Erfahrung ihren Platz – das gilt auch für das Anhaften, für Zorn, Stolz, Eifersucht und so weiter. Ohne diese Emotionen wären wir nicht im umfassenden Sinne lebendig.

Emotionen sind jedoch dann negativ, wenn sie uns derart fesseln, daß wir unsere eigene Tiefe aus dem Auge verlieren. Sie sind negativ, wenn wir mit Habenwollen oder Widerwillen auf sie reagieren und dadurch eine Beschneidung unseres Bewußtseins und unserer Identität erfahren. Wir legen damit die Saat künftiger negativer Lebensumstände, die uns im Reich des Leidens festhalten, und das entweder schon in diesem Leben oder erst in künftigen Existenzen, die uns vielleicht wenig Gelegenheit zur spirituellen Reise bieten. Das sind eindeutig negative Konsequenzen, insbesondere wenn wir sie anderen Möglichkeiten gegenüberstellen: einer umfassenden Identität, aus der nicht große Teile unserer selbst ausgeschlossen sind, oder gar der Befreiung von allen konstruierten und partiellen Identitäten. Deshalb ist es wichtig, sich die Bereiche nicht einfach als Emotionen zu denken, sondern als sechs Dimensionen des Bewußtseins und der Erfahrung.

Wir erkennen auch kulturelle Unterschiede, was die Emotionen angeht. Furcht und Traurigkeit beispielsweise werden in den alten Lehren nicht häufig erwähnt, aber Samsāra ist in weiten Bereichen von beiden gefärbt. Und die Vorstellung des Selbsthasses etwa ist den Tibetern völlig fremd; sie haben nicht einmal ein Wort dafür. In Finnland haben viele Menschen mir von Depressionen erzählt. Wie ganz anders war das doch in Italien, wo ich gerade herkam und wo von Depression kaum die Rede ist. Klima und Religion, Traditionen und spirituelle Glaubenssysteme prägen uns und unsere Erfahrung. Aber der grundlegende Mechanismus, nach dem wir in die Ausweglosigkeit geraten – Mögen und Nichtmögen, Projektionen und dualistische Interaktionen mit dem Projizierten – ist überall der gleiche. Das ist es, was wir an der emotionalen Erfahrung negativ nennen.

In der westlichen Psychologie wird häufig versucht, den Menschen mit Hilfe des Verstehens der Emotionen zu einem besseren Leben im Samsāra zu verhelfen. Das ist gut. Der tibetische Ansatz zielt jedoch auf etwas anderes: die Emotionen verstehen, damit wir uns von einschränkenden und falschen Anschauungen freimachen können, an denen wir emotional haften. Auch hier gilt wieder, daß Emotionen nicht in sich selbst negativ sind, sondern nur insofern, als wir uns an sie klammern oder sie zu fliehen versuchen.

# 3. Der Energiekörper

Alle Erfahrung, im Wachen wie im Traum, hat eine energetische Basis. Diese Energie des Lebens heißt auf tibetisch *Lung**, ist aber unter ihrem Sanskritnamen, *Prāna**, besser bekannt. Jeder Erfahrung liegt ein ganz bestimmtes Gefüge aus Bedingungen und Ursachen zugrunde. Wenn wir verstehen, weshalb und wie es zu einer Erfahrung kommt, und wenn wir ihre geistige, körperliche und energetische Dynamik erkennen, sind wir in der Lage, sie zu reproduzieren oder zu verändern. Das erlaubt uns, für die spirituelle Praxis förderliche Erfahrungen zu generieren und abträgliche zu meiden.

## *Kanäle, Prāna und die Chakras*

Im täglichen Leben nehmen wir immer wieder verschiedene Körperhaltungen ein, ohne an ihre Wirkungen zu denken. Wenn wir uns entspannen und mit Freunden unterhalten möchten, gehen wir in ein Zimmer mit bequemen Sesseln oder Sofas. Das erzeugt Behaglichkeit und fördert das entspannte Gespräch. Geht es aber um geschäftliche Besprechungen im Büro, so wählen wir Sitzgelegenheiten, auf denen wir aufrechter und weniger entspannt sitzen. Das ist besser, wenn es um Verhandlungen oder kreative Unternehmungen geht. Wenn wir es still und beschaulich haben möchten, werden wir vielleicht die Veranda aufsuchen und wieder ein anderes Sitzmöbel benutzen, von dem aus wir die Landschaft und das sanfte Fächeln des Windes genießen können. Werden wir müde, so gehen wir ins Schlafzimmer und nehmen eine ganz andere Haltung ein, die das Einschlafen fördert.

So nehmen wir auch bei verschiedenen Meditationsformen unterschiedliche Haltungen ein, um durch Manipulation der Kanäle* (*Tsa**), das heißt der Leitbahnen der Energie im Körper, den Strom des Prāna zu verändern und um die verschiedenen Brennpunkte der Energie, die Chakras, zu öffnen. Dadurch werden verschiedene Arten der Erfahrung hervorgerufen. Auch die Bewegungen des Yoga beruhen auf diesem Prinzip. Durch das bewußte Lenken der Energie in unserem Körper können wir unsere Meditationspraxis leichter und schneller entwickeln, als wenn wir uns nur auf den Geist verlassen würden. Auf diese Weise können wir auch gewisse Hindernisse bei der Praxis überwinden. Ohne Anwendung dieses Wissens um die Energie und ihre Bewegungen im Körper kann der Geist sich in seine eigenen Prozesse verhaspeln.

Kanäle, Prāna und Chakras sind für den Tod ebenso von Bedeutung wie für das Leben. Die meisten mystischen Erfahrungen, aber auch Erfahrungen, die wir im Zwischenzustand nach dem Tod machen, haben etwas mit dem Sich-Öffnen und -Schließen von Energiepunkten zu tun. In Büchern über die Phänomene bei Nahtodeserfahrungen finden wir Beschreibungen von Lichterscheinungen und Visionen beim Einsetzen des Sterbeprozesses. Nach der tibetischen Überlieferung hängen solche Phänomene mit den Bewegungen des Prāna zusammen. Die Kanäle sind den verschiedenen Elementen zugeordnet; wenn sich beim Sterben die Elemente auflösen und auch die Kanäle zerfallen, manifestiert sich die frei werdende Energie als Erfahrung von Licht und Farbe. Die alten Texte beschreiben sehr genau, welche Farbe hier welcher Auflösungsstufe in welcher Körperschicht entspricht und zu welcher Emotion sie in Beziehung steht.

Diese Lichterscheinungen beim Sterbeprozeß können sich den Menschen jedoch sehr unterschiedlich darstellen, weil sie sowohl zu den negativen emotionalen als auch zu den positiven Weisheitsaspekten des Bewußtseins in Beziehung stehen. Die meisten Menschen sind beim Sterben Emotionen ausgesetzt, und die vorherrschende Emotion bestimmt die Licht-

und Farberfahrungen. Häufig ist das zunächst nur der Eindruck von farbigem Licht, in dem eine bestimmte Farbe vorherrscht, aber es können auch mehrere Farben im Vordergrund stehen, oder man sieht eine ganze Palette von Farben. Dieses Licht beginnt nun Bilder zu formen wie in einem Traum: von Häusern, Schlössern, Mandalas, Menschen, Gottheiten und allem möglichen anderen. Wenn wir sterben, fassen wir diese Visionen entweder als samsārisch auf, und dann wird unser Weg in die nächste Wiedergeburt von unseren Reaktionen auf sie bestimmt sein; oder wir sehen sie als Meditationserfahrungen und bekommen dadurch die Chance, Freiheit zu finden oder zumindest unsere nächste Geburt bewußt in eine positive Richtung zu lenken.

## *Kanäle (Tsa)*

Es gibt im Körper ganz unterschiedliche Arten von Kanälen. Über die grobstofflichen Kanäle – Blutgefäße, Lymphgefäße, Nerven und so weiter – unterrichtet uns die Anatomie. Dann gibt es Kanäle wie etwa die Akupunktur-Meridiane, die wir als Leitbahnen für die eher substanzhafte Form des Prāna betrachten können. Beim Traum-Yoga gehen wir mit einer noch feineren psychischen Energie um, die der Weisheit ebenso wie den negativen Emotionen zugrunde liegt. Die Kanäle dieser sehr subtilen Energie sind physisch nicht zu lokalisieren, aber wir können ihrer gewahr werden.

Es gibt drei Wurzelkanäle. Auf und in ihnen liegen sechs Hauptchakras. Von diesen sechs Chakras strahlen dreihundertsechzig Nebenkanäle in den ganzen Körper aus. Die drei Wurzelkanäle sind der rote Kanal auf der rechten Körperseite, der weiße Kanal auf der linken sowie der blaue Zentralkanal (dies ist die Anordnung bei Frauen; bei Männern ist der rechte Kanal weiß und der linke rot). Die Wurzelkanäle laufen zehn Zentimeter unterhalb des Nabels zusammen. Die beiden Seitenkanäle, die etwa den Durchmesser eines Bleistifts haben, steigen beiderseits und etwas vor der Wirbelsäule und schließlich durch das Gehirn bis unter das Schädeldach auf, wo sie die Richtung ändern, um nach vorn abzusteigen und in die Nasengänge zu münden. Der Zentralkanal steigt gerade und vor der Wirbelsäule zwischen den Seitenkanälen auf. Er hat den Durchmesser eines Spazierstocks, wird aber von der Herzgegend aufwärts bis zu seinem oberen Ende am Scheitel etwas weiter.

Durch den weißen Kanal (bei Männern rechts, bei Frauen links) fließen die Energien der negativen Emotionen. Manchmal wird dieser Kanal auch als der Kanal der Methode bezeichnet. Der rote Kanal ist dagegen die Leitbahn für positive Energien oder Weisheitsenergien. Bei der Traumpraxis schlafen Männer auf der rechten und Frauen auf der linken Seite; so wird auf den weißen Kanal ein wenig Druck ausgeübt, damit er etwas enger wird, während der rote Weisheitskanal sich ein wenig weitet. Das verbessert die Traumerfahrung in Richtung positiverer Emotionen und größerer Klarheit.

Der blaue Zentralkanal ist die Leitbahn der Nondualität. Hier strömt die Energie des ursprünglichen Gewahrseins (*Rigpa*). Die Traumpraxis überführt Bewußtsein und Prāna in den Zentralkanal, wo sie jenseits von negativer und positiver Erfahrung sind. Wenn es dazu kommt, geht dem Praktizierenden die Einheit aller scheinbaren Dualitäten auf. Alle mystischen Erfahrungen – von Glückseligkeit oder Leerheit oder Klarheit oder Rigpa – haben ihre energetische Basis im Zentralkanal.

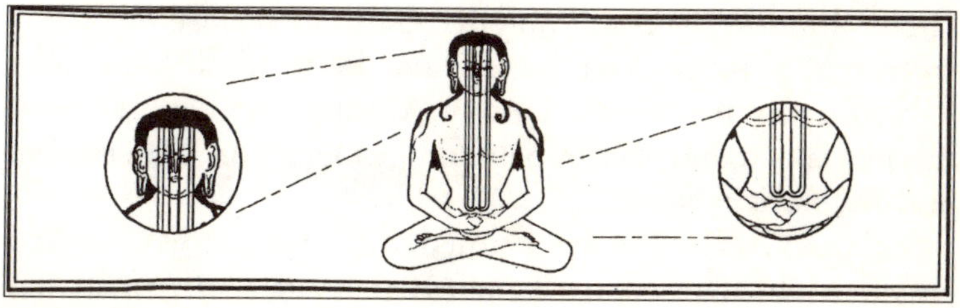

*Die Kanäle*

## *Prāna (Lung)*

Das Träumen ist ein dynamischer Prozeß. Wir benutzen manchmal den Film als Metapher für den Traum, doch die Bilder eines Films sind statisch, und die Bilder des Traums fließen. Unser Geist gestaltet die Bilder der Träume, aber die Lebhaftigkeit, ja Lebensechtheit der Träume ist auf Prāna zurückzuführen. Lung, das tibetische Wort für Prāna, bedeutet »Wind«, aber wir werden der Deutlichkeit halber von Wind-Lebenskraft sprechen.

Prāna ist die Grundenergie aller Erfahrung und allen Lebens. Im Osten üben die Menschen Yoga-Stellungen und bestimmte Atemtechniken, um Körper und Geist durch Stärkung und Verfeinerung der Wind-Lebenskraft ins Gleichgewicht zu bringen. In manchen der alten esoterischen Lehren Tibets werden zwei Arten von Prāna unterschieden: karmischer Prāna und Weisheits-Prāna.

### *Karmischer Prāna*

Karmischer Prāna ist die energetische Basis aller aus positivem, negativem und neutralem Handeln entstandenen karmischen Spuren. Wenn karmische Spuren durch geeignete sekundäre Ursachen aktiviert werden, versorgt der karmische Prāna sie mit Energie, so daß sie in Geist, Körper und den Träumen zur Wirkung kommen können. Karmischer Prāna ist die Vitalität der negativen und positiven Energien in den beiden Seitenkanälen.

In einem unsteten, abgelenkten und ungesammelten Geist sieht man den karmischen Prāna am Werk. Wenn beispielsweise eine Emotion entsteht und der Geist sie nicht unter Kontrolle hat, so ist der karmische Prāna die Kraft, die den Geist mitreißt, wohin sie will. Unsere Aufmerksamkeit geht mal hierhin, mal dahin, geschoben und gezogen von Widerwillen und Begehrlichkeit.

Soll der Geist auf dem spirituellen Pfad stark, präsent und gesammelt bleiben, dann kommt es darauf an, geistige Stabilität zu entwickeln. Wenn sich dann die Kräfte negativer Emotionen erheben, können die karmischen Winde uns nicht in Zustände der Erregung und Verwirrung entführen. Wenn wir im Traum-Yoga die Stufe des luziden Träumens erreicht haben, benötigen wir ebenfalls eine stabile geistige Präsenz, damit wir dem vom karmischen Prāna erzeugten Traum Stetigkeit geben können und Kontrolle über das Traumgeschehen gewinnen. Anfangs wird es eher noch so sein, daß der Träumer mal Herrschaft über seinen Traum hat und mal der Traum über ihn.

In manchen psychologischen Ansätzen des Westens wird die Meinung vertreten, man solle das Traumgeschehen nicht beeinflussen, doch das ist nach den tibetischen Lehren die falsche Sicht. Besser, der luzid und bewußt Träumende beherrscht das Traumgeschehen, als daß er geträumt wird. Das gleiche gilt ja auch für die Gedanken: Besser, man beherrscht seine Gedanken, als daß man von ihnen beherrscht wird.

### *Drei Arten von karmischem Prāna*

In manchen tibetischen Yoga-Texten werden drei Arten von karmischem Prāna beschrieben: weicher Prāna, rauher Prāna und neutraler Prāna. Als weich wird der Prāna der Tugend-Weisheit bezeichnet, der im roten Weisheitskanal strömt. Rauh ist der Prāna der negativen Emotionen im weißen Kanal. Beide Arten von Prāna werden als karmischer Prāna aufgefaßt.

Neutraler Prāna ist, wie der Name schon sagt, weder positiv noch negativ, trotzdem aber karmischer Prāna. Neutraler Prāna befindet sich überall im Körper. Durch die Erfahrung dieses neutralen Prāna gelangt der Praktizierende zur Erfahrung des natürlichen ursprünglichen Prāna, und der ist kein karmischer Prāna, sondern die Energie des nondualen Rigpa, das seinen Ort im Zentralkanal hat.

### *Weisheits-Prāna*

Weisheits-Prāna (*ye lung*) ist kein karmischer Prāna. Er darf nicht mit dem im vorigen Abschnitt erwähnten Prāna der Tugend-Weisheit verwechselt werden.

Jede Erfahrung ist im allerersten Augenblick, bevor es zu einer Reaktion kommt, nichts als reine Wahrnehmung. Der an diesem reinen Wahrnehmen beteiligte Prāna ist der ursprüngliche Weisheits-Prāna, die Energie jeglicher Erfahrung vor oder jenseits aller positiven oder negativen Reaktionen. Diese reine Erfahrung hinterläßt keine Spur und gibt keinen Anstoß zu Träumen. Der Weisheits-Prāna strömt im Zentralkanal und ist die Energie des Rigpa. Dieser erste Augenblick einer Erfahrung, ein Augenblick reiner Wahrnehmung, ist so kurz, daß wir ihn normalerweise nicht einmal bemerken. Erst unsere Reaktion auf diesen Augenblick, unser Mögen oder Nichtmögen, erleben wir als unsere Erfahrung.

### *Prāna-Aktivität*

Der tibetische Lehrer Long-chen-pa hat einem Text zufolge gesagt, an einem einzigen Tag gebe es 21 600 Prāna-Bewegungen. Ob wir das nun wörtlich nehmen oder nicht, jedenfalls soll die Zahl wohl das gewaltige Ausmaß prānischer Aktivität an jedem Tag verdeutlichen.

## *Ausgleichen des Prāna*

Mit der folgenden kleinen Übung kann man die prānischen Energien ausgleichen. Als Mann drücken Sie zuerst die linke Nasenöffnung mit dem linken Ringfinger zu und atmen stark durch die rechte Nasenöffnung aus. Dann verschließen Sie die rechte Seite mit dem rechten Ringfinger und atmen langsam und tief durch die linke Nasenöffnung ein. Nach dem Einatmen halten Sie die Luft für kurze Zeit an, damit die Luft – Prāna – sich in Ihrem gesamten Körper ausbreiten kann. Danach atmen sie langsam aus und bleiben in diesem Zustand der Ruhe.

Bei Frauen ist der Ablauf spiegelverkehrt. Sie drücken die rechte Nasenöffnung mit dem rechten Ringfinger zu und atmen scharf durch den linken Nasengang aus, bis die Lunge völlig entleert ist. Schließen Sie jetzt die linke Nasenöffnung mit dem linken Ringfinger, atmen Sie langsam und tief durch die rechte Nasenöffnung ein, und nehmen Sie den stillen Weisheits-Prāna in sich auf. Lassen Sie diese Stille in den ganzen Körper einkehren. Schließlich atmen Sie sanft aus und verweilen in diesem Zustand der Ruhe.

Durch häufiges Wiederholen dieser Übung kommen die Energien ins Gleichgewicht. Der rauhe emotionale Prāna wird durch den weißen Kanal ausgeatmet und der Prāna der glückseligen Weisheit durch den roten Kanal eingeatmet. Lassen Sie den neutralen Prāna sich im gesamten Körper ausbreiten. Verweilen Sie in der Ruhe.

## *Prāna und Geist*

Alle Träume stehen in Beziehung zu einem oder mehreren der sechs Bereiche. Bestimmte Stellen im Körper bilden die energetischen Verbindungspunkte zwischen dem Geist und den Bereichen. Wie kann das sein? Wir sagen, Bewußtsein sei ohne Gestalt und Farbe, jenseits der Zeit und nicht zu berühren – wie kann es also mit bestimmten Orten verbunden sein? Der Geist selbst, in seinem ursprünglichen Wesen, ist natürlich jenseits aller Unterscheidungen, aber die jeweilige Gestimmtheit des Bewußtseins unterliegt dem Einfluß unserer Erfahrung.

Sie können das selbst überprüfen. Suchen Sie einen Ort des Friedens auf, etwa einen von heiligen Gesängen und dem Duft von Räucherwerk erfüllten Tempel oder eine moosbewachsene Felsengrotte mit einem kleinen Wasserfall. An einem solchen Ort fühlen wir uns wie unter dem Einfluß eines Segens. Die Umgebung wirkt sich auf unseren Bewußtseinszustand und damit auf die Qualität unserer Erfahrung aus. Ähnliches gilt für negative Einflüsse. Wenn wir einen Ort früherer Greueltaten besuchen, fühlen wir uns unbehaglich; wir sagen dann, der Ort habe eine »ungute Schwingung«.

Nach dem gleichen Muster verläuft das Geschehen in unserem Körper. Wenn wir davon sprechen, den Geist beispielsweise »in das Herz-Chakra zu legen«, was meinen wir dann? Kann der Geist überhaupt irgendwo an einer bestimmten Stelle sein? Geist als solcher läßt sich nicht auf ein umgrenztes Gebiet beschränken. Wenn wir den Geist irgendwohin »legen«, heißt das, daß wir unsere Aufmerksamkeit ausrichten: Wir erzeugen innere Bilder oder lenken die Aufmerksamkeit auf ein Sinnesobjekt. Wenn wir den Geist in diesem Sinne auf etwas sammeln, beeinflußt das Objekt der Sammlung die Qualität unseres Bewußtseins, und im Körper kommt es zu entsprechenden Veränderungen.

Auf diesem Prinzip beruhen Heilverfahren, die sich bildhafter Vorstellungen bedienen. Visualisationen bewirken Veränderungen im Körper. Die westliche Forschung bestätigt diese Aussage, und die moderne Medizin bedient sich der Macht der Visualisation heute auch bei schweren Erkrankungen wie Krebs. In der Heiltradition des Bön werden vielfach Visualisationen der Elemente Feuer, Wasser und Wind angewendet; hierbei setzt man nicht bei den Symptomen an, sondern bei der zugrundeliegenden Geistesverfassung. Man versucht die negativen Emotionen und karmischen Spuren zu bereinigen, die nach der Bön-Lehre für die Erkrankungsbereitschaft verantwortlich sind.

Das kann zum Beispiel so aussehen, daß man bei einer Krankheit starkes Feuer visualisiert. Wir visualisieren rote dreieckige Formen und stellen uns eine Hitze vor, die so gewaltig ist, als stiege sie aus einem Vulkan hoch, und die wir als Wellen von Feuer in unserem Körper zu erfahren versuchen. Mit besonderen Atemübungen läßt sich diese Hitze noch intensivieren. So setzen wir den Geist ein, um Körper, Emotionen und Energie zu beeinflussen. Und es geschieht auch tatsächlich etwas, ohne daß wir in der Außenwelt irgendeinen Schalter betätigt hätten. Wie man in der westlichen Medizin beispielsweise Krebszellen mittels Strahlentherapie zu verschmoren versucht, setzen wir das innere Feuer ein, um karmische Spuren zu verbrennen. Wir brauchen aber eine klare Intention, wenn die Praxis wirksam sein soll. Das ist kein simpler mechanischer Prozeß, sondern hier wird das

Wissen um Karma, Geist und Prāna eingesetzt, um die Heilung zu unterstützen. Diese Praxis hat den Vorteil, daß wir nicht nur die Symptome, sondern die Ursachen der Krankheit aufzulösen versuchen und daß sie keine Nebenwirkungen zhat. Natürlich ist es gut, auch die westliche Medizin zu nutzen, wo das möglich und angebracht ist. Wir sollten uns nicht auf ein bestimmtes System festlegen, sondern all das nutzen, was wirklich Nutzen bringt.

## *Die Chakras*

Bei der Traumpraxis lenken wir unsere Aufmerksamkeit auf bestimmte Gegenden des Körpers: auf das Kehl-, Stirn- und Herz-Chakra und auf das geheime Chakra hinter den Genitalien. Ein Chakra ist ein »Rad« der Energie, ein energetischer Knotenpunkt. An bestimmten Stellen im Körper laufen Energiekanäle zusammen, und hier entstehen die energetischen Muster, die wir Chakras nennen. Hauptchakras sind Stellen, an denen viele Kanäle zusammenlaufen.

Chakras sehen in Wirklichkeit nicht so aus, wie sie dargestellt werden, also nicht wie Lotosblüten, die sich öffnen und schließen, eine bestimmte Anzahl von Blütenblättern und eine bestimmte Farbe haben. Diese Bilder sind nur so etwas wie symbolische Merkhilfen, die wir benutzen, um unsere Aufmerksamkeit auf die an diesen Stellen vorhandenen Energiemuster zu richten. Diese Chakras wurden ursprünglich durch Praxis entdeckt, durch das, was Praktizierende gewahr wurden. Sie besaßen zunächst keine Sprache, mit der sie anderen, die nicht die gleiche Erfahrung gemacht hatten, ihre Entdeckung erklären konnten. So schuf man bildhafte Vergleiche, visuelle Metaphern, die anderen auch etwas sagten. Die Lotos-Bildsprache vermittelte beispielsweise die Vorstellung, daß die Chakra-Energie sich in der Weise ausdehnt und zusammenzieht, wie eine Blüte sich öffnet und schließt. Außerdem fühlen die Chakras sich verschieden an, und diese Unterschiede verdeutlichte man mit verschiedenen Farben. Schließlich wurde auch die Dichte und Komplexität der Energie in den einzelnen Chakras als unterschiedlich empfunden, und um das zu verdeutlichen, gab man unterschiedliche Anzahlen von Blütenblättern an. Aus diesen visuellen Metaphern wurde dann eine als allgemein gültig anerkannte Sprache zur Beschreibung der Erfahrung in den Energiezentren des Körpers. Wenn man an der richtigen Stelle im Körper eine Lotosblüte mit der richtigen Anzahl von Blütenblättern und der richtigen Farbe visualisiert, übt der Geist einen Einfluß auf diesen Energiepunkt aus und wird selbst wieder von ihm beeinflußt. Wir sagen dann, Geist und Prāna seien im Chakra vereinigt.

## *Blindes Pferd, lahmer Reiter*

Wenn wir abends schlafen gehen, achten wir meist nicht besonders darauf, was da eigentlich geschieht. Wir sind einfach müde, machen die Augen zu und dämmern weg. Wir mögen wissenschaftliche Vorstellungen von diesem Geschehen haben – Blut im Gehirn, Hormone und dergleichen –, aber was beim Einschlafen wirklich passiert, bleibt geheimnisvoll und unerforscht.

Die tibetische Tradition erklärt das Einschlafen anhand einer Metapher für Geist und Prāna. Prāna wird dabei mit einem blinden Pferd verglichen und der Geist mit einem Menschen, der nicht laufen kann. Jeder für sich sind sie hilflos, aber zusammen können sie sich bewegen. Wenn Pferd und Reiter zusammen sind, geht es im Trab oder Galopp dahin, aber meist ohne viel Einfluß auf die Richtung. Wir kennen das aus eigener Erfahrung: Wir können den Geist in ein Chakra »legen«, indem wir unsere Aufmerksamkeit dorthin richten, aber es ist nicht einfach, den Geist an einer bestimmten Stelle zu halten. Er ist immer in Bewegung, die Aufmerksamkeit wandert hierhin und dorthin. Bei samsārischen Wesen hasten Pferd und Reiter normalerweise blind durch eine der sechs Dimensionen des Bewußtseins, der sechs negativen emotionalen Zustände.

Wenn wir einschlafen, geht uns das Gewahrsein der sinnlichen Welt verloren. Der Geist wird vom blinden Pferd des karmischen Prāna hierhin und dorthin getragen, bis er bei einem bestimmten Chakra hängenbleibt und unter den Einfluß von dessen Bewußtseinsdimension kommt. Zum Beispiel: Sie hatten einen Streit mit Ihrem Partner/Ihrer Partnerin, und durch diesen sekundären Umstand wird eine zum Herz-Chakra gehörende karmische Spur aktiviert, die Ihren Geist dann im Schlaf in diese Stelle hineinzieht. Was sich daraus an Aktivität von Geist und Prāna ergibt, manifestiert sich in den Bildern und Geschehnissen des Traums.

Unser Geist wird nicht zufällig mal in dieses, mal in jenes Chakra gezogen, sondern dorthin, wo die besonders aufmerksamkeits- und heilungsbedürftigen Dinge unseres Lebens energetisch verankert sind. Im angeführten Beispiel ist es so, als riefe das Herz-Chakra um Hilfe. Die Unruhe stiftende Spur wird heilen, wenn sie sich im Traum bekunden und dadurch abbauen kann. Voraussetzung dafür ist allerdings, daß der Träumende zentriert und bewußt ist, denn sonst bestimmen die bestehenden karmischen Tendenzen unsere Reaktionen auf solche Spuren, so daß weitere karmische Samen entstehen.

Das läßt sich am Beispiel eines Computers verdeutlichen. Die Chakras sind in diesem Fall wie verschiedene Dateien. Wir klicken das Verzeichnis »Prāna und Geist« an und öffnen die Datei des Herz-Chakra. Die hier abgelegten Informationen – die zum Herz-Chakra gehörenden karmischen Spuren – erscheinen als Traum auf dem Bildschirm unseres Traumbewußtseins.

Vielleicht löst jetzt irgendeine Traumsituation eine Reaktion aus, die einer anderen Emotion Energie zuträgt. Der Traum wird zur sekundären Ursache für die Aktivierung einer anderen karmischen Spur. Der Geist könnte beispielsweise hinunter ins Nabelzentrum wandern und in einen ganz anderen Bereich der Erfahrung gelangen. Damit ändert sich auch der ganze Charakter des Traums. Sie sind jetzt nicht mehr eifersüchtig, sondern befinden sich auf einer Straße ohne jegliche

Orientierungshilfe oder irgendwo an einem sehr dunklen Ort. Sie kennen sich überhaupt nicht mehr aus. Sie möchten irgendwohin gehen, finden aber den Weg nicht. Kurz, Sie sind im Bereich der Tiere, in dem vor allem Unwissenheit herrscht.

Das ist das Prinzip, nach dem Trauminhalte zustande kommen. Geist und Prāna werden zu verschiedenen Chakras im Körper hingezogen; je nach der Art der hier verwahrten karmischen Spuren steigen Inhalte der jeweiligen Erfahrungsdimension als Traumbilder in uns auf. Damit haben wir schon eine Möglichkeit, unsere Träume anders zu betrachten als bisher: Wir können am Traumgeschehen ablesen, welche Emotion mit dem Traum verbunden ist und welchem Bereich er zuzuordnen ist. Außerdem zeichnet sich hier auch schon die Einsicht ab, daß jeder Traum einen Ansatz zum Heilen und zur spirituellen Praxis bietet.

Letzten Endes möchten wir Geist und Prāna im Zentralkanal stabilisieren und verhindern, daß der Geist immer wieder zu den Chakras hingezogen wird. Der Zentralkanal ist die energetische Basis der Rigpa-Erfahrung, und die Praktiken, denen wir uns im Traum-Yoga widmen, haben den Zweck, Geist und Prāna in den Zentralkanal zu bringen. Wenn es dazu kommt, sind wir klar, bewußt und präsent. In diesem Zustand zu träumen bedeutet, daß unser Traum von starken Einflüssen der negativen Emotionen frei sein wird. In dieser inneren Ausgewogenheit können sich Träume des Wissens und der Klarheit manifestieren.

# 4. Zusammenfassung: Wie Träume entstehen

Bis zum Erwachen ist unser wahres Wesen uns verhüllt durch die Grund-Unwissenheit, die das begriffliche Denken entstehen läßt. Gänzlich in seiner dualistischen Sicht befangen, trennt das begriffliche Denken die nahtlose Einheit der Erfahrung auf und meint jetzt einzelne Gegebenheiten zu sehen; dann tritt es zu diesen eigenen Projektionen in Beziehung, als wären sie für sich selbst existierende, gesonderte Lebewesen und Dinge. Der primäre Dualismus teilt die Erfahrung in das Ich und das andere auf, und durch die Identifikation mit nur einer Seite der Erfahrung, dem Ich, entstehen Vorlieben. So kommt es zum Gegensatz von Begehren und Widerwillen, die zum Ausgangspunkt für körperliches und geistiges Handeln werden. Das Handeln (Karma) hinterläßt Spuren im Geist des Menschen, die als Tendenzen wirksam werden und wieder neues Mögen und Nichtmögen hervorrufen, woraus neue karmische Spuren entstehen und so weiter. Das ist der sich selbst in Gang haltende Zyklus des Karma.

Im Schlaf zieht sich der Geist aus der Welt der Sinne zurück. Karmische Spuren, die gerade von sekundären Ursachen aktiviert werden, besitzen eine Kraft oder Energie, nämlich den karmischen Prāna. Wie bei Pferd und Reiter in unserem Vergleich »reitet« der Geist auf dem karmischen Prāna zu jenem Energiezentrum im Körper, das der aktivierten karmischen Spur entspricht: Das Bewußtsein richtet sich auf ein bestimmtes Chakra aus.

Bei diesem Zusammenspiel von Geist, Energie und Bedeutung erfaßt das Licht des Bewußtseins die karmischen Spuren und den zugehörigen Bereich und kommt selbst unter ihren Einfluß. Der karmische Prāna ist die Energie des Traums, die Lebenskraft, während der Geist die spezifischen Manifestationen der karmischen Spuren – Farbe und Licht, Emotionen und Bilder – zu einer Geschichte, dem Traum, verwebt. Dies ist der Entstehungsprozeß eines samsārischen Traums.

# 5. Bilder aus dem »Mutter-Tantra«

In den Lehren der Großen Vollkommenheit (Dzogchen) geht es immer darum, ob wir unseres wahren Wesens innewerden und erkennen, daß alle Erfahrung nur Widerspiegelung dieses wahren Wesens ist. Der Traum ist ein Spiegelbild unseres eigenen Bewußtseins. Das ist nach dem Aufwachen ohne weiteres einzusehen – wie auch alle Buddhas nach ihrer Erleuchtung wissen, daß alles, was Samsāra zu bieten hat, Illusion ist. Es bedarf der Praxis, um *im* Schlaf den illusorischen Charakter des Traums zu erkennen; und so bedarf es auch der Praxis, um den illusorischen Charakter des im Wachzustand Erfahrenen zu erkennen. Wenn wir einigermaßen wissen, wie Träume zustande kommen, werden wir erstens leichter verstehen, was mit »illusorisch« und »ohne innewohnendes Sein« gemeint ist, und zweitens werden wir unsere Einsicht leichter auf die Erfahrung anwenden können. Das Zustandekommen von Erfahrung ist im Traum und im Wachzustand dasselbe. Die Welt ist ein Traum, der Lehrer und die Lehre sind ein Traum, das Ergebnis unserer Praxis ist ein Traum – der Traum hat nirgendwo eine Lücke, bis wir den Weg ins Freie finden, ins reine Rigpa. Bis dahin aber träumen wir uns und unser Leben, in der stofflichen Außenwelt ebenso wie im Traum.

Nicht zu wissen, wie man mit Gedanken umgehen kann, heißt, daß man von ihnen beherrscht ist. Erst wenn wir das Umgehen mit Gedanken gelernt haben, wird unser Denken wahrhaft bewußt, und wir können es dann entweder für positive Zwecke einsetzen oder es sich zu seinem leeren Wesen befreien lassen. So wird das Denken auf dem Pfad eingesetzt. Auf die gleiche Weise können wir aber auch Wahnvorstellungen, Leiden und jede andere Art der Erfahrung in den Pfad einbringen. Dazu müssen wir jedoch begriffen haben, daß alles, was sich zeigt, seiner Natur nach leer ist. Tun wir es, so ist jeder Augenblick des Lebens frei, und alles, was wir tun, ist spirituelle Praxis: Aller Klang ist Mantra, alle Form ist reine Leere, alles Leiden ist Unterweisung. Das bedeutet die Formel »in den Pfad überführen«.

Wo unmittelbar erkannt wird, daß Zorn keine objektive Gegebenheit ist, sondern nur eine Spiegelung des Geistes, einem Traum ähnlich, da löst sich der Knoten des Zorns und kann uns nicht mehr binden. Wenn wir eine Schlange zu sehen glauben und uns entsprechend ängstigen, dann aber erkennen, daß es sich nur um ein Tau handelt, löst sich die Macht dieser Erscheinung sofort auf. Wenn wir verstanden haben, daß Erscheinungen nur ein leeres Leuchten sind, werden wir erkennen, daß Geist und Erfahrung eins sind.

Das tibetische Wort *lhun drub* wird mit »spontane Vollkommenheit« übersetzt. Es bedeutet, daß es keinen Erzeuger gibt, der irgend etwas erzeugt. Alles ist einfach so, wie es ist, alles geht spontan aus dem Grund hervor, eine vollkommene Manifestation der Leere und Klarheit. Ein Kristall erzeugt kein Licht; sein natürliches Wirken besteht darin, im Licht zu erstrahlen. Der Spiegel wählt nicht aus, welches Gesicht er spiegeln wird; er spiegelt alles, das ist seine Natur. Wenn wir verstehen, daß alles, was sich einstellt, auch unser gewöhnliches Ich-Gefühl, nichts weiter als Projektion des Geistes ist, sind wir frei. Wenn nicht, so halten wir eine Fata morgana für real, ein Echo für etwas anderes als unsere eigene Stimme. Hier herrscht ein starkes Gefühl von Getrenntsein, und wir werden Gefangene einer eingebildeten Dualität.

Das »Mutter-Tantra«, einer der wichtigsten Bön-Texte, gibt uns Beispiele, Gleichnisse und Metaphern, über die wir nachsinnen können, um den illusorischen Charakter sowohl des Traums als auch des Wachzustands besser zu verstehen.

*Widerspiegelung.* Der Traum ist unsere eigene Projektion. Er unterscheidet sich so wenig von unserem Geist, wie ein Sonnenstrahl sich vom Licht der Sonne am Himmel unterscheidet. Da wir das nicht wissen, begegnen wir dem Traum als etwas Realem – ähnlich einem Löwen, der das im Wasser gespiegelte Gesicht anfaucht. In einem Traum ist der Himmel unser Geist, und der Berg ist unser Geist; die Blumen, die Schokolade, die wir essen, die anderen Menschen, all das ist unser eigener Geist, wie er uns zurückgespiegelt wird.

*Blitz.* Über den Nachthimmel zuckt ein Blitz. Plötzlich liegen die Berge im Licht, jeder Gipfel scheint ein Ding für sich zu sein, aber in Wirklichkeit sehen wir nur ein aufblitzendes Licht, das in unsere Augen reflektiert wird. So sind auch die scheinbar jedes für sich stehenden Dinge in unserem Traum eigentlich das eine Licht unseres Geistes, Rigpa.

*Regenbogen.* Ein Traum kann schön und verlockend sein wie ein Regenbogen. Aber beide sind ohne Substanz, eine Lichterscheinung, die vom Standpunkt des Betrachters abhängt. Wer einen Regenbogen einfangen möchte wird ihn nicht erreichen: da ist nichts. Ein Traum ist wie ein Regenbogen ein Zusammentreffen von Umständen, die eine Illusion erzeugen.

*Mond.* Der Traum ist wie der Mond, der sich in allerlei Gewässern – im Teich, im Brunnen, im Meer –, aber auch in den Fenstern der Häuser und in vielen Kristallen spiegelt. Doch der Mond vervielfältigt sich dabei nicht. Es gibt nur einen Mond, und so sind auch die vielen Dinge eines Traums von ein und derselben Essenz.

*Fata morgana.* Aufgrund bestimmter Umstände sind in der Wüste manchmal Luftspiegelungen zu sehen, die uns wie Seen, manchmal auch wie eine schimmernde Stadt erscheinen können. Beim Näherkommen sehen wir jedoch, daß dort nichts ist. Untersuchen wir die Bilder eines Traums, so erweisen auch sie sich als substanzlose Illusion, das bloße Spiel von Lichtern.

*Echo.* Wenn wir an einer Stelle, wo die Bedingungen für ein Echo gegeben sind, ein lautes Geräusch machen, wird ein lautes Geräusch zurückhallen; ein leises Geräusch kommt als leises Geräusch und ein seltsamer Schrei als seltsamer Schrei zurück. Der Laut, den wir hören, ist der, den wir eben gemacht haben. Auch ein Traum, der so unabhängig von uns zu bestehen scheint, ist nur eine Projektion des Geistes, die zu uns zurückkehrt.

Diese Beispiele zeigen, daß die Dinge nicht eigenständig existieren und daß die Erfahrung und der Erfahrende eins sind. In den Sūtra-Lehren wird dies »Leerheit« genannt, im Tantra »Illusion« und im Dzogchen »die eine Sphäre«. Das Ich und der Gegenstand der Erfahrung sind nicht zweierlei. Die Welt, innen und außen, ist unsere eigene Manifestation. Wir haben alle an ein und derselben Welt teil, weil wir ein kollektives Karma haben. Unsere Sicht der Dinge bestimmt, was wir erfahren und wie wir darauf reagieren. Wir glauben, daß die Dinge, die wir sehen, für sich selbst existieren, als gesonderte Dinge und Lebewesen. Wenn wir an das Vorhandensein von etwas glauben, dann *ist* es für uns vorhanden. Es hat Einfluß auf uns. Wir machen selbst die Welt, auf die wir reagieren.

Wenn wir sterben, löst sich die von uns gemachte Welt auf – nicht die Welt, in der andere Menschen leben. Unsere Wahrnehmung, unsere Sicht der Dinge endet mit uns. Wenn es uns gelingt, den begrifflichen Geist aufzulösen, manifestiert sich spontan die darunter liegende Klarheit. Wir erkennen dann unmittelbar, daß weder wir selbst noch die Dinge der Welt ein eigenständiges Sein besitzen, und was auch immer sich jetzt in unserer Erfahrung einstellen mag, hat keine Macht mehr über uns. Wenn der Löwe sein eigenes Spiegelbild im Wasser für real hält, erschrickt er und knurrt; versteht er jedoch den illusorischen Charakter des Spiegelbildes, so bleibt die Reaktion aus. Ohne wahres Verstehen reagieren wir auf die Projektionen unseres Geistes mit Begehren oder Aversion und erzeugen Karma. Wissen wir aber um die wahre Leerheit, so sind wir frei.

## *Lehr-Metaphern*

Im »Mutter-Tantra« heißt es, die Unwissenheit des gewöhnlichen Schlafs sei wie ein dunkles Zimmer. Bewußtheit ist wie das Licht einer Lampe. Wird der Docht der Lampe angezündet, so verschwindet die Dunkelheit aus dem Zimmer, und Licht tritt an seine Stelle.

Wo spirituelle Lehren sprachlich vermittelt werden sollen, eignen sich Symbole und Metaphern am besten. Das ist allerdings ein Sprachgebrauch, in den man sich erst hineinfinden muß. Ich stelle immer wieder fest, daß Schüler erst einmal Schwierigkeiten mit Metaphern haben, und möchte deshalb diese Anmerkung zum Umgang mit Metaphern und symbolischen Bildern machen.

Mit sinnlich nachvollziehbaren Bildern läßt sich der Gegenstand der Unterweisung besser vermitteln als mit Abstraktionen und technischen Begriffen. Natürlich ist Erfahrung in keiner Sprache leicht zu vermitteln, aber Bilder sind insofern hilfreich, als sie nicht ausschließlich vom Verstand aufgenommen werden. Bilder muß man erleben wie etwa die Metaphern eines Gedichts. Man schmeckt sie ab, betrachtet sie, experimentiert mit ihnen und integriert sie in die eigene Erfahrung.

Dem Wort »Feuer« beispielsweise werden wir zunächst vielleicht wenig Beachtung schenken. Wenn wir uns aber darauf einlassen, wenn wir das Bild des Feuers hinter dem Wort auftauchen lassen, dann spüren wir etwas vom Anblick und der Wärme eines Feuers. Wir alle haben schon Flammen gesehen und die Wärme auf der Haut gespürt, und so kann das Wort »Feuer« von einer quasi-sinnlichen Erfahrung begleitet sein. Das Feuer brennt in unserer Phantasie.

Wenn wir »Zitrone« sagen und die gelbe Frucht selbst aus dem Wort hervortreten lassen, läuft uns das Wasser im Mund zusammen, und die Vorstellung des sauren Geschmacks zieht uns schier die Zunge zusammen. Bei »Schokolade« können wir beinahe den süßen Geschmack nachvollziehen. Sprache ist symbolisch. Um nachvollziehbar zu sein, wendet sie sich an das Erinnerungsvermögen, die Sinne und die Imagination. Wo in den Lehren Metaphern und Symbole verwendet werden, lassen wir sie am besten auf diese Weise auf uns wirken. Denken Sie nicht einfach nur die Worte, wenn es etwa heißt »eine Flamme an einem dunklen Ort« oder »ein Abbild im Spiegel«. Benutzen Sie Ihre Sinne, Ihren Körper, Ihre Vorstellungskraft, um zu verstehen. Wir müssen über das Bild hinausgehen, aber es kann uns zumindest die Richtung weisen.

Wenn wir ein von einer Lampe erleuchtetes Haus betreten, untersuchen wir nicht die Lampe oder den Docht oder das Öl. Wir erleben einfach den Raum in seiner Lichtfülle. Machen Sie es mit Lehrmetaphern ebenso. Unser so sehr an den logischen Umgang mit Abstraktionen gewöhnter Verstand nimmt sich eine Metapher vor und analysiert sie. Da verlangen wir aber zuviel von ihr. Wir wollen wissen, wie die Lampe in das Zimmer kam und wie die Flamme zustande kommt; wir wollen wissen, wo Wind überhaupt herkommt; wir wollen wissen, um was für einen Spiegel es sich handelt, woraus er gemacht ist, was vor ihm steht und gespiegelt wird. Verweilen Sie statt dessen lieber bei dem Bild. Versuchen Sie sich der in dem Wort verborgenen Erfahrung anzunähern. Es herrscht Dunkelheit. Eine Lampe wird angezündet. Wir alle kennen diese Erfahrung mit Körper und Sinnen. An die Stelle der Dunkelheit tritt ein Leuchten, das klar und substanzlos ist, unmittelbar zu gewahren. Ein Wind erhebt sich, und die Flamme erlischt. Wir wissen, wie es sich anfühlt, wenn Licht der Dunkelheit weicht.

# II
# VERSCHIEDENE ARTEN VON TRÄUMEN UND IHR GEBRAUCH

*Das Ziel der Traumpraxis ist die Befreiung. Letztlich müssen wir also auf das ausgerichtet sein, was jenseits der Träume ist. Es gibt jedoch auch einen relativen Nutzen der Träume, der für unseren Alltag segensreich sein kann. Wir können Einsichten nutzen, die wir durch Träume gewinnen, und es kann sein, daß Traumerfahrungen sich unmittelbar wohltuend auswirken. Auch im Westen spielen ja Träume eine große Rolle in vielen Formen der Psychotherapie, und wir wissen von Künstlern und Wissenschaftlern, die aus der Kreativität ihrer Träume Nutzen für ihre Arbeit zogen.*

# 6. Drei Arten von Träumen

In der Traumpraxis gibt es drei Typen von Träumen, die eine Rangfolge bilden: 1. gewöhnliche samsārische Träume; 2. Klarheits-Träume und 3. Klares-Licht-Träume. Die ersten beiden Typen unterscheiden sich nach ihren Ursachen und können beide luzide und nichtluzide sein. In Klares-Licht-Träumen gibt es ein Gewahrsein, aber keine Dualität von Subjekt und Objekt. Zu Klares-Licht-Träumen kommt es im nondualen Gewahrsein.

| | |
|---|---|
| Gewöhnlicher Traum<br>(Aufgrund persönlicher karmischer Spuren) | Nicht-luzide<br>Luzide |
| Klarheits-Traum<br>(Aufgrund transpersonaler karmischer Spuren) | Nicht-luzide<br>Luzide |
| Klares-Licht-Traum<br>(Nondualität) | Luzide<br>(Jenseits der Subjekt/Objekt-Dualität) |

## *Samsārische Träume*

Die meisten von uns haben in den allermeisten Fällen karmische Träume, die durch karmische Spuren bedingt sind. Was wir in solchen Träumen an Bedeutung finden, lesen wir in sie hinein; die Bedeutung liegt also nicht im Traum selbst, sondern wird ihm beigemessen. Im Wachzustand ist das nicht anders. Sinnhaltige Träume werden dadurch nicht unwichtig, und natürlich werden auch Fragen der Bedeutung, die sich im Wachzustand stellen, dadurch nicht unwichtig. Nehmen wir als Beispiel das Lesen eines Buches. Ein Buch besteht zunächst einmal einfach aus Zeichen auf Papier, aber aufgrund unserer Empfänglichkeit für Bedeutung können wir dem Buch etwas entnehmen, was Sinn und Bedeutung hat. Was wir jedoch aus einem Buch – oder Traum – herauslesen, hängt von unserer Deutung ab. Zwei Menschen können das gleiche Buch lesen und völlig unterschiedlich aufnehmen. Für den einen verändert sich vielleicht das ganze Leben aufgrund der Bedeutung, die er in dem Buch fand, während seine Freundin es nur halbwegs interessant findet oder nicht einmal das. Das Buch selbst blieb unverändert. Die Bedeutung wird vom Leser auf die Worte projiziert und dann wieder von ihnen abgelesen.

## *Klarheits-Träume*

Wenn man bei der Traum-Praxis Fortschritte macht, werden die Träume klarer und detailreicher, und es werden auch größere Anteile jedes Traums erinnert. Das liegt daran, daß man mehr Bewußtheit mit in den Traumzustand hinübernimmt. Jenseits dieser vermehrten Bewußtheit in gewöhnlichen Träumen gibt es nun eine zweite Art von Träumen, die sogenannten Klarheits-Träume, die sich einstellen, wenn Geist und Prāna im Gleichgewicht sind und der Träumende die Fähigkeit entwickelt hat, auf nichtpersönliche Weise präsent zu bleiben. Im Klarheits-Traum wird der Geist nicht wie im samsārischen Traum von karmischem Prāna hierhin und dorthin geweht. Es kommen zwar Bilder und andere Trauminhalte, aber sie sind nicht Ausdruck persönlicher karmischer Spuren, sondern ein unmittelbares Wissen aus einer unterhalb der Ebene des Ich liegenden Bewußtseinsschicht. Dieser Unterschied entspricht dem zwischen dem rauhen karmischen Prāna des weißen Kanals, das zu den negativen Emotionen in Beziehung steht, und dem Weisheits-Prāna des roten Kanals. Beide sind karmischer Prāna, also an der Erfahrung der Dualität beteiligt, aber der eine ist reiner und nicht ganz so verblendet wie der andere. Im gleichen Sinne ist der Klarheits-Traum reiner und weniger verblendet als der samsārische Traum. Im Klarheits-Traum ist es so, als bekomme oder finde der Träumende etwas, während er im samsārischen Traum etwas auf die reine Erfahrung projiziert.

Klarheits-Träume kann jeder mal haben, aber sie werden erst bei entwickelter und stetiger Praxis häufiger. Bis dahin haben wir meist einfach samsārische Träume, die sich aus unserem Alltag und seinen alltäglichen Emotionen ergeben. Auch wenn es im Traum um die Lehre oder unsere Lehrer, um unsere Praxis, um Buddhas oder Dākinīs* geht, im allgemeinen wird es sich trotzdem um einen samsārischen Traum handeln. Wenn wir unter Anleitung eines Lehrers praktizieren, werden wir natürlich entsprechend träumen. Solche Träume sind ein gutes Zeichen, denn sie zeigen, daß wir uns wirklich engagieren, aber unser Engagement ist selbst noch dualistisch und daher dem Samsāra zuzurechnen. Samsāra hat seine schlechten und weniger schlechten Seiten, und es ist völlig richtig, sich ganz auf die Praxis und die Lehren einzulassen, denn das ist der Pfad zur Befreiung. Aber es ist auch gut, samsārische Träume nicht für Klarheits-Träume zu halten.

Wenn wir uns zu dem Glauben verleiten lassen, samsārische Träume könnten uns echte Anleitung geben, werden wir uns bald vor die Notwendigkeit gestellt sehen, unser Leben jeden Tag wieder umzukrempeln, um den Vorgaben unserer Träume zu folgen. Nur zu leicht verrennen wir uns in unser persönliches Drama, wenn wir alle unsere Träume als Botschaften aus einer höheren Quelle auffassen – das sind sie nun einmal nicht. Achten wir also genau auf unsere Träume, und versuchen wir herauszufinden, welche wirklich etwas zu sagen haben und welche nur Nachhall der Emotionen, Begierden, Befürchtungen, Hoffnungen und Phantasien unseres Alltags sind.

## *Klares-Licht-Träume*

Es gibt eine dritte Art von Träumen, zu denen es aber erst kommt, wenn man bereits ein gutes Stück auf dem Pfad zurückgelegt hat – die Klares-Licht-Träume. Solche Träume gehen aus dem Ur-Prāna im Zentralkanal hervor. In den Lehren des Schlaf-Yoga ist häufig vom Klaren Licht die Rede, und es bedeutet hier einen von Traum, Gedanken und Bildern freien Zustand, aber es gibt auch einen Klares-Licht-Traum, bei dem das gewöhnliche Bewußtsein erhalten bleibt. Das ist jedoch schwer zu erreichen; man muß im nichtdualen Gewahrsein sehr gefestigt sein, bevor es zu einem Klares-Licht-Traum kommen kann. Gyalshen Milu Samleg, Autor wichtiger Kommentare zum »Mutter-Tantra«, schreibt, er habe neun Jahre sehr eifrig praktiziert, bevor sich die ersten Klares-Licht-Träume einstellten.

Die Befähigung zu Klares-Licht-Träumen entwickelt man auf ähnliche Weise wie die Fähigkeit, tagsüber im nichtdualen Rigpa-Gewahrsein zu bleiben. Anfangs scheinen Rigpa und das Denken zweierlei zu sein, so daß während der Rigpa-Erfahrung keine Gedanken möglich sind und bei aufkommenden Gedanken unsere Verbindung zu Rigpa abreißt. Sobald wir jedoch durch Übung sicher im Rigpa-Gewahrsein verankert sind, können Gedanken sich einstellen und wieder vergehen, ohne daß Rigpa im geringsten gestört wird, ohne daß wir aus dem nondualen Gewahrsein fallen. Das läßt sich vergleichen mit dem Erlernen der Handhabung von Trommel und Glocke beim Ritual. Anfangs können wir nur entweder das eine oder das andere; wenn wir die Glocke betätigen, fallen wir aus dem Rhythmus der Trommel und umgekehrt. Haben wir jedoch durch Übung die nötige Stabilität gewonnen, so können wir beides zugleich.

Der Klares-Licht-Traum ist nicht dasselbe wie ein Klarheits-Traum. Letzterer erwächst zwar aus positiven karmischen Spuren und entstammt einer tieferen und reineren Schicht des Geistes als der samsārische Traum, spielt sich aber immer noch im Bereich der Dualität ab. Dagegen läuft der

Klares-Licht-Traum, obwohl auch er karmische Spuren als Auslöser hat, nicht auf dualistische Erfahrung hinaus. Der Praktizierende erlebt sich hier nicht als beobachtendes Subjekt gegenüber dem Traum als Objekt oder als ein Subjekt in der Welt des Traums, sondern verbleibt im vollkommenen Einssein mit dem nondualen Rigpa.

Die Unterschiede zwischen den drei Arten von Träumen mögen uns zunächst subtil erscheinen, deshalb noch einmal: Samsārische Träume ergeben sich aus den individuellen karmischen Spuren und Emotionen, und der gesamte Trauminhalt ist durch diese Spuren und Emotionen bedingt. Klarheits-Träume haben ein eher objektives, nämlich kollektiven karmischen Spuren entspringendes Wissen zur Grundlage, das dem Bewußtsein zugänglich wird, wenn es gerade nicht zu sehr in persönliche karmische Spuren verstrickt ist. Das Bewußtsein ist dann nicht durch Raum und Zeit und persönliche Geschichte gebunden, so daß der Träumende realen Wesen begegnen, von realen Lehrern Unterweisungen empfangen und auf für ihn selbst und andere wertvolle Informationen stoßen kann.

Der Klares-Licht-Traum ist nicht durch den Trauminhalt definiert. Es gibt hier keinen subjektiven Träumer, kein Traum-Ich, das sich in einer dualistischen Beziehung zum Traum oder Trauminhalt sähe. Ein Traum stellt sich ein, doch dieses geistige Geschehen stört das Verweilen des Praktizierenden im Klaren Licht überhaupt nicht.

# 7. Nutzung der Träume

Ihren eigentlichen Wert entfalten Träume im Zusammenhang mit der spirituellen Reise, insbesondere natürlich da, wo sie selbst als spirituelle Praxis genutzt werden. Träume können uns Erfahrungen vermitteln, die zum Anstoß für die Aufnahme einer spirituellen Schulung werden. Und schließlich ist an Träumen auch zu erkennen, ob wir in der richtigen Weise üben, wie weit wir vorangekommen sind und welches Gebiet besonderer Aufmerksamkeit bedarf.

Wie ich schon im Vorwort erzählt habe, wird der Lehrer vor einer besonders hohen Unterweisung noch Träume seiner Schüler abwarten, an denen abzulesen ist, ob sie für diese Belehrung wirklich reif sind. An anderen Träumen kann er erkennen, wie weit der Schüler mit seiner jeweiligen Praxis gekommen ist; nach dessen Traumbericht wird der Lehrer vielleicht zu dem Schluß kommen, daß es an der Zeit ist, ihm eine neue Praxis zuzuweisen.

Wir selbst können bei aufmerksamer Betrachtung ebenfalls an unseren Träumen ablesen, wie weit unsere Praxis gereift ist. Manchmal meinen wir im Wachzustand, daß wir ganz gut vorankommen, müssen dann im Schlaf jedoch sehen, daß zumindest ein Teil unserer selbst noch sehr verwirrt oder in Negativität befangen ist. Das dürfen wir aber nicht als Entmutigung sehen. Es ist nur gut, wenn alle Aspekte des Geistes in unseren Träumen auftauchen und uns auf Punkte aufmerksam machen, an denen wir noch arbeiten müssen, um weiterzukommen. Andererseits werden sich die Resultate einer sehr entschlossenen Praxis im Traum zeigen und uns in unseren Bemühungen bestätigen.

## *Traumerfahrung*

Im Traum ist unsere Erfahrung sehr flexibel, und wir können hier vielerlei Dinge tun, die der Wachzustand nicht erlaubt; dazu gehören bestimmte Praktiken, die unsere Entwicklung fördern. Wir können psychische Verletzungen heilen, emotionale Schwierigkeiten, denen bisher nicht beizukommen war. Wir können energetische Blockaden beseitigen, die den freien Fluß der Energie im Körper behindern. Wir können geistige Verdunkelungen durchstoßen, indem wir die durch unser Denken gesetzten Grenzen und Schranken überschreiten.

Das gelingt uns im allgemeinen dann am besten, wenn wir bereits in der Lage sind, im Traum luzide zu bleiben. Doch mag die einfache Erwähnung dieses Umstands hier zunächst einmal ausreichen; im Praxisteil wird dann ausführlicher davon die Rede sein, was wir im Traum tun können, wenn wir das Stadium der Luzidität erreicht haben.

## *Träume als Ratgeber*

Die meisten Tibeter, und zwar spirituelle Meister ebenso wie die einfachen Leute, sehen in Träumen etwas, das uns tiefe spirituelle Einsichten vermitteln, aber auch Rat in alltäglichen Angelegenheiten geben kann. Man befragt die Träume, um Krankheiten zu diagnostizieren, um Hinweise zu bekommen, ob Reinigungs- und Klärungspraktiken notwendig sind oder die Beziehungen zu Gottheiten und Beschützern größerer Aufmerksamkeit bedürfen. Dieser Gebrauch der Träume mag für westliche Menschen auf den ersten Blick etwas von Aberglauben haben, aber Träume geben wirklich tiefen Aufschluß über die Verfassung des Träumenden und seine Beziehung zu verschiedenen Energien. Im Osten wissen die Menschen um diese Energien und sehen sie als Hüter oder Schutzgeister an, aber auch als Hinweise auf die körperliche Verfassung und die inneren spirituellen Bedingungen. Im Westen, wo die Traumkunde keine so lange Tradition hat, deutet man diese Energien als Anzeichen einer Krankheit oder tief eingewurzelter Komplexe oder als Archetypen.

Manche Tibeter arbeiten ihr Leben lang mit ihren Träumen als dem wichtigsten Weg der Kommunikation mit ihrer eigenen Tiefe und mit anderen Welten. Meine Mutter war dafür ein gutes Beispiel. Sie praktizierte, und sie war eine sehr liebevolle und gütige Frau. Manchmal erzählte sie beim Frühstück der ganzen Familie ihre Träume, vor allem, wenn sie mit ihrem Hüter und Beschützer, Namthel Karpo, zu tun hatten.

Namthel ist ein Beschützer der nordtibetischen Provinz Hor, wo meine Mutter aufgewachsen ist. Seine Praxis ist zwar überall in Tibet bekannt, aber er wurde vor allem in dem Dorf, in dem meine Mutter lebte, und in der näheren Umgebung verehrt. Meine Mutter widmete sich der Namthel-Praxis, mein Vater jedoch nicht; er machte sich sogar manchmal ein wenig lustig über sie, wenn sie ihre Träume erzählte.

Ich erinnere mich noch, wie meine Mutter einmal einen Traum erzählte, in dem Namthel ihr erschien. Er trug wie immer weiße Gewänder und Muschelohrringe, und er hatte langes Haar. Diesmal wirkte er jedoch sehr ungehalten. Er kam zur Tür herein und warf einen kleinen Beutel auf den Boden. Er sagte: »Immer sage ich dir, du sollst auf dich aufpassen, aber du machst es wirklich nicht gut.« Er sah meiner Mutter tief in die Augen und verschwand.

Am Morgen wußte meine Mutter nicht recht, was sie mit dem Traum anfangen sollte. Am Nachmittag jedoch versuchte eine Frau, die manchmal bei uns arbeitete, unser Geld zu stehlen. Sie hatte es unter ihr Kleid gesteckt, doch als sie an meiner Mutter vorbeiging, fiel das Geld ihr direkt vor die Füße. Der Beutel sah genauso aus, wie der, den meine Mutter im Traum gesehen hatte. Sie hob ihn auf und fand unser gesamtes Geld darin. Sie sah den ganzen Vorfall als eine Aktion ihres Beschützers und war überzeugt, Namthel habe den Beutel mit dem gestohlenen Geld auf den Boden fallen lassen.

Ihr ganzes Leben lang erschien Namthel meiner Mutter im Traum, stets in derselben Gestalt. Es mochten sehr unterschiedliche Träume sein, aber Namthels Botschaften enthielten immer etwas, das für sie Hilfe, Schutz und Anleitung bedeutete.

Ich war bis zum Alter von zehn Jahren in einer christlichen Schule, dann schickten meine Eltern mich ins Kloster Men. Dort erzählte mir einer der Mönche, Gen Sengtuk, manchmal seine Träume. An einige erinnere ich mich noch sehr deutlich, weil sie den Träumen meiner Mutter sehr ähnlich waren. Er träumte häufig von Sippe Gyalmo, einer der wichtigsten und ältesten erleuchteten Beschützerinnen der Bön-Tradition. Die Sippe-Gyalmo-Praxis ist auch in den anderen Schulen des tibetischen Buddhismus verbreitet. Im Potala-Palast in Tibet gibt es einen Raum, der ihren Schrein beherbergt. Die Träume von Sippe Gyalmo gaben Gen Sengtuk Anleitung für sein Leben und seine Praxis.

Sie erschien ihm in den Träumen nicht als ein furchterregendes Wesen, wie wir sie auf alten Gemälden in Tempeln und Meditationsräumen abgebildet sehen. Für ihn war sie vielmehr eine alte grauhaarige und gebeugt an einem Stock gehende Frau. Er begegnete ihr stets in einer Wüste, wo sie ein Zelt hatte. Weit und breit war dort niemand außer ihr. Gen Sengtuk deutete dann ihren Gesichtsausdruck oder versuchte zu erkennen, ob in ihrer Bewegungsweise vielleicht etwas von Ärger war. Irgendwie wußte er dann, was er tun konnte, um beispielsweise Hindernisse bei seiner Praxis aus dem Weg zu räumen oder auch Dingen in seinem Leben eine positivere Richtung zu geben. So leitete sie ihn auf dem Weg über seine Träume an. Er blieb durch seine Träume immer mit ihr in Verbindung, und sie erschien ihm sein Leben lang immer wieder. Seine Erlebnisse mit ihr sind gute Beispiele für Klarheits-Träume.

Ich war damals noch ein Junge, und ich erinnere mich deutlich, wie mir bei einem seiner Traumberichte plötzlich aufging, daß er da eigentlich eine Freundin in einer anderen Sphäre hatte. Wäre nett, dachte ich, auch solche Freunde zu haben, mit denen ich im Traum spielen konnte (dafür war tagsüber nämlich wenig Zeit, weil ich so viel zu lernen hatte und meine Lehrer sehr streng waren). Diesen Gedanken hatte ich damals.

Daran mögen Sie erkennen, daß unser Verständnis für Traum und Traumpraxis und unsere Motivation für die Praxis mit der Zeit tiefer und reifer werden können.

## *Divination*

Viele Meditationsmeister, deren Meditation sehr stetig geworden ist, können Klarheits-Träume für Divinationen benutzen. Dazu muß der Träumende fähig sein, sich sehr weitgehend von den persönlichen karmischen Spuren freizumachen, die normalerweise das Traumgeschehen gestalten. Sonst gewinnt man nämlich keine Information aus dem Traum, sondern projiziert sie – wie in ganz gewöhnlichen samsārischen Träumen – auf den Traum. Dieser Umgang mit Träumen ist in der Bön-Tradition eine von etlichen Methoden schamanischer Divination und unter Tibetern ziemlich verbreitet. Es ist nicht ungewöhnlich, daß ein Schüler den Lehrer um Rat fragt, was bestimmte Vorhaben oder Hindernisse angeht, und der Lehrer sich dann den Träumen widmet, um für seinen Schüler eine Antwort zu finden.

Als ich in Tibet war, bin ich einer erleuchteten Tibeterin namens Khachod Wangmo begegnet. Sie war ein Mensch von großer Kraft und eine »Schatz-Entdeckerin« (*terton*), die viele verborgene Texte wiederaufgefunden hatte. Ich bat sie um Aufschluß über meine Zukunft, über Hindernisse und dergleichen. Ich bat sie um einen Klarheits-Traum für mich.

Dazu erbittet sich der Träumende irgendeinen Gegenstand, der dem Bittsteller gehört. Ich gab Khachod Wangmo das Unterhemd, das ich gerade trug. Dieses Hemd repräsentierte mich energetisch, und sie mußte sich nur darauf ausrichten, um Verbindung zu mir zu bekommen. Sie legte es sich in der folgenden Nacht unters Kopfkissen und hatte einen Klarheits-Traum. Am Morgen erklärte sie mir in aller Ausführlichkeit, was ich in meinem Leben zu erwarten hatte, was ich tun und was ich vermeiden solle. Das war klare und sehr hilfreiche Anleitung.

Manchmal entsteht die Frage, ob aus Träumen, die etwas über die Zukunft aussagen, geschlossen werden muß, daß die Zukunft festgelegt ist. In der tibetischen Tradition glauben wir, daß dem nicht so ist. Die Ursachen aller Dinge, die eintreten können, sind jetzt schon gegeben, weil das, was aus der Vergangenheit folgt, die Saat der Zukunft ist. Die primären Ursachen von allem, was die Zukunft bringen mag, sind in dem zu suchen, was bereits geschehen ist. Aber die sekundären Ursachen, deren es zur Manifestation der karmischen Saat bedarf, sind nicht festgelegt, sondern müssen sich erst noch aus dem Verlauf des Lebens ergeben. Deshalb ist Praxis wirksam, und deshalb ist Krankheit heilbar. Wäre es anders, wäre doch nichts zu ändern, weshalb sollte man dann irgend etwas unternehmen? Wenn wir einen Traum von morgen haben und morgen alles so kommt wie in unserem Traum, dann heißt das nicht, daß die Zukunft unabänderlich feststeht – sondern daß wir sie nicht geändert haben.

Stellen wir uns eine mit einer starken Emotion imprägnierte karmische Spur vor, die als primäre Ursache für ein bestimmtes Geschehen wirkt und jetzt gerade ausreift. Das bedeutet, daß unser Leben eben jetzt die sekundären Ursachen bietet, die der primären Ursache zur Manifestation verhelfen. In einem Zukunftstraum ist die Ursache präsent, und die ihrer Manifestation entgegenreifende Spur bekundet sich im Traumgeschehen derart, daß dieser Traum zu einer bildhaften Vorwegnahme des Resultats wird. Es ist ungefähr so, als beträten wir eine Küche, wo ein erstklassiger italienischer Koch wirkt, umgeben von Gewürz- und Kochdüften, alle Zutaten bereitliegend: Wir haben mit fast bildhafter Deutlichkeit vor Augen, was da entstehen soll. So ähnlich ist das mit dem Traum. Wir treffen vielleicht nicht alle Einzelheiten ganz genau, aber wir liegen alles in allem richtig. Und wenn das Essen dann aufgetragen wird, verschmilzt es gänzlich mit dem, was wir erwartet haben, die Unterschiede sind völlig unbedeutend: Es ist die Mahlzeit, die wir erwarteten, auch wenn keine vollkommene Übereinstimmung besteht.

Ich habe selbst so etwas erlebt, als ich noch jung war. Es war in Indien an einem Feiertag, den man dort Diwali nennt. Zu den Festlichkeiten dieses Tages gehört auch das Zünden von Knallfröschen. Meine Freunde und ich hatten kein Geld für Knallfrösche, also sahen wir uns nach Blindgängern um. Wir sammelten sie ein, und da sie keine Lunte mehr hatten, versuchten wir sie auf irgendeine andere Weise hochgehen zu lassen. Ich war wirklich noch sehr jung, vier oder fünf Jahre alt. Einer der Knallfrösche war ein bißchen naß, und ich legte ihn auf eine glühende Kohle. Ich machte die Augen zu und blies, und dann krachte es natürlich. Einen Moment lang sah ich nur Sterne, und da fiel mir urplötzlich ein, daß ich genau diese Szene in der vergangenen Nacht geträumt hatte. Es wäre sicher besser gewesen, wenn ich mich vor dem Knall und nicht erst hinterher erinnert hätte. Es gibt viele solche Fälle, wo die Ursachen einer künftigen Situation in einen Traum hineingewebt sind – in den Traum von einer Zukunft, die sich wahrscheinlich, aber nicht zwangsläufig einstellen wird.

Man kann solche Träume von Ursachen und Ergebnissen auch in Bezug auf andere Menschen haben. Als ich in Tibet war, hatte mein Lehrer, Lopon Tenzin Namdak, einen Traum und sagte zu mir, ich müsse unbedingt eine bestimmte Praxis machen, die mit einem der Beschützer in Zusammenhang stand. Ich nahm diese Praxis sofort auf, obwohl ich in dieser Zeit viel unterwegs war, und widmete mich ihr viele Stunden täglich, um Einfluß auf das zu nehmen, was mein Lehrer im Traum gesehen hatte. Ein paar Tage später fuhr ich auf der Ladefläche eines Lastwagens über eine sehr schmale Straße hoch in den Bergen. Die Fahrer in diesem Teil Tibets sind Nomaden, die den Tod nicht fürchten und entsprechend fahren. Wir drängten uns, dreißig Leute und haufenweise Gepäck, in diesem großen Lastwagen, als plötzlich ein Rad in einem Loch versackte und das ganze Gefährt zur Seite kippte.

Ich stieg ab und sah mich um, bis jetzt noch nicht sonderlich beunruhigt. Dann sah ich aber, daß der Wagen nur noch an einem kleinen Stein festhing und nichts anderes als dieser Stein sein Abrutschen in den Abgrund verhinderte – und der war so tief, daß ein hinuntergeworfener Stein endlos lange unterwegs war, bis er aufschlug. Da erst begann mir das Herz wie wild in der Brust zu schlagen! Die Angst kam erst, als ich diesen völlig unbedeutenden kleinen Stein sah, der ganz allein zwischen uns allen und dem Tod gestanden hatte und der das allzu frühe Ende meines Lebens verhinderte.

Nachdem ich mir die Lage vergegenwärtigt hatte, tauchte gleich der Gedanke auf: »Das also war es. Deshalb mußte ich diese Beschützer-Praxis machen.« Mein Lehrer hatte den Unfall im Traum gesehen und mir gleich diese Praxis aufgetragen. Ein Traum muß die Ereignisse nicht unbedingt sehr genau voraussagen, wird aber durch die ganze Stimmung des Traums und in Bildern mitteilen, daß etwas kommen wird, worum man sich dringend kümmern muß. So jedenfalls kann der Nutzen aussehen, den wir vom intensiven Umgang mit unseren Träumen haben können.

## *Geist-Schätze*

Die tibetische Tradition kennt zahlreiche Fälle von Praktizierenden, die im Traum Unterweisungen empfingen. Manchmal bilden solche Träume eine regelrechte Reihe, wobei der Traum einer jeden Nacht da einsetzt, wo der Traum der vergangenen Nacht aufgehört hat. So werden ganze Lehrzyklen in allen Einzelheiten vermittelt, bis ein natürlicher Endpunkt erreicht, ein Zyklus der Unterweisung abgeschlossen ist und die Traumsequenz endet. Ganze Bände der Lehre sind auf diese Weise »entdeckt« worden, darunter viele der Praktiken, denen sich die Tibeter seit Jahrhunderten widmen. Man nennt so etwas »Geist-Schatz« (*gong-ter**).

Es gibt auch ein äußeres Finden, etwa wenn man in einer Höhle in den Bergen auf einen dort versteckten alten Text stößt. Geist-Schätze werden jedoch im Bewußtsein aufgefunden. Wir wissen von Meistern, die solche Schätze sowohl in Klarheits-Träumen als auch im Wachzustand entdeckten. Dazu muß der Praktizierende allerdings einiges an Voraussetzungen erfüllen; so muß er zum Beispiel frei von der Identifikation mit dem kleinen Ich in der Bewußtheit bleiben können. Wenn seine Klarheit nicht durch karmische Spuren und samsārische Träume getrübt wird, bekommt er Zugang zu der Weisheit, die im reinen Bewußtsein liegt.

Authentische Lehren, die im Traum entdeckt werden, entspringen nicht dem Verstand. Es ist nicht so, als ginge man in eine Bibliothek und forschte und schriebe dann ein Buch, wobei der Verstand die Informationen sammelt und in der Weise zusammenstellt, wie es vielleicht ein Wissenschaftler tun würde. Manche tibetische Lehren sind auf diese Weise zustande gekommen, aber man betrachtet sie dann nicht als Geist-Schätze. Die Weisheit der Buddhas ist ihr eigener Ursprung, sie erhebt sich ganz und vollkommen aus der Tiefe des Bewußtseins. Geist-Schätze stehen aber nicht völlig einzigartig da, sondern weisen durchaus Übereinstimmungen mit bereits existierenden Lehren auf. Solche Lehren können auch in verschiedenen Kulturen und zu ganz verschiedenen Zeiten aufgefunden werden und Ähnlichkeiten zeigen, obwohl kein gegenseitiger Einfluß zu erkennen ist. Historiker versuchen solche Lehren dann zurückzuverfolgen, um herauszufinden, wie sie durch andere Lehren beeinflußt wurden, wo dieser historische Verbindungspunkt zu suchen ist und so weiter – und häufig finden sie solche Verknüpfungen. Die Wahrheit sieht aber eigentlich so aus, daß solche Lehren spontan in Menschen reifen, die einen bestimmten Punkt ihrer inneren Entwicklung erreicht haben. Kurz, die Lehren liegen letztlich in jenem Weisheits-Grund, zu dem jede Kultur sich Zugang verschaffen kann. Es sind nicht einfach buddhistische Lehren oder Bön-Lehren. Es sind Lehren der Menschheit.

Wenn es in unserem Karma liegt, anderen zu helfen, kann das, was wir in einem Traum empfangen, für andere von Nutzen sein. Es kann aber auch sein, daß wir beispielsweise eine karmische Verbindung zu einer Linie der Übermittlung haben und die Lehren, die wir im Traum entdecken, auf unsere eigene Praxis gemünzt sind, vielleicht als spezifisches Heilmittel angesichts eines bestimmten Hindernisses.

# 8. Die Entdeckung der Chöd-Praxis

Viele Meister haben sich des Traums als Pforte der Weisheit bedient. Sie haben auf diesem Wege Lehren entdeckt, über Raum und Zeit Verbindung zu anderen Meistern aufgenommen, sich zu Menschen entwickelt, die anderen helfen können. All das begegnet uns in der Geschichte von Tongjung Thuchen, einem großen Meister des Bön, der im 8. Jahrhundert gelebt haben soll. In einer Serie von Träumen entdeckte er die Praxis des *Chöd**, der Entwicklung von Gebefreudigkeit und des Abschneidens von Anhaften.

Schon im Alter von sechs Jahren war Tongjung Thuchen sehr bewandert in den Lehren. Mit zwölf unterzog er sich langen Meditationsklausuren und machte erstaunliche Traumerfahrungen: Er entdeckte Lehren und begegnete anderen Meistern, die ihn unterwiesen. Einmal, als er sich während einer solchen Klausur intensiv der Praxis des Walsai (einer der bedeutendsten tantrischen Gottheiten des Bön) widmete, wurde er von seinem Meister gerufen. Er verließ den Ort seiner Klausur und suchte das Haus eines der Gönner seines Meisters auf, wo er in der Nacht einen bestürzenden Traum hatte.

Eine schöne Frau führte ihn durch eine unbekannte Gegend, bis sie ein weites Bestattungsfeld erreichten. Dort lagen viele Leichen auf dem Boden, und in der Mitte, umgeben von Blumen, stand ein reich geschmücktes großes weißes Zelt. Mitten in diesem Zelt saß eine braune Frau auf einem breiten Thron. Sie trug ein weißes Kleid und im Haar Türkis- und Goldschmuck. Schöne Dākinīs, die in den Sprachen vieler Länder sprachen, waren um sie geschart, und Tongjung Thuchen begriff, daß sie aus fernen Ländern gekommen waren.

Die braune Dākinī erhob sich von ihrem Thron. Sie trat auf Tongjung Thuchen zu, in der Hand eine mit Blut und Fleisch gefüllte Schädelschale, aus der sie ihm zu essen und zu trinken gab. Sie sagte, er solle es als ein reines Opfer annehmen und sie und die übrigen Dākinīs würden ihm dann eine wichtige Einweihung geben.

Dann sagte sie: »Mögest du in der Sphäre der Großen Mutter Erleuchtung finden. Ich bin Sippe Gyalmo, Halterin der Bön-Lehre, die Braune Königin des Daseins. Diese Einweihung und Belehrung ist die Quintessenz und Wurzel des ›Mutter-Tantra‹. Ich weihe dich ein, damit du andere einweihen und sie dies lehren kannst.«

Tongjung Thuchen wurde zu einem hohen Thron geführt. Sippe Gyalmo gab ihm einen Zeremonialhut, ein Einweihungsgewand und Ritualgegenstände. Dann überraschte sie ihn mit der Aufforderung, den versammelten Dākinīs die Einweihung zu geben.

Tongjung Thuchen sagte: »Nein, nein, ich kann keine Einweihung geben. Ich weiß ja nicht, wie man das macht. Du bringst mich in eine sehr unangenehme Lage.«

Sippe Gyalmo redete ihm gut zu: »Sei unbesorgt. Du bist ein großer Meister. Du hast alle Einweihungen der dreißig Meister von Tibet und Zhang Zhung. Du kannst uns einweihen.«

»Ich weiß nicht, wie man die Gebete bei der Einweihung singt«, wandte Tongjung Thuchen ein.

Sippe Gyalmo sagte: »Ich werde dir helfen, und alle Beschützer werden dir Kraft geben. Du hast nichts zu fürchten. Bitte, nimm die Einweihung vor.«

In diesem Augenblick verwandelte sich alles Fleisch und Blut im Zelt in Butter, Zucker und andere Nahrungsmittel, aber auch in Arzneien und Blumen. Die Dākinīs ließen Blüten auf ihn regnen. Und plötzlich war ihm klar, daß er doch wußte, wie man die Einweihung des »Mutter-Tantra« vornimmt, und er führte sie durch.

Anschließend bedankten sich alle Dākinīs bei ihm. Sippe Gyalmo sagte: »In fünf Jahren werden die Dākinīs der acht großen Bestattungsorte und viele Meister zusammenkommen. Wenn auch du kommst, werden wir dir noch weitere Unterweisungen aus dem ›Mutter Tantra‹ geben.« Dann verabschiedeten sich alle Dākinīs von ihm, und Sippe Gyalmo sagte, er müsse jetzt gehen. Eine rote Dākinī schrieb die Silbe *YAM* auf ein Seidentuch (Repräsentation des Wind-Elements) und schwenkte es. Dann forderte sie ihn auf, es mit dem rechten Fuß zu berühren. Als er es tat, war er im gleichen Moment wieder in seinem stofflichen Körper und wurde gewahr, daß er schlief.

Und er schlief so lange, daß die Leute schon meinten, er sei tot. Als er schließlich wieder erwachte, fragte ihn sein Meister, weshalb er so lange geschlafen habe. Er erzählte seinen Traum, und der Meister bestätigte, daß dies ein wunderbarer Traum sei; er solle ihn aber für sich behalten, damit er nicht zum Hindernis werde. Dann prophezeite er ihm, er werde eines Tages ein Lehrer sein, und gab ihm einen Segen, der seinem künftigen Lehrerdasein Kraft verleihen sollte.

Im darauffolgenden Jahr meditierte Tongjung Thuchen wieder zurückgezogen, als er eines Abends von drei Dākinīs besucht wurde. Sie hatten grüne Seidentücher bei sich, mit denen sie seine Füße berührten. Daraufhin verlor er kurz das Bewußtsein und erwachte dann in einem Traum.

Er sah drei Höhlen, die sich nach Osten öffneten. Er betrat die mittlere Höhle, die innen wunderschön mit Blumen ausgeschmückt war. Hier traf er drei Meister an, alle in unterschiedliche Einweihungsgewänder gekleidet. Umgeben waren sie von lieblichen Dākinīs, die Instrumente spielten, tanzten, Opfer darbrachten, beteten und mit anderen heiligen Verrichtungen beschäftigt waren.

Die drei Meister gaben ihm Einweihungen, damit er zum natürlichen Zustand erwachen, sich an seine früheren Leben erinnern und ein fähiger Lehrer der Chöd-Praxis werden konnte. Der Meister in der Mitte erhob sich und sagte: »Du hast alle heiligen Unterweisungen. Du hast die Einweihungen bekommen, und wir haben dich gesegnet, um deiner Befähigung zum Lehren Kraft zu verleihen.«

Dann erhob sich der Meister zu seiner Rechten und sagte: »Wir weihen dich ein in die allgemeinen Lehren, in die logische Philosophie, die zum Abschneiden des Ego verwendet wird, und in die Chöd-Praktiken. Wir segnen dich, damit du diese Praxis lehren und für ihren Fortbestand sorgen kannst.«

Schließlich erhob sich der Meister zur Linken und sagte: »Ich werde dir die heilige tantrische Lehre geben, die das Innerste aller Meister von Tibet und Zhang Zhung ausmacht. Wir weihen dich mit diesen Lehren ein und segnen dich, damit du anderen helfen kannst.«

Alle drei waren sehr bedeutende Bön-Meister, die gegen Ende des 7. Jahrhunderts gelebt hatten, also mehr als fünfhundert Jahre vor Tongjung Thuchens Geburt.

Einige Zeit später kehrte Tongjung Thuchen in das Dorf seines inzwischen verstorbenen Meisters zurück, um den Menschen dort mit Ritualen und mit seiner Praxis Gutes zu tun. Beim Meditieren erschienen ihm immer wieder andere Meister in Visionen. Er konnte jetzt auch in seinen eigenen Körper hineinsehen, wo ihm die Kanäle und Energien wie von klarem Kristall erschienen. Wenn er ging, berührten seine Füße oftmals nicht den Boden, und er konnte sich mit der Kraft seines Prāna sehr schnell fortbewegen.

Weitere vier Jahre vergingen. Sippe Gyalmo, die braune Dākinī, die ihm im Traum erschienen war, hatte ihm gesagt, man werde sich nach fünf Jahren wiedersehen, und diese Jahre waren nun um. Einmal, während eines kurzen Schlafs in einer Höhle, betete er zu allen Meistern. Beim Aufwachen blickte er in einen unfaßbar klaren Himmel. Ein leichter Wind erhob sich und trug zwei Dākinīs heran, die ihn aufforderten, ihnen zu folgen.

Sie gelangten zu einer Versammlung von Dākinīs, eben jener Dākinīs aus vielen Ländern, die er in seinem Traum vor fünf Jahren gesehen hatte. Er erhielt die Übertragung und Darlegung der Chöd-Praxis und des »Mutter-Tantra«. Die Dākinīs prophezeiten eine Zukunft, in der Bodhisattvas und zwölf erhabene Meister auftreten würden, und in dieser Zeit werde Tongjung Thuchen lehren. Jede einzelne Dākinī gab ihm das

Versprechen, daß sie ihm dabei helfen werde. Eine sagte, sie werde als Beschützerin der Lehren wirken, eine andere wollte die Lehren segnen, eine dritte sie vor falschen Worten und Deutungen bewahren und so weiter. Auch Sippe Gyalmo versprach die Lehre zu beschützen. Jede der versammelten Dākinīs erzählte ihm, was sie tun werde, um die Verbreitung der Lehren zu unterstützen; sie sagten ihm auch, die Lehre werde sich wie Sonnenstrahlen in alle zehn Richtungen ausbreiten und alle Gegenden der Welt erfassen. Das ist für uns Heutige, die wir diese Praktiken erlernen, eine besonders wichtige und ermutigende Prophezeiung, denn so wissen wir, daß sie sich über die ganze Welt ausbreiten werden.

Tongjung Thuchens Träume sind gute Beispiele für Klarheits-Träume. In einem erhielt er die zutreffende Ankündigung eines sehr wichtigen künftigen Traums. Er empfing Unterweisungen und Einweihungen und hatte bei allem die Hilfe von Dākinīs und Meistern. In jüngeren Jahren, auch wenn er es da schon weit gebracht hatte, wußte er noch nicht, was für ein Meister in ihm steckte; das wurde ihm erst im Traum offenbar. Durch die im Traum empfangenen Segnungen wurde er empfänglich für verschiedene Dimensionen des Bewußtseins und fand Anschluß an den Teil seiner selbst, der schon in früheren Leben gelernt und sich entwickelt hatte. Sein Leben lang entwickelte er sich durch seine Träume weiter, erhielt Unterweisungen, begegnete Meistern und Dākinīs.

So kann es für uns alle sein. Als Praktizierende werden wir feststellen, daß sich in dem Teil unseres Lebens, den wir im Traum verbringen, eine Kontinuität entwickelt. Das ist von großem Wert für die spirituelle Reise, denn das Träumen wird hier ein Teil jenes Prozesses, in dem wir wieder Anschluß an unsere eigene Tiefe finden und uns spirituell entwickeln.

# 9. Zwei Ebenen der Praxis

Vor Jahren träumte ich nachts einmal, in meinem Mund sei eine Schlange. Ich zog sie heraus und stellte fest, daß sie tot war – eine sehr unangenehme Erfahrung. Ein Krankenwagen fuhr vor, und die Sanitäter sagten, die Schlange sei giftig und ich im Begriff zu sterben. Ich war einverstanden, daß sie mich in ein Krankenhaus fuhren.

Mich ergriff eine große Bangigkeit, und ich sagte ihnen, ich müsse unbedingt vor meinem Tod noch eine Statue des Dzogchen-Meisters Tapihritsa sehen. Die Sanitäter wußten nicht, wer das war, hatten aber nichts dagegen und sagten, dann müsse ich halt mit dem Sterben noch warten. Ich war erleichtert. Zu meinem großen Erstaunen brachten sie mir die Statue dann aber sofort. Mein schöner Vorwand, noch nicht zu sterben, trug nicht sehr weit. Ich griff nach der nächsten Krücke und sagte ihnen: Es gibt keinen Tod. Kaum hatte ich das gesagt, als ich mit heftigem Herzklopfen erwachte.

Es war der Silvesterabend, und am nächsten Tag sollte ich von Houston aus nach Rom fliegen. Der Traum hatte mich unangenehm berührt, und ich dachte, ich sollte ihn vielleicht ernst nehmen und meinen Flug absagen. Ich brauchte den Rat meines Lehrers, also legte ich mich wieder schlafen und reiste in einem luziden Traum zu Lopon nach Nepal und erzählte ihm von diesem Traum.

Zu dieser Zeit gab es in Houston immer wieder Überschwemmungen. Mein Lehrer deutete den Traum so, daß ich darin für den Garuda stand, den mythischen Vogel, der Macht über die Nāgas (schlangenartige Wassergeister) besitzt. Der Traum, sagte Lopon, bedeute, daß Garuda die für die Überschwemmungen verantwortlichen Wassergeister unterwerfe. Ich war erleichtert und flog am nächsten Tag wie geplant nach

Rom. An diesem Beispiel wird deutlich, daß luzide Träume auch praktische Bedeutung haben können, zum Beispiel für eine konkrete Entscheidung.

Das klingt vielleicht alles ein bißchen seltsam und unglaublich, aber es geht letztlich darum, daß man Flexibilität des Geistes entwickelt und die Grenzen, die ihn einengen, durchstößt. Wir können die Dinge dann so nehmen, wie sie sich uns darbieten, und unterliegen nicht mehr so sehr unseren eigenen Erwartungen und Wünschen.

Wenn ich wahrhaft in der Einsicht lebe, daß es keinen Tod gibt und niemand da ist, der sterben könnte, werde ich keine Deutung eines Traums brauchen wie in dem eben erzählten Fall, wo ich den Traum als beklemmend empfand. Unser Wunsch nach Traumdeutung beruht auf Hoffnung und Furcht. Wir möchten wissen, was zu meiden und was voranzutreiben ist, wir wünschen uns mehr Durchblick, um etwas ändern zu können. Wenn Sie Ihres wahren Wesens inne sind, suchen Sie nicht mehr nach Bedeutung, denn *wer* sollte hier suchen? Die Bedeutung des Traums wird unwichtig, denn Sie sind jenseits von Hoffnung und Furcht; Sie erleben einfach uneingeschränkt das, was sich im gegenwärtigen Augenblick manifestiert. Kein Traum kann dann noch Angst auslösen.

Der Traum-Yoga erstreckt sich auf unser ganzes Leben und alle Dimensionen unserer Erfahrung. Das kann zum Eindruck eines gewissen Widerspruchs zwischen der höchsten Anschauung und manchen der Unterweisungen führen: Einerseits sagen die Lehren der Nondualität, daß es nichts zu erreichen gibt, daß alles Suchen vergeblich ist, daß unser Bemühen uns nur von unserem wahren Wesen entfernt. Andererseits gibt es jedoch Übungen und Unterweisungen, die zwangsläufig einen dualistischen Hintergrund von Hoffnung und Furcht haben. Es gibt Anleitungen zur Traumdeutung, zur Beschwichtigung örtlicher Beschützer, zur Langes-Leben-Praxis, und der Schüler ist gehalten, sehr eifrig zu üben und die Sammlung seines Geistes zu wahren. Das klingt, als sagte man uns, es gebe nichts zu erreichen, aber wir sollten sehr hart arbeiten.

Das führt manchmal dazu, daß wir nicht mehr wissen, wozu Praxis eigentlich gut sein soll. Es stellt sich die Frage: »Wenn die höchste Wirklichkeit leer von Unterscheidungen ist und Befreiung in der Verwirklichung dieser Leerheit liegt, wozu soll ich mich dann Übungen widmen, die auf relative Resultate abzielen?« Darauf gibt es eine sehr einfache Antwort: Wir leben in einer dualistischen, relativen Welt und widmen uns daher Übungen, die in dieser Welt wirksam sind. Im samsārischen Dasein sind Dichotomien und Polaritäten von Bedeutung. Es gibt – je nach der religiösen, spirituellen, philosophischen oder wissenschaftlichen Ausrichtung einer Kultur – richtige und falsche, bessere und schlechtere Handlungs- und Denkweisen. Respektieren wir die Umstände, an die wir gebunden sind. Dem Leben im Samsāra sind konventionelle Praktiken angemessen, und Traumdeutung kann hier sehr hilfreich sein.

Ich brauchte die Deutung meines Traums, weil ich den Tod fürchtete. Und es ist für mich wichtig zu wissen, daß mein Wunsch auf Furcht beruhte und daß es keine Furcht und keinen Deutungswunsch gibt, wenn ich in nondualer Präsenz bin. In der Lage, in der wir uns nun mal befinden, nutzen wir das, was uns am meisten nützt. Leben wir ganz und ausschließlich in der Natur des Geistes, in dem Zustand also, in dem die Wirklichkeit frei von allen Unterscheidungen ist, dann brauchen wir keine relativen Praktiken. Wir brauchen dann auch keine Deutung unserer Träume, weil wir uns nicht unserer Richtung vergewissern müssen – da ist kein Ich, das einer Richtungsänderung bedarf. Wir müssen einen Traum nicht auf die Zukunft abklopfen, da es weder Hoffnung noch Furcht gibt. Wir sind stets vollkommen gegenwärtig in allem, was sich einstellt, ohne davon abgestoßen oder angezogen zu sein. Wir leben in der Wahrheit und müssen nicht im Traum nach Bedeutung suchen.

In unserem normalen Leben treffen wir Entscheidungen und können die Dinge ändern; deshalb studieren wir die Lehren, deshalb praktizieren wir. Je mehr wir verstehen und je besser wir mit unserem Leben umzugehen lernen, desto flexibler werden wir. Wir fangen an, wirklich zu begreifen, was wir gelernt haben: was Luzidität ist, inwiefern unsere Erfahrung illusorisch ist, wie Leiden entsteht, was unser wahres Wesen ist. Wenn wir sehen lernen, wie unser Handeln weiteres Leiden erzeugt, können wir uns zu einem anderen Handeln entscheiden. Wir werden der allzu eng gezogenen Grenzen unserer Identität müde, der hartnäckigen Verhaltenstendenzen, die soviel unnötiges Leiden schaffen. Wir lassen negative Emotionen los, üben uns darin, Abgelenktheit zu überwinden, und verweilen in reiner Präsenz.

So ist es mit dem Träumen auch. Die Praxis zeigt eine Entwicklung, in deren Verlauf wir entdecken, daß es eine andere Art zu träumen gibt. Dann nähern wir uns den unkonventionellen Traumpraktiken an, bei denen das Traumgeschehen und seine Bedeutung nicht mehr wichtig ist. Wir arbeiten mehr an den Ursachen der Träume als an den Träumen selbst.

Es spricht nichts dagegen, den Traum-Yoga auch für weltliche Ziele einzusetzen. Manche der Praktiken dienen relativen Belangen und können auf mancherlei unmittelbaren Nutzen ausgerichtet sein: Gesundheit, Divination, Bereinigung ungesunder karmischer und psychischer Tendenzen und so weiter. Das ist ein praktischer Pfad, für alle geeignet. Diese Verwendungen des Traum-Yoga, so gut sie sind, stellen jedoch nur eine vorläufige Anwendungsweise dar. Letztlich wollen wir uns durch den Traum von allen relativen Bedingungen befreien und diese nicht lediglich verbessern.

# III
# DIE PRAXIS DES TRAUM-YOGA

# 10. Schau, Handeln, Traum, Tod

Im »Mutter-Tantra« heißt es, wenn einer in der Schau nicht bewußt ist, dann ist er es auch nicht im Handeln, und wenn er es im Handeln nicht ist, dann wahrscheinlich auch nicht im Traum. Wer aber im Traum nicht bewußt ist, der werde es wohl auch im Bardo nach dem Tod nicht sein können.

Was heißt das? »Schau« meint in diesem Zusammenhang nicht bloß das Sehen mit den Augen, sondern die Gesamtheit der Erfahrung. Dazu gehört jede Wahrnehmung, jede Empfindung, jedes mentale und emotionale Ereignis, aber auch alles, was uns als außerhalb unserer selbst erscheint. Schau ist das, was wir als Erfahrung »sehen«; Schau ist unsere Erfahrung. In der Schau nicht bewußt zu sein bedeutet, daß wir die Wahrheit des in unserer Erfahrung sich Bietenden nicht sehen, sondern uns von den Mißverständnissen des dualistischen Geistes irreführen lassen und seine Projektionen und Phantasien für die Wirklichkeit halten.

Wenn es uns an Bewußtsein für unsere tatsächliche Situation mangelt, können wir kaum sinnvoll auf das reagieren, was uns im äußeren und inneren Leben begegnet. Wir reagieren vielmehr gemäß den karmischen Gewohnheiten des Mögens und Nichtmögens, werden von Unglücklichsein und illusorischen Hoffnungen hierhin und dahin getrieben. Mit mangelnder Bewußtheit im Handeln ist jedes Tun gemeint, das von dieser Konfusion ausgeht. Alles Tun dieser Art verstärkt Anhaftungen, Haß und Unwissenheit und läßt weitere negative karmische Spuren entstehen.

Träume entspringen denselben karmischen Spuren, die auch unsere Erfahrung im Wachzustand beherrschen. Wenn wir tagsüber zu aufgewühlt sind, um die Phantasien und Einbildungen des Geistes zu durchschauen, wird es uns im Traum sehr wahrscheinlich nicht anders gehen. Das ist »im Traum nicht bewußt sein«. Die Traumphänomene werden die gleichen Emotionen und dualistischen Reaktionen hervorrufen wie im Wachzustand, und es ist dann schwierig, Luzidität zu entwickeln und die weiterführende Praxis aufzunehmen.

In den Bardo oder Zwischenzustand nach dem Tod treten wir auf die gleiche Weise ein wie nach dem Einschlafen in den Traum. Wenn unsere Traumerfahrung ohne Klarheit ist, voller konfuser Emotionen und Gewohnheitsreaktionen, werden wir den Sterbeprozeß auch nicht anders erleben. Wir werden dualistisch auf die Visionen des Zwischenzustands reagieren und uns damit in weitere karmische Verstrickungen treiben. Unsere künftige Geburt ist dann durch die karmischen Tendenzen bestimmt, die wir in diesem Leben herangebildet haben. Das ist »fehlende Bewußtheit im Bardo«.

Begegnen wir aber dem unmittelbaren Erfahrungsaugenblick immer wieder ganz bewußt, so werden wir diese Fähigkeit auch bald im Traum wiederfinden. Und indem wir im Traum präsent zu sein üben, bereiten wir uns auf den Tod vor. Eben darauf ist die Traum-Praxis angelegt.

Um hier Fortschritte machen zu können, müssen wir eine gewisse geistige Stabilität entwickeln, damit unsere Erfahrung, unsere »Schau«, mehr Bewußtheit bekommt und wir zu sinnvolleren Reaktionen fähig werden. Deshalb ist die erste Praxis das »ruhige Verweilen« (*zhine*), in der wir still, gesammelt und wach zu bleiben lernen.

Wenn wir immer mehr Bewußtheit in unsere Erfahrung bringen, überwinden wir die auf der Verblendung des Alltagsbewußtseins beruhenden Gewohnheitsreaktionen. Die vierfache grundlegende Praxis fördert diese Flexibilität, weil sie den Geist darin schult, jede Erfahrung im Wachzustand als Anstoß zu noch mehr Luzidität und Präsenz zu nehmen. Wenn die karmische Reaktionsbereitschaft auf diese Weise abgebaut wird, vergrößert sich unser Entscheidungsspielraum für positives Handeln. So bringen wir Bewußtheit in unser Handeln.

Die Bewußtheit, die wir im Wachzustand gefestigt und in unserem Verhalten wirksam gemacht haben, taucht dann nach und nach und ganz von selbst auch im Traum auf. Die einleitende Praxis nutzt das Verständnis von Prāna, Chakras und Geist, um die Vertiefung der Bewußtheit im Traum zu fördern. Dieser Praxis widmet man sich vor dem Einschlafen und in drei Wachphasen während der Nacht. Ist die Luzidität einmal entwickelt, folgen weitere Übungen im Traum, die die geistige Flexibilität verbessern sollen und die Beschränkungen und Mißverständnisse auflösen, die uns ans Samsāra binden.

Wie wir die im Wachzustand eingeübte Luzidität und Präsenz auf den Traum übertragen, so wird die im Traum entwickelte Luzidität und Präsenz auf den Tod übertragen. Wenn man den Traum-Yoga wirklich beherrscht, ist man gerüstet, in den Zwischenzustand nach dem Tod mit der rechten Schau einzugehen, mit der geistigen Stabilität und nondualen Präsenz, die man für die Befreiung braucht.

So ist die Reihenfolge: Bewußtheit im ersten Augenblick der Erfahrung, beim Reagieren, im Traum und schließlich im Tod. Es hat keinen Sinn, erst am Ende anzufangen. Sie können selbst überprüfen, wie reif Ihre Praxis ist: Erforschen Sie Ihre Gefühle angesichts der Phänomene Ihrer Erfahrung und dann Ihre Reaktionen auf diese Gefühle. Sind Sie von den Interaktionen mit den Gegenständen Ihrer Erfahrung beherrscht, oder sind Sie selbst Herr Ihrer Reaktionen? Bewegt Ihr Mögen und Nichtmögen Sie zu emotionalen Reaktionen, oder können Sie in den unterschiedlichsten Situationen Ihre Geistesgegenwart wahren? Wenn ersteres der Fall ist, werden Sie die nötige Geistesgegenwart entwickeln, um sich von karmischer Konditionierung und Reaktionsbereitschaft zu befreien. Trifft letzteres zu, so wird Ihre Bewußtheit sich immer weiter festigen, und Ihre Träume werden sich auf ganz erstaunliche Weise ändern.

# 11. Ruhiges Verweilen: Zhine

Ein erfolgreicher Traum-Yogi muß in seiner geistigen Präsenz so gefestigt sein, daß er nicht mehr von den Winden karmischer Emotionen mitgerissen wird und sich ganz im Traumgeschehen verliert. Mit wachsender Festigkeit des Geistes werden die Träume länger, weniger zersplittert und leichter erinnerlich; außerdem entwickelt sich die Luzidität. Auch das Wachleben profitiert davon, denn wir werden immer weniger von den gewohnten emotionalen Reaktionen mitgerissen, die uns umtreiben und unglücklich machen. Statt dessen entwickeln wir die positiven Züge, die zum Glück führen und uns auf der spirituellen Reise tragen.

Zu allen yogischen und spirituellen Schulungsformen gehört irgendeine Form der Praxis, die unsere Sammlungskraft entwickelt und den Geist ruhig macht. In der tibetischen Tradition wird diese Praxis Ruhiges Verweilen (*Zhine*) genannt. An dieser Praxis unterscheiden wir drei Entwicklungsstadien: nachdrückliches Zhine, natürliches Zhine und höchstes Zhine. Zhine beginnt mit der geistigen Fixierung auf ein Objekt und schreitet – bei ausreichender Sammlung – zu einer »Fixierung« ohne Objekt fort.

Beginnen Sie damit, daß Sie die Fünf-Punkte-Meditationshaltung einnehmen: die Beine überkreuzt, die Hände mit den Innenseiten nach oben im Schoß übereinandergelegt, der Rücken gerade, aber nicht stocksteif, das Kinn leicht eingezogen, damit der Hals ganz gerade wird, die Augen offen. Die Augen sollen entspannt sein, nicht zu weit geöffnet, nicht zu weit geschlossen. Der Gegenstand der Sammlung soll so plaziert werden, daß die Augen geradeaus blicken können, nicht aufwärts und nicht abwärts. Versuchen Sie sich während der Übung nicht zu bewegen, nicht einmal zu schlucken oder zu blinzeln, während Sie den Geist vollkommen ausgerichtet – »einspitzig«, wie man in der tibetischen Tradition sagt – auf dem Gegenstand der Sammlung ruhen lassen. Auch wenn Ihnen Tränen übers Gesicht laufen, bewegen Sie sich nicht. Den Atem lassen Sie seinen natürlichen Lauf nehmen.

Zur Übung mit einem Objekt benutzen wir im allgemeinen den tibetischen Buchstaben *A* als Gegenstand der Sammlung. Dieser Buchstabe hat viele symbolische Bedeutungen, aber hier dient er uns einfach als Halt für das Einüben der Sammlung. Man kann auch andere Gegenstände benutzen, etwa das

*Die Meditationshaltung*

*Das tibetische A*

*A* des westlichen Alphabets oder ein Bild, den Klang eines Mantra, den Atem – eigentlich so gut wie alles. Es sollte aber etwas von heiliger Bedeutung sein, das Sie inspirieren kann. Und wechseln Sie die Gegenstände möglichst nicht, sondern bleiben Sie bei dem einmal gewählten, denn diese Kontinuität unterstützt Sie bei der Praxis. Es empfiehlt sich auch, einen außerhalb des Körpers liegenden stofflichen Gegenstand zu wählen, da wir ja auf geistige Stabilität bei der Wahrnehmung von äußeren Objekten und schließlich von Traumobjekten aus sind.

Wenn Sie ein tibetisches *A* benutzen wollen, können Sie es sich auf ein kleines Stück Papier schreiben (oder sich die Abbildung fotokopieren). Traditionell ist der Buchstabe weiß und von fünf konzentrischen Farbkreisen umgeben: Der innerste Kreis, gleichzeitig der Hintergrund des *A*, ist indigofarben, dann folgen nach außen ein blauer, ein grüner, ein roter, ein gelber und ein weißer Kreis. Befestigen Sie das Papier so an einem in geeigneter Verankerung aufrecht stehenden Stab, daß es in einer Entfernung von vierzig bis fünfzig Zentimetern direkt in Blickrichtung Ihrer Augen steht.

Bei dieser Praxis können sich allerlei Zeichen des Erfolgs einstellen. Wenn die Sammlungskraft zunimmt und die Übungsperioden länger werden, kann es zu seltsamen Körperempfindungen oder auch visuellen Phänomenen kommen.

Auch Ihr Geist könnte seltsame Dinge tun. Das ist ganz in Ordnung. Solche Erfahrungen sind natürliche Begleiterscheinungen einer sich vertiefenden Sammlung. Sie regen sich, während der Geist zur Ruhe kommt; Sie brauchen dergleichen weder beunruhigend noch aufregend zu finden.

## *Nachdrückliches Zhine*

Die erste Stufe wird »nachdrücklich« genannt, weil hier einiges an Einsatz erforderlich ist. Der Geist ist so leicht abzulenken, daß es einem schier unmöglich erscheint, sich auch nur eine Minute lang ausschließlich auf den Gegenstand zu sammeln. Deshalb sind für den Anfang viele kurze Übungsphasen mit eingeschobenen Pausen besser. Aber lassen Sie den Geist auch während der Pausen nicht umherschweifen, sondern rezitieren Sie ein Mantra, oder visualisieren Sie, oder widmen Sie sich irgendeiner anderen Übung, die Sie kennen, zum Beispiel der Entwicklung von Mitgefühl. Nach der Pause kehren Sie zur Fixierungspraxis zurück. Wenn der Gegenstand, den Sie normalerweise benutzen, Ihnen gerade nicht zur Verfügung steht, können Sie eine Lichtkugel auf Ihrer Stirn visualisieren und sich darauf ausrichten. Sie sollten diese Übung ein- oder zweimal am Tag machen, wenn Sie genügend Zeit haben auch öfter. Die Entwicklung der Sammlung ist wie körperliches Muskeltraining: Man muß seine Übungen regelmäßig und häufig genug machen. Um Ihre Kräfte heranzubilden, können Sie ruhig auch einmal an Ihre Grenzen gehen.

Und bleiben Sie bei Ihrem Gegenstand. Gehen Sie Gedanken an Vergangenes oder Zukünftiges nicht nach. Lassen Sie sich nicht von Phantasien, Geräuschen, Körperempfindungen oder irgend etwas anderem ablenken. Bleiben Sie bei dem, was unmittelbar gegenwärtig ist, und sammeln Sie sich mit ganzer Kraft und Klarheit über den Blick auf Ihren Gegenstand. Lassen Sie den Gegenstand auch nicht für einen Augenblick aus dem Bewußtsein verschwinden. Atmen Sie ganz ruhig und dann noch sanfter, bis kein Gefühl von Atmen mehr da ist. Überlassen Sie sich langsam und immer mehr der Ruhe und Stille. Achten Sie darauf, daß der Körper entspannt bleibt; lassen Sie die Sammlung nicht in Anspannung ausarten. Andererseits dürfen Sie auch nicht dumpf werden oder wegtreten.

Denken Sie nicht über den Gegenstand nach, bleiben Sie seiner einfach nur gewahr. Das ist sehr wichtig: Wir denken nicht über den Gegenstand nach; es geht nicht um Konzentration, sondern um Sammlung. Lassen Sie den Geist einfach nur beim Gegenstand, bei der sinnlichen Wahrnehmung des Gegenstands verweilen; seien Sie – ununterbrochen und ausschließlich – des Vorhandenseins dieses Gegenstands gewahr. Wenn der Geist sich ablenken läßt, und das wird anfangs häufiger vorkommen, holen Sie ihn einfach zurück zum Gegenstand und lassen ihn dort bleiben.

## *Natürliches Zhine*

Wenn die Sammlung an Stabilität gewinnt, tritt man ins zweite Stadium der Praxis ein, in das natürliche Zhine. Im ersten Stadium bringen wir den schwer zu bändigenden Geist unter Kontrolle und stärken unsere Sammlungskraft, indem wir die Aufmerksamkeit beständig beim Gegenstand halten. Auf der zweiten Stufe ist der Geist ganz in die Betrachtung des Gegenstands versunken, und es bedarf keines Nachdrucks mehr, um ihn stillzuhalten. Es stellt sich eine entspannte wohltuende Stille ein; der Geist ist still, und wenn ein Gedanke kommt, lenkt er die Aufmerksamkeit nicht mehr vom Gegenstand ab. Die Elemente des Körpers sind in Harmonie, und Prāna durchströmt den Körper sanft und gleichmäßig. Das ist der richtige Augenblick für den Übergang zur Fixierung ohne Gegenstand.

Lassen Sie also von dem stofflichen Gegenstand ab, und sammeln Sie sich einfach auf den Raum. Es ist hilfreich, wenn der Blick hier in den weiten Raum, etwa in den Himmel, gerichtet werden kann, aber Sie können auch in einem kleinen

Zimmer üben, indem Sie Ihren Blick auf den Raum zwischen sich selbst und der Wand fixieren. Wahren Sie Ruhe und Stetigkeit und die entspannte Verfassung des Körpers. Richten Sie sich nicht auf einen vorgestellten Punkt im Raum aus, sondern lassen Sie den Geist in all seiner Präsenz diffus werden. Wir nennen das »den Geist im Raum aufgehen lassen« oder »den Geist mit dem Raum verschmelzen«. Die innere Stille, die sich hier bildet, führt Sie ins dritte Stadium der Zhine-Praxis.

## *Höchstes Zhine*

Während die Versunkenheit in den Gegenstand auf der zweiten Stufe noch eine gewisse Schwere hat, wird die Stille des Geistes auf dieser dritten Stufe leicht, entspannt und geschmeidig. Gedanken tauchen auf und verschwinden spontan und ohne besonderes Bemühen. Der Geist ist vollkommen eins mit seinen eigenen Regungen.

In der Dzogchen-Tradition ist das der Punkt, an dem der Meister seinen Schüler in den natürlichen Zustand des Geistes einführt. Der Schüler hat Zhine entwickelt, und so weist der Meister ihn nicht auf einen neuen Zustand hin, den er erst noch erreichen muß, sondern zeigt ihm einfach das, was er selbst schon erlebt hat. Diese »Hinweis-Unterweisung« verfolgt also den Zweck, den Schüler sehen zu lassen, was er schon vor Augen hat: Sie ermöglicht ihm, zwischen seinem mit Gedanken und Vorstellungen befaßten Geist und der Natur des Geistes – reiner nondualer Bewußtheit – zu unterscheiden. Das ist die höchste Stufe der Zhine-Praxis, das Verweilen in nondualer Präsenz, also Rigpa.

## *Hindernisse*

Bei der Zhine-Praxis gilt es drei Hindernisse zu überwinden, nämlich Unruhe, Schläfrigkeit und Trägheit.

### *Unruhe*

Unruhe läßt den Geist rastlos von einem Gedanken zum nächsten springen und erschwert die Sammlung. Um das zu vermeiden, sollten Sie sich schon vor dem eigentlichen Üben zur Ruhe bringen, indem Sie allzuviel körperliche oder geistige Aktivität meiden. Langsame Streckübungen können dazu beitragen, den Körper zu entspannen und den Geist zu beruhigen. Wenn Sie sich dann hingesetzt haben, lassen Sie ein paar langsame tiefe Atemzüge folgen. Machen Sie es sich zur Gewohnheit, sich gleich zu Beginn der Übung zu sammeln, damit nicht die falsche Gewohnheit entsteht, in der Meditationshaltung dazusitzen und die Gedanken wandern zu lassen.

### *Schläfrigkeit*

Schläfrigkeit breitet sich wie ein Nebel in uns aus und erzeugt eine Schwere und Dumpfheit, die unser Gewahrsein stumpf macht. Wenn das geschieht, sollten Sie die Sammlung auf den Gegenstand zu verstärken versuchen, um die Schläfrigkeit zu durchbrechen. Vielleicht stellen Sie sogar fest, daß diese Schläfrigkeit eigentlich eine »Regung« des Geistes ist, die Sie mit vermehrter Sammlung anhalten können. Führt das nicht zum Ziel, dann machen Sie eine Pause, während der Sie sich strecken oder eine Übung im Stehen machen können.

### *Trägheit*

Wenn Sie auf dieses Hindernis stoßen, werden Sie Ihren Geist als ganz ruhig empfinden, aber er ist es auf eine passive, eher schlaffe Weise, bei der Ihre Sammlung ohne Kraft bleibt. Es ist wichtig, daß Sie diesen Zustand richtig erkennen. Das kann nämlich eine durchaus angenehme entspannte Erfahrung sein, aber wenn man sie für richtige Meditation hält, wird man vielleicht jahrelang auf diese Weise fortfahren, ohne daß im Bewußtsein erkennbare Veränderungen stattfinden. Wenn Ihre Sammlung an Kraft verliert und Ihre Praxis etwas Schlaffes bekommt, dann richten Sie den Körper auf, und wecken Sie Ihren Geist. Verstärken Sie Ihre Aufmerksamkeit, und achten Sie auf stetige Geistesgegenwart. Betrachten Sie die Praxis als etwas Kostbares, was sie ja ist; als etwas, das Sie zur höchsten Verwirklichung führen wird, denn das wird sie. Erneuern Sie Ihre Entschlossenheit, und Sie bestärken den Geist damit gleichzeitig in seiner Wachheit.

Die Zhine-Praxis soll täglich geübt werden, bis der Geist still und stetig ist. Das ist nicht nur eine vorbereitende Praxis, sondern an jedem Punkt Ihres Lebens hilfreich. Sogar sehr hochentwickelte Yogis üben Zhine. Die geistige Stabilität, die man hier entwickelt, ist die Grundlage des Traum-Yoga und anderer Meditationsformen. Sind wir einmal in ruhiger Geistesgegenwart verankert, können wir diese Stetigkeit auf alle Bereiche unseres Lebens übertragen. Wir können dann jederzeit zu dieser Präsenz finden, und unsere Gedanken und Emotionen reißen uns nicht mit. Auch dann werden karmische Spuren weiterhin Traumbilder erzeugen, wenn wir schlafen, aber wir bleiben in der Bewußtheit. Das öffnet uns die Tür zu den weiterführenden Übungen des Traum- und Schlaf-Yoga.

# 12. Die vierfache grundlegende Praxis

Die vierfache grundlegende Praxis des Traum-Yoga wird auch als die »Vier Vorbereitungen« bezeichnet, doch das bedeutet nicht, daß die Vorbereitungen von untergeordneter Bedeutung sind und der »eigentlichen« Praxis nur vorgeschaltet. Sie sind vorbereitend in dem Sinne, daß sie das Fundament für den Erfolg in der Hauptpraxis legen.

Traum-Yoga hängt davon ab, wie wir unseren Geist im Wachzustand benutzen, und auf diesen Wachzustand richtet sich die grundlegende Praxis. Der Umgang mit dem Geist bestimmt nicht nur die Qualität des Lebens im Wachzustand, sondern auch die Art der Träume, die sich im Schlaf einstellen. Ändern Sie im Wachzustand Ihre Beziehungen zu Dingen und Menschen, und Sie ändern Ihre Traumerfahrung. Das Ich, das den Traum des Wachzustands lebt, ist schließlich dasselbe, das den Traum des Schlafzustands lebt. Wenn Sie Ihre Tage geistesabwesend auf den verschlungenen Pfaden des Denkens verbringen, wird es Ihnen im Traum vermutlich nicht anders gehen. Sind Sie aber im Wachzustand präsenter, werden Sie diese Präsenz auch im Traum wiederfinden.

## *Karmische Spuren ändern*

Eine Form der ersten grundlegenden Praxis ist im Westen recht gut bekannt, weil Traumforscher und interessierte Träumer herausgefunden haben, daß sie zur Induzierung luzider Träume zu gebrauchen ist. Sie besteht darin, daß man sich tagsüber das Traumhafte des Lebens intensiv vergegenwärtigt, bis das Erkennen des Traumhaften sich auch im Traum einstellt.

Wenn Sie morgens aufwachen, dann sagen Sie sich: »Ich bin wach in einem Traum.« Wenn Sie in die Küche gehen, dann sehen Sie sie als Traum-Küche. Gießen Sie sich Traum-Milch in Ihren Traum-Kaffee. »Es ist alles Traum«, sagen Sie sich. »Das hier ist ein Traum.« Erinnern Sie sich tagsüber immer wieder daran.

Das sollte allerdings Sie selbst noch mehr betreffen als die Gegenstände Ihrer Erfahrung. Sagen Sie sich immer wieder, daß Sie Ihre Erfahrung träumen: Ihr Zorn, Ihr Glücksgefühl, Ihre Abgespanntheit, Ihre Angst – alles ist Teil eines Traums. Eine Eiche, die Sie bewundern, der Wagen, den Sie steuern, der Mensch, mit dem Sie sprechen – alles gehört zu diesem Traum. So entsteht eine neue geistige Tendenz, nämlich alle Erfahrung als substanzlos, vorübergehend und den Projektionen des Geistes zugehörig zu betrachten. Unser Haften an den Dingen wird um so geringer, je mehr wir sie als flüchtig und wesenlos zu sehen vermögen. Jede Sinneserfahrung, jeder geistige Vorgang erinnert uns jetzt an den Traumcharakter aller Erfahrung. Diese Sicht wird sich schließlich auch im Traum durchsetzen und uns den Traumzustand als solchen erkennen lassen, so daß Luzidität entsteht.

Zum Verständnis dieser Aussage, daß alles Traum ist, können wir auf zweierlei Weise gelangen. Erstens können wir sie als Methode der Veränderung karmischer Spuren auffassen. Diese Praxis ändert – wie jede Praxis – unser Verhältnis zur Welt. Wir ändern gewohnte und weitgehend unbewußte Reaktionen auf die Phänomene, und dadurch bekommen Leben und Traum eine andere Qualität. Wenn wir die Erfahrung als »nur ein Traum« sehen, wird sie weniger »real« für uns. Ihre Macht über uns – die sie nur besaß, weil wir sie ihr gegeben haben – wird geringer, so daß sie uns nicht mehr in Unruhe versetzen und in negative emotionale Zustände treiben kann. Wir begegnen aller Erfahrung jetzt mit mehr Ruhe und Klarheit, sogar mit mehr Wertschätzung. Hier wirkt Praxis sozusagen psychologisch, weil sie die Bedeutung dessen ändert, was wir auf das jenseits begrifflicher Bedeutung Liegende projizieren. Wir sehen die Erfahrung anders und ändern dadurch unsere Reaktion auf sie, was wiederum die karmischen Reste des Handelns und damit die Wurzel des Träumens ändert.

Der zweite Zugang zum Verständnis der Praxis liegt in dem Gedanken, daß Wachleben und Traum eigentlich dasselbe sind, daß die normale Erfahrung in ihrer Gesamtheit aus geistigen Projektionen besteht, daß alle Bedeutung nur zugeschrieben ist und alles, was wir erfahren, auf den Einfluß des Karma zurückzuführen ist. Hier sprechen wir vom subtilen und fein verästelten Wirken des Karma, vom endlosen Kreislauf von Ursache und Wirkung, der – vermöge der aus jeder Aktion erwachsenden stetigen Konditionierung – die Gegenwart aus den Spuren der Vergangenheit erschafft. Das ist eine der möglichen Formulierungen der Einsicht, daß alle Phänomene leer sind und das scheinbare Selbst-Wesen aller Dinge und Lebewesen Illusion ist. Im Wachleben wie im Traum: Nirgendwo ist wirklich ein »Ding«, es gibt nur vorübergehende, essenzlose Erscheinungen, die im leeren, leuchtenden Grund des Daseins auftauchen und sich selbst befreien. Haben wir die Wahrheit der Aussage »Dies ist ein Traum« gänzlich verwirklicht, so sind wir frei von der Gewohnheit der falschen Vorstellungen und daher frei von jenem beschnittenen Samsāra-Leben, in dem wir Phantasien für Realität halten. Wir sind nach dieser Verwirklichung auch zwangsläufig präsent, denn es trifft dann zu, daß es nichts gibt, wo wir sonst sein könnten. Und wenn es darum geht, beständige Luzidität im Traum zu erzeugen, gibt es keine bessere Methode, als tagsüber stets in luzider Präsenz zu bleiben.

Wie oben schon gesagt, besteht ein wichtiger Teil dieser Praxis darin, sich selbst als einen Traum zu erleben. Sehen Sie sich selbst als eine Illusion, als eine Traumgestalt mit einem Körper ohne Festigkeit. Stellen Sie sich Ihre Persönlichkeit und verschiedenen Identitäten als Projektionen des Geistes vor. Bleiben Sie präsent, in der gleichen Luzidität, die Sie im Traum zu erreichen versuchen, während Sie sich als substanzlos und vorübergehend, als nur aus Licht bestehend empfinden. Dadurch gewinnen Sie eine ganz andere Beziehung zu sich selbst – entspannt, flexibel, ohne alles Beengende.

Dabei genügt es aber nicht, sich immer wieder zu *sagen*, daß Sie in einem Traum sind. Sie müssen die Wahrheit dieser Aussage jenseits der Worte fühlen und erleben. Nutzen Sie Ihre bildliche Vorstellungskraft, Ihre Sinne, Ihr Gewahrsein, um die Praxis ganz mit der gelebten Erfahrung zur Deckung zu bringen. Wenn Ihre Praxis richtig läuft, wird bei dem Gedanken, daß Sie in einem Traum sind, jedesmal Ihre Präsenz stärker und Ihre Erfahrung lebhafter. Sollte es nicht zu dieser unmittelbaren Änderung der Qualität kommen, so vergewissern Sie sich, ob Ihre Praxis vielleicht bloße mechanische Wiederholung eines Satzes geworden ist – davon werden Sie nämlich wenig haben. Das bloße Denken einer Formel kann keine magische Wirkung entfalten; die Worte müssen Ihnen Anstoß sein, mit größerer Bewußtheit und Ruhe im Augenblick zu leben. »Wecken« Sie sich bei der Praxis immer wieder durch vermehrte Klarheit und Präsenz, bis schließlich die bloße Erinnerung an den Gedanken »Dies ist ein Traum« sofort Ihre Bewußtheit klarer und stärker macht.

Das also ist die erste Vorbereitung: alles Leben als Traum sehen. Anzuwenden ist sie im Augenblick einer Wahrnehmung, bevor es zu einer Reaktion kommt. Das ist in sich selbst eine sehr wirkungsvolle Praxis. Bleiben Sie im Gewahrsein, und Sie werden Luzidität sowohl im Wachzustand als auch im Traum erleben.

Eine Warnung muß hier allerdings angefügt werden: Es ist wichtig, daß Sie sich um Ihre Aufgaben im normalen Leben kümmern, daß Sie seine Logik und seine Beschränkungen respektieren. Wenn Sie sich sagen, daß Ihr Leben ein Traum ist, trifft das zwar zu, aber Sie werden beim Sprung aus dem Fenster trotzdem nicht schweben, sondern abstürzen. Wenn Sie nicht arbeiten gehen, bleiben Ihre Rechnungen unbezahlt. Halten Sie die Hand ins Feuer, und Sie werden sich verbrennen. Bleiben Sie also auf dem Boden der Tatsachen dieser relativen Welt. Denn solange ein »Du« und ein »Ich« existieren, gibt es eine relative Welt, in der wir leben, gibt es andere Lebewesen, die leiden, gibt es Folgen unserer Entscheidungen.

## *Anhaften und Widerwillen abbauen*

Während die erste Grundlagenpraxis sich auf den Augenblick bezieht, wo nach einer Wahrnehmung noch nicht die Reaktion eingetreten ist, setzt die zweite an dem Punkt ein, wo die Reaktion bereits abläuft. Es ist im wesentlichen die gleiche Praxis, nur unterschieden durch die Situation und den Gegenstand der Aufmerksamkeit. Bei der ersten Vorbereitung nehmen wir alles, was uns begegnet – Sinnesobjekte, innere Vorgänge, den eigenen Körper und so weiter – in luzider Bewußtheit wahr und sehen es unter dem Gesichtspunkt, daß alle Phänomene Traum sind. Die zweite Vorbereitung richtet die gleiche luzide Bewußtheit auf die emotional gefärbten Reaktionen, die durch unsere Erfahrung ausgelöst werden.

Im Idealfall greift diese Praxis in dem Augenblick, wo wir auf Dinge oder Situationen mit Festhalten oder Abwehr reagieren. Der festhaltende/abwehrende Geist zeigt sich als Verlangen, Zorn, Eifersucht, Stolz, Kummer, Verzweiflung, Freude, Angst, Depression, Furcht, Langeweile oder jede andere emotionale Reaktion.

Sobald es zu einer Reaktion kommt, sollten Sie sich daran erinnern, daß Sie, der Gegenstand und Ihre Reaktion auf den Gegenstand ein Traum sind. Sagen Sie sich: »Diese Verärgerung ist ein Traum. Dieses Verlangen ist ein Traum. Diese Empörung, dieser Kummer, dieser Freudentaumel ist ein Traum.« Die Wahrheit dieser Aussage wird Ihnen klar, wenn Sie auf die inneren Vorgänge achten, die emotionale Zustände produzieren: Sie werden buchstäblich zusammengeträumt, durch ein komplexes Zusammenspiel von Gedanken, Bildern, körperlichen Vorgängen und Empfindungen. Emotionale Reaktionen haben ihren Ursprung nicht »da draußen« in den Dingen. Sie entstehen, werden erfahren und vergehen in Ihnen.

Reize, auf die Sie reagieren können, gibt es genug: Ein schöner Mann, eine schöne Frau kann ihnen reizvoll erscheinen, Sie können sich ärgern, wenn jemand Sie im Straßenverkehr schneidet, Sie können über Umweltschäden entrüstet oder bekümmert sein, Sie können in einer Situation oder wegen eines Menschen in Angst und Sorge sein. Betrachten Sie jede dieser Situationen und Reaktionen als einen Traum. Aber klatschen Sie nicht bloß den Satz auf ein Stück Ihrer Erfahrung; versuchen Sie, das Traumartige Ihres Innenlebens wirklich zu fühlen. Nur dann ändert sich Ihre Beziehung zu der jeweiligen Situation, und Ihr emotionaler Klammergriff lockert sich. Die Situation wird klarer und luftiger, und Sie erkennen Ihr Mögen und Nichtmögen als die unangenehme Beengung, die sie tatsächlich sind. Das ist ein hochwirksames Mittel gegen die Besessenheit, die negative Emotionen erzeugen. Wenn wir mit dieser Praxis des Entknotens negativer Emotionen direkte und nicht von der Hand zu weisende Erfahrungen gemacht haben, kann die eigentliche Praxis der Luzidität und Flexibilität beginnen, die uns zur Freiheit führt. Mit beharrlicher Praxis können sogar starke negative Zustände wie Zorn, Depression und andere Formen des Leidens schließlich losgelassen werden. Wenn es dazu kommt, lösen sie sich auf.

Die alten Lehren stellen diese Praxis als ein Mittel gegen das Anhaften dar. Es gibt für diesen Zweck gesunde und ungesunde Methoden. Es nützt uns wenig, unsere Wünsche zu unterdrücken – sie verwandeln sich dann nur in innere Zerrissenheit oder in Verdammung und Intoleranz. Wir behindern nur unsere spirituelle Entwicklung, wenn wir Schmerzen zu fliehen versuchen, sei es durch Ablenkung, sei es durch körperliche Anspannung, die unsere Erfahrung erstickt. Das weltliche Leben aufgeben und Mönch oder Nonne werden, das kann eine gesunde Entscheidung sein; ungesund ist dieser Weg aber dann, wenn wir die Schwierigkeiten des Lebens nur verdrängen oder ihnen ausweichen wollen.

Der Traum-Yoga durchschneidet Verhaftungen dadurch, daß er Wahrnehmung und Verständnis des Objekts oder der Situation reorganisiert; er verändert unsere Betrachtungsweise und erlaubt uns, die strahlende lichtartige Wirklichkeit der Dinge hinter ihrem illusorischen Erscheinungsbild zu sehen. Mit fortschreitender Praxis erfahren wir die Dinge und Situationen nicht nur klarer und lebhafter, sondern erkennen sie auch als kurzlebig, substanzlos und flüchtig. Das relativiert die Bedeutung aller Phänomene und vermindert das auf unseren Vorlieben beruhende Mögen und Nichtmögen.

## *Die Intention stärken*

Bei der dritten Vorbereitung lassen wir den Tag vor dem Einschlafen Revue passieren und erneuern die Intention, während der Nacht unsere Praxis fortzusetzen. Lassen Sie bei der Vorbereitung auf den Schlaf die Erinnerungen an den Tag in sich aufsteigen. Erkennen Sie alles, was Ihnen in den Sinn kommt, als Traum. Die Erfahrungen, die sich dabei besonders aufdrängen, werden wahrscheinlich die sein, die auch Ihre Träume beeinflussen werden. Versuchen Sie die Erinnerungen, die Ihnen kommen, als Traumerinnerungen zu sehen. Das Erinnern hat ja wirklich viel mit dem Traum gemein. Auch hier wieder: Das darf kein mechanischer Vorgang sein, kein rituelles Abbeten von »Dies war ein Traum, das war ein Traum«. Versuchen Sie die Traumhaftigkeit Ihrer Erfahrung und der diese Erfahrung tragenden Projektionen wirklich zu erfassen, so daß Sie spüren, was es heißt, die Erfahrung als Traum zu empfinden.

Fassen Sie dann den Entschluß, die Träume der kommenden Nacht als Träume zu erkennen. Ihre Intention, das Träumen direkt und lebhaft als Träumen zu erkennen, muß so stark wie möglich sein. Intention ist wie ein Pfeil, dem Ihr Gewahrsein in der Nacht folgen kann, ein auf Luzidität im Traum gezielter Pfeil. Der tibetische Ausdruck für dieses Ausrichten der Intention lautet in wörtlicher Übersetzung »einen Wunsch aussenden«. Wir brauchen hier das Bewußtsein, daß wir Gebete und Intentionen an unsere Lehrer und die Buddhas und Gottheiten aussenden, daß wir in der Bewußtheit zu bleiben versprechen und um ihre Hilfe bitten. Es gibt noch weitere Übungen, die man vor dem Einschlafen ausführen kann, aber dieser hier kann sich jeder bedienen.

## *Ausbildung von Erinnerungsvermögen und freudigem Bemühen*

Die vierte Grundlagenpraxis bezieht sich auf das Aufwachen am Morgen. Hier stärken wir unsere Intention und das Erinnerungsvermögen für die Ereignisse der Nacht.

Gehen Sie zunächst diese Ereignisse durch. Der tibetische Ausdruck dafür lautet wörtlich »erinnern«. Haben Sie geträumt? War Ihnen bewußt, daß Sie sich in einem Traum befanden? Wenn Sie geträumt haben, aber nicht bis zur Luzidität kamen, dann schließen Sie jetzt den Gedanken an: »Ich habe geträumt, aber den Traum nicht als Traum erkannt. Es war aber ein Traum.« Erneuern Sie den Entschluß, beim nächsten Eintreten in einen Traum seines wahren Wesens gewahr zu werden, solange er noch andauert.

Wenn es Ihnen schwerfällt, sich an Träume zu erinnern, wird es nützlich sein, tagsüber und vor allem vor dem Einschlafen die Intention zur Traumerinnerung zu verstärken. Sie können Träume auch auf einem Notizblock oder mit einem Kassettenrecorder festhalten, denn Sie verstärken damit Ihre innere Einstellung, Träume als etwas Wertvolles zu behandeln. Das bloße Zurechtlegen des Notizblocks oder das Vorbereiten des Recorders unterstützt Ihre Intention, sich beim Aufwachen an den Traum zu erinnern. Es ist für niemanden sonderlich schwierig, sich an Träume zu erinnern, sobald die Absicht dazu auch nur ein paar Tage lang stark und beständig genug gewesen ist.

Wenn Sie einen luziden Traum hatten, dann lassen Sie Ihrer Freude darüber freien Lauf. Fühlen Sie sich glücklich, diese Praxis machen zu können, und fassen Sie gleich den Entschluß, auch in der kommenden Nacht wieder luzide zu sein. Bauen Sie Ihre Intention weiter auf, und nehmen Sie dabei Erfolg und Mißerfolg zum Anlaß, Ihrer Praxis mit immer noch mehr Entschlossenheit nachzugehen. Und machen Sie sich bewußt, daß sogar Ihre Intention ein Traum ist.

Schließlich nutzen Sie den Morgen auch noch zur Bekräftigung ihrer Intention, den Tag über beharrlich bei Ihrer Praxis zu bleiben. Und beten Sie von ganzem Herzen um Erfolg; das Beten ist wie eine Zauberkraft, die wir alle haben, aber zu benutzen vergessen.

Diese Übung mündet wieder in die erste Grundlage ein: alle Erfahrung als Traum zu sehen. So umschließt die Praxis lückenlos das Rad von Tag und Nacht.

## *Beständigkeit*

Man kann gar nicht genug betonen, wie wichtig die vier Vorbereitungen für die späteren Stadien des Traum-Yoga sind. Sie sind weitaus wirksamer, als es vielleicht den Anschein hat. Und es sind Übungen, die jeder machen kann. Sie sind im Unterschied zu manchen anderen Praktiken eher psychologisch ausgerichtet, so daß der Übende keine Schwierigkeiten mit ihnen haben wird. Wenn man einfach nur vor dem Schlafengehen eine Übung macht, wird man damit vielleicht wenig ausrichten, doch bei beständiger Übung der Vorbereitung im Laufe des ganzen Tages hat man es viel einfacher, zu Luzidität im Traum zu kommen und dann zur weiterführenden Praxis überzugehen. Durch diese Übungen wird alles, was sich ereignet, zu einem Anlaß, in die Gegenwart zurückzukehren, und das wird sich nicht nur im Alltag als sehr nutzbringend erweisen, sondern auch zum Erfolg im Traum-Yoga führen.

Wenn Sie nicht sofort Resultate erzielen, ja wenn Sie sogar lange üben müssen, bevor Sie Luzidität im Traum erreichen, sollte das kein Grund zur Entmutigung sein. Glauben Sie nicht, daß es keinen Sinn hat und Sie für die Praxis ungeeignet sind. Alles ändert sich ständig – denken Sie nur zurück, wie anders Sie als Zehnjähriger gedacht haben. Glauben Sie nicht, daß es für Sie kein Weiterkommen gibt, daß Ihre jetzigen Beschränkungen auch künftig noch bestehen werden. Denken Sie immer wieder daran, daß nichts so bleibt, wie es ist.

Wenn Sie das Leuchtende, Traumhafte des Lebens wahrzunehmen lernen, wird Ihre Erfahrung lichter, klarer und weiträumiger werden. Wo Luzidität im Traum wie im Wachzustand herrscht, haben wir weitaus mehr Freiheit, das Leben positiv zu gestalten und schließlich alle Vorlieben und Dualismen aufzugeben, um einfach in nondualer Präsenz zu verweilen.

# 13. Vorbereitung auf die Nacht

Der Durchschnittsmensch, der die Prinzipien der Meditation nicht kennt, nimmt den Streß, die Emotionen, die Gedanken und die Turbulenzen des Tages mit in den Schlaf. Man macht keine Übungen und nimmt sich nicht die Zeit, um den Tag zu verarbeiten und zur Ruhe zu kommen, bevor man einschläft. Noch im Wogen der Tagesereignisse kommt der Schlaf, und so begleitet uns alles Negative durch die ganze Nacht. Wenn dann ein Traum einsetzt, gibt es keinerlei Stabilität und Präsenz des Geistes, so daß wir den Bildern und Verwirrungen der Traumwelt einfach ausgesetzt sind. Der Körper ist angstvoll angespannt oder schwer von Traurigkeit, und der Prāna im Körper ist durch das unstete Umherschwirren des Geistes rauh und ungleichmäßig. Der Schlaf ist schwer, die Träume sind voller Streß oder lediglich Flucht in etwas Angenehmes, der Schläfer wacht am Morgen unausgeruht auf und verbringt häufig den ganzen Tag in einer negativen Verfassung.

Selbst für jemanden, der nicht Traum- oder Schlaf-Yoga praktiziert, ist es sehr nützlich, sich auf den Schlaf vorzubereiten und ihn ernstzunehmen. Wenn wir den Geist vor dem Schlaf – wie auch vor der Meditation – soweit wie möglich entleeren, werden wir präsenter und positiver gestimmt sein. Nehmen Sie also negative Emotionen nicht mit in die Nacht, sondern setzen Sie alles daran, sie abzuschütteln. Wenn Sie wissen, wie man Emotionen sich selbst befreien, also in Leere auflösen läßt, dann tun Sie es. Vielleicht wissen Sie auch, wie man sie transformiert oder was für Gegenmittel man anwenden kann – nutzen Sie alles, was Ihnen zu Gebote steht. Suchen Sie Anschluß an Lama, *Yidam** und Dākinī; beten Sie zu den Buddhas und Gottheiten; erzeugen Sie Mitgefühl.

Wenden Sie alle Ihnen bekannten Mittel an, um den Körper von Spannungen und den Geist von negativen Einstellungen zu befreien. Wenn Sie innerlich leicht und gelöst sind, wird Ihr Schlaf erholsamer und heilsamer sein. Selbst wenn man den Rest der Praxis nicht oder noch nicht machen kann, stellt diese Übung etwas Positives dar, für das jeder einen Platz in seinem Leben finden kann.

Im folgenden beschreibe ich jetzt ein paar allgemeine Vorbereitungen für die Nacht, aber verlassen Sie sich nicht einfach auf deren mechanische Anwendung. Es kommt darauf an, daß Sie wissen, was Sie mit Ihrem Geist machen und wie sich das auf Sie auswirkt, und daß Sie Ihr Wissen nutzen, um zur Ruhe zu kommen, präsent zu werden und die Möglichkeiten der Nacht nutzen zu können.

## *Die neun Atemzüge der Reinigung*

Vielleicht ist Ihnen schon aufgefallen, wieviel Spannung der Körper mit sich herumträgt und wie diese Spannungen sich auf den Atem auswirken. Wenn jemand, mit dem wir schlecht zurechtkommen, den Raum betritt, spannt sich der Körper an, und der Atem wird kürzer und schärfer. Bei einem Schreck wird der Atem schnell und flach. Bei Traurigkeit ist die Atmung häufig tief und wird von Seufzern unterbrochen. Betritt aber jemand, den wir wirklich mögen, an dem wir wirklich Anteil nehmen, das Zimmer, so entspannt sich der Körper, und der Atem wird leicht und frei.

Anstatt aber einfach abzuwarten, wie die Erfahrung unseren Atem verändert, können wir auch umgekehrt vorgehen und durch bewußt verändertes Atmen Einfluß auf unsere Erfahrung nehmen. Der neunfache Reinigungsatem ist eine kurze Übung, die die Kanäle klärt und reinigt und zugleich Geist und Körper entspannt. Die Abbildung der Kanäle finden Sie auf S. 53.

Nehmen Sie die Meditationshaltung mit überkreuzten Beinen ein. Legen Sie die Hände im Schoß ab, Handflächen nach oben, die linke Hand über der rechten. Neigen Sie den Kopf ganz leicht, damit der Hals gerade ist.

Visualisieren Sie die drei Energiekanäle in Ihrem Körper. Der Zentralkanal ist blau, von der Dicke eines Spazierstocks, oberhalb des Herzens etwas weiter, und steigt genau in der Körpermitte auf. Die Seitenkanäle sind bleistiftdick und mit dem unteren Ende des Zentralkanals (etwa zehn Zentimeter unterhalb des Nabels) verbunden. Sie steigen beiderseits des Zentralkanals gerade auf, wechseln unter dem Schädeldach die Richtung und steigen hinter den Augen bis zu den Nasenausgängen ab. Bei Frauen ist der rechte Kanal rot und der linke weiß; bei Männern ist es umgekehrt.

### *Die ersten drei Atemzüge*

Männer: Heben Sie die rechte Hand, wobei der Daumen auf das Grundgelenk des Ringfingers drückt. Schließen Sie die rechte Nasenöffnung mit dem Ringfinger, und atmen Sie durch die linke Nasenöffnung grünes Licht ein. Danach drücken Sie die linke Nasenöffnung mit dem rechten Ringfinger zu und atmen durch die rechte Nasenöffnung ganz aus. Wiederholen Sie dies dreimal.

Frauen: Heben Sie die linke Hand, wobei der Daumen auf das Grundgelenk des Ringfingers drückt. Schließen Sie die linke Nasenöffnung mit dem Ringfinger, und atmen Sie durch den rechten Nasengang grünes Licht ein. Schließen Sie die rechte Nasenöffnung mit dem Ringfinger, und atmen Sie durch den linken Nasengang vollständig aus. Wiederholen Sie den ganzen Vorgang dreimal.

Stellen Sie sich bei jedem Ausatmen vor, daß alle mit männlichen Vermögen verbundenen Hindernisse als hellblaue Luft aus dem weißen Kanal ausgestoßen werden. Das können mit den Winden (Prānas) assoziierte Krankheiten oder aus der Vergangenheit stammende Hindernisse und Verschattungen sein.

### *Die zweiten drei Atemzüge*

Männer und Frauen: Wechseln Sie die Hände und die Nasenseite, und führen Sie die Übung wieder dreimal aus. Stellen Sie sich bei jedem Ausatmen vor, daß alle mit weiblichen Vermögen verbundenen Hindernisse als hellrosafarbene Luft aus dem roten Kanal ausgestoßen werden. Das können mit Galle assoziierte Krankheiten und alle mit der Zukunft zusammenhängenden Hindernisse und Verschattungen sein.

### *Die dritten drei Atemzüge*

Männer und Frauen: Legen Sie die linke Hand im Schoß über die rechte, Handflächen nach oben. Atmen Sie heilendes grünes Licht durch beide Nasenöffnungen ein. Visualisieren Sie, wie es durch die Seitenkanäle nach unten bis zur Einmündung in den Hauptkanal strömt, vier Finger breit unterhalb des Nabels. Beim Ausatmen visualisieren Sie die Energie, wie sie im Hauptkanal aufsteigt und am Scheitel austritt. Üben Sie diesen ganzen Vorgang dreimal. Stellen Sie sich bei jedem Ausatmen vor, wie alle mit feindseligen Geistern zusammenhängenden Krankheitspotenzen als schwarzer Rauch durch den Scheitel ausgestoßen werden. Das betrifft alle Schleim-Krankheiten und alle mit der Gegenwart zusammenhängenden Hindernisse und Verschattungen.

## *Guru-Yoga*

Guru-Yoga ist eine zentrale Praxis aller Schulen des tibetischen Buddhismus und des Bön. Das gilt für Sūtra, Tantra und Dzogchen gleichermaßen. Hier wird die Herz-Verbindung zum Meister entwickelt. Wir vertiefen unsere Ergebenheit, bis wir zum Ort der reinen Ergebenheit in uns selbst gelangen, der unerschütterlichen Basis unserer Praxis. Das Wesen des Guru-Yoga besteht darin, daß der Geist des Praktizierenden eins wird mit dem des Meisters.

*Tapihritsa*

Was ist der wahre Meister? Das formlose Wesen des Geistes, das Ur-Bewußtsein am Grund von allem ist der wahre Meister; da wir jedoch in der Dualität existieren, ist es für uns hilfreich, ihn in einer bestimmten Form zu visualisieren. So kann die dualistische Verfassung des Denkens noch sinnvoll genutzt werden, um unsere Ergebenheit und Hingabe zu vertiefen, damit wir bei unserer Ausrichtung auf die Praxis und die Entwicklung positiver Eigenschaften bleiben.

In der Bön-Tradition visualisieren wir entweder Tapihritsa* als den Meister, oder wir visualisieren den Buddha Shenla Odker*, der für die Vereinigung aller Meister steht. Wenn Sie bereits praktizieren, haben Sie für die Visualisation vielleicht eine andere Gottheit, etwa Guru Rinpoche oder einen Yidam oder eine Dākinī. Es ist natürlich wichtig, im Sinne der Linie vorzugehen, mit der Sie verbunden sind, aber denken Sie daran, daß der Meister, den Sie visualisieren, die Verkörperung aller Meister ist, denen Sie sich verbunden fühlen, aller Lehrer, unter denen Sie sich geschult haben, aller Gottheiten, denen Sie sich verpflichtet fühlen. Der Meister im Guru-Yoga ist nicht einfach ein bestimmtes Individuum, sondern die Essenz der Erleuchtung, das Ur-Bewußtsein, das Ihr wahres Wesen ist.

Der Meister ist auch der Lehrer, von dem Sie die Lehren empfangen. In der tibetischen Tradition sagen wir, der Meister sei wichtiger als der Buddha. Wie kommt das? Nun, der Meister ist der unmittelbare Überbringer der Lehren, der die Weisheit des Buddha dem Schüler zuträgt. Ohne den Meister würden wir den Weg zum Buddha nicht finden. Unsere Ergebenheit gegenüber dem Meister muß also so groß sein, wie sie gegenüber dem Buddha wäre, sollte er plötzlich vor uns auftauchen.

Im Guru-Yoga geht es um mehr, als bloß ein Gefühl gegenüber einem visualisierten Bild zu erzeugen. Wir suchen hier den grundlegenden Geist in uns selbst, der nichts anderes ist als der grundlegende Geist aller unserer Lehrer und aller Buddhas und Erleuchteten, die je gelebt haben. Wenn Sie mit dem Guru verschmelzen, werden Sie eins mit Ihrem unverfälschten wahren Wesen, Ihrem eigentlichen Führer und Meister. Das darf aber keine abstrakte Übung sein. Versuchen Sie beim Guru-Yoga so tiefe Hingabe zu empfinden, daß sich Ihnen die Nackenhaare aufstellen, daß Ihnen die Tränen kommen und Ihr Herz sich öffnet und voll großer Liebe ist. Lassen Sie sich eins werden mit dem Geist des Guru, Ihrem eigenen erleuchteten Buddha-Wesen.

*Die Praxis*

Bleiben Sie nach den neun Atemzügen in Ihrer Meditationshaltung, und visualisieren Sie den Meister vor und über sich. Das soll kein flaches zweidimensionales Bild sein – lassen Sie dort ein richtiges dreidimensionales Wesen aus Licht sein, rein, von einer so starken Präsenz, daß Sie dessen Wirkung auf Ihr Körpergefühl, Ihre Energie, Ihren Geist spüren. Lassen Sie Ihr Gefühl der Hingabe stark werden, und vergegenwärtigen Sie sich das große Geschenk der Lehren, das Glück, das Ihnen beschieden ist, weil Sie mit ihnen in Berührung gekommen sind. Bringen Sie ein aufrichtiges Gebet dar, in dem Sie um die Bereinigung Ihrer Negativitäten und Verdunkelungen, um die Entwicklung Ihrer positiven Eigenschaften und um Erfolg im Traum-Yoga bitten.

Stellen Sie sich vor, daß Sie den Segen des Meisters empfangen, ein dreifarbiges Licht, das aus seinen oder ihren drei Pforten der Weisheit – Körper, Rede und Geist – in Ihre einströmt. Visualisieren Sie die drei Lichter in dieser Abfolge: Weißes Licht strömt aus dem Stirn-Chakra des Meisters in Ihr Stirn-Chakra und läutert und entspannt Ihren Körper, Ihre gesamte Körperlichkeit. Dann strömt rotes Licht aus dem Kehl-Chakra des Meisters in Ihres und läutert und entspannt Ihre energetische Dimension. Zuletzt strömt blaues Licht aus dem Herz-Chakra des Meisters in Ihr Herz-Chakra und läutert und entspannt Ihren Geist.

Fühlen Sie diese Lichter, wie sie in Ihren Körper eingehen. Lassen Sie Körper, Energie und Geist sich lösen, wie getränkt mit Weisheits-Licht. Benutzen Sie Ihre Phantasie, um sich die Segnung so real wie möglich zu machen, in Körper und Energie ebenso wie in den Bildern des Geistes.

Wenn Sie den Segen empfangen haben, visualisieren Sie den Meister, wie er in Licht aufgeht und dann in Ihr Herz eingeht, um dort seinen Platz als Ihre innerste Essenz einzunehmen. Schließlich gehen Sie selbst in dieses Licht ein und verweilen dort in reinem Gewahrsein, Rigpa.

Es gibt noch mehr ins einzelne gehende Anweisungen zum Guru-Yoga – Niederwerfungen, Opfer, Gesten, Mantras und komplexere Visualisationen –, aber das Wesentliche dieser Praxis liegt darin, daß Sie Ihren Geist mit dem des Meisters, also mit reiner, nondualer Bewußtheit vermischen. Guru-Yoga können Sie zu jeder Tageszeit üben, je öfter, desto besser. Viele Meister sagen, der Guru-Yoga sei die wichtigste aller Übungen. Er vermittelt die Segenskraft der Linie, kann das Herz offener und weicher machen und den widerspenstigen Geist zur Ruhe bringen. Wer den Guru-Yoga ganz verwirklicht hat, der hat den Pfad verwirklicht.

## *Schutz*

Das Einschlafen ist ein wenig wie das Sterben, eine Reise ins Unbekannte, die man allein unternimmt. Der Schlaf macht uns normalerweise keine Sorgen, da er uns vertraut ist, aber überlegen Sie mal, was Schlaf eigentlich bedeutet. Wir verlieren uns für eine gewisse Zeit vollkommen in einer Leere, bis wir dann in einem Traum zu uns zurückfinden. Dann haben wir möglicherweise eine andere Identität, einen anderen Körper. Vielleicht sind wir an einem völlig fremden Ort, unter Menschen, die wir nicht kennen, mit Unternehmungen befaßt, die uns vielleicht ziemlich riskant erscheinen.

Als Auslöser für Angst kann schon das Schlafen an einem ungewohnten Ort genügen. Vielleicht sind wir da sehr bequem untergebracht und bestens aufgehoben, aber wir schlafen doch nicht so gut wie daheim in der vertrauten Umgebung. Vielleicht behagt uns die Energie des ungewohnten Schlafplatzes nicht. Vielleicht stört uns aber auch nur die eigene Unsicherheit. Im übrigen passiert es uns auch an unserem vertrauten Schlafplatz, daß wir beklommen auf den Schlaf warten oder von unseren Träumen erschreckt werden. Wenn wir mit unbehaglichen Gefühlen einschlafen, mischen sich Ängste und Spannungen in unsere Träume, der Schlaf wird unruhiger, die Praxis fällt uns schwerer. Es kann also nicht schaden, wenn wir vor dem Einschlafen ein Gefühl des Beschütztseins erzeugen und unseren Schlafplatz in einen heiligen Bereich verwandeln.

Dazu visualisieren Sie Ihren Schlafbereich als von Schutz-Dākinīs umringt, von schönen Göttinnen. Visualisieren Sie diese liebevollen, machtvollen Schutzwesen als von grüner Farbe. Sie bleiben da, wenn Sie einschlafen, und sie bleiben die ganze Nacht wie Mütter, die über ihr Kind wachen, wie königliche Leibwächterinnen. Visualisieren Sie sie überall, an Türen und Fenstern, neben sich am Bett, draußen im Garten oder Hof – alles so, daß Sie sich vollkommen sicher fühlen.

Auch hier soll die Visualisation wieder mehr als eine bloße Bildvorstellung sein: Sehen Sie die Dākinīs mit dem geistigen Auge, aber dehnen Sie Ihre Vorstellungskraft so weit, daß Sie sie auch fühlen können. Dieses selbstgeschaffene schützende Umfeld wirkt beruhigend und entspannend und sorgt für ruhigen Schlaf. So lebt ein Mystiker: Er wandelt sein Umfeld mit geistigen Mitteln und macht, daß sogar vorgestelltes Handeln Wirkung hat. Das Gefühl von Frieden in Ihrem Schlafbereich läßt sich noch durch Gegenstände steigern, die für Sie eine direkte Beziehung zum Pfad haben – Bilder voller Frieden und Liebe, heilige Symbole und andere Dinge dieser Art.

Wenn wir uns zum Schlaf rüsten, sagt das »Mutter-Tantra«, sollen wir uns der Ursachen des Traums, des Gegenstands der Sammlung, der Beschützer und unserer selbst bewußt bleiben. Halten Sie all das als ein einziges Ganzes im Bewußtsein, und es wird von großer Wirkung auf Traum und Schlaf sein.

# 14. Die Hauptpraxis

Beim Traum-Yoga müssen nacheinander vier Dinge erreicht werden: 1. Bewußtheit in den Zentralkanal bringen; 2. zu klarer Schau und Erfahrung gelangen; 3. Kraft und Stärke entwickeln, damit wir uns nicht verirren; und 4. unsere zornvolle oder »rasende« Seite entwickeln, um die Furcht zu überwinden. Diese Ziele entsprechen den vier Qualitäten des Traums – friedvoll, freudvoll, machtvoll und zornvoll – und den vier Abschnitten der Praxis.

## *Bewußtheit in den Zentralkanal bringen*

Wenn Sie sich tagsüber mit den vorbereitenden Übungen befaßt und vor dem Zubettgehen auch die entsprechenden Übungen gemacht haben – Reinigungsatmung, Guru-Yoga, Erzeugung von Mitgefühl und Liebe, Visualisation der Schutz-Dākinīs und Bekräftigung der Intention für die Nacht –, kommen Sie zum ersten Teil der Hauptpraxis.

Legen Sie sich in der Löwenhaltung hin, Männer auf der rechten, Frauen auf der linken Seite. Ziehen Sie die Beine so weit an, daß der Körper eine stabile Lage hat, lassen Sie den oben liegenden Arm auf dem Körper ruhen, und legen Sie die andere Hand unter die Wange. Experimentieren Sie mit einem etwas höheren Kissen, das Ihren Schlaf weniger tief werden läßt, aber geben Sie acht auf Ihren Hals. Lassen Sie den Atem ruhig werden und den Körper sich entspannen. Die Atmung soll voll sein, aber so leise, daß weder Einatmung noch Ausatmung zu hören sind.

Visualisieren Sie einen roten Lotos mit vier Blütenblättern im Kehl-Chakra. Das Kehl-Chakra liegt im unteren Teil des

Halses, näher am Übergang zu den Schultern als am Kopf. Im Zentrum des vierblättrigen Lotos, nach vorn ausgerichtet, steht ein leuchtendes tibetisches *A*, klar und durchsichtig wie aus kristallisiertem Licht. Wie ein auf rotem Tuch liegender weißer Kristall die Farbe der Unterlage annimmt, so geht auch das Rot der Blüte auf das *A* über. Auch auf jedem der vier Blütenblätter befindet sich ein tibetischer Buchstabe: vorn ein *RA*, links ein *LA*, hinten ein *SHA* und rechts ein *SA*. Behalten Sie beim Einschlafen eine leichte, entspannte Ausrichtung auf das *A* bei.

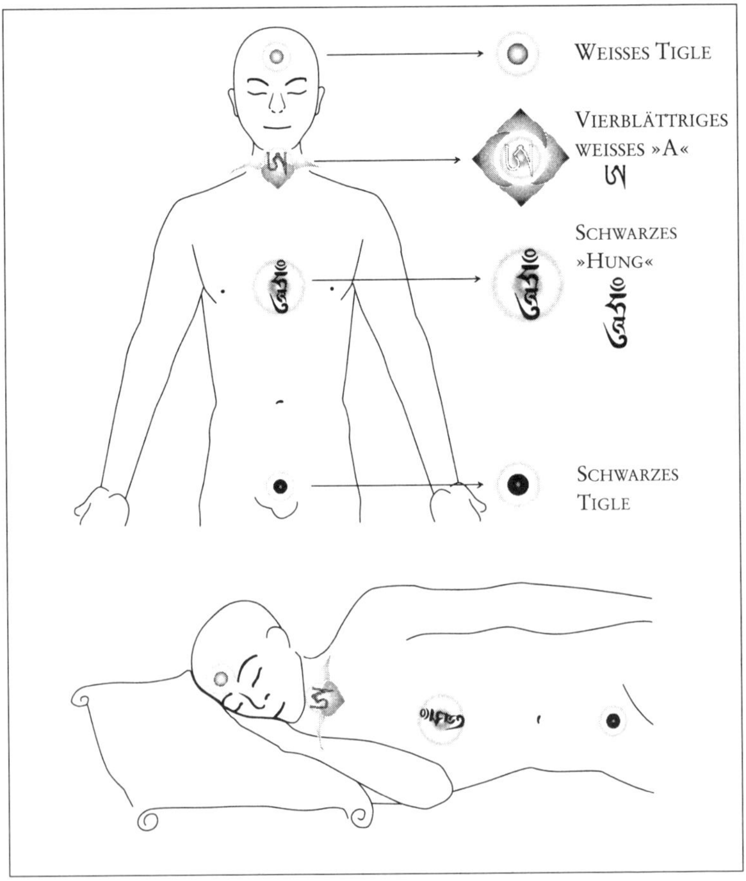

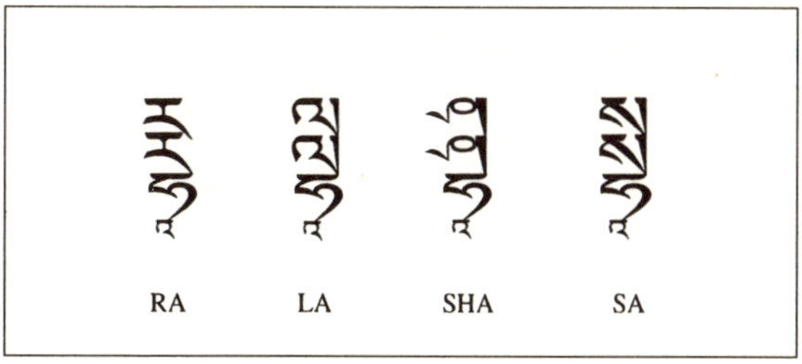


Dieser Teil der Praxis soll Geist und Prāna in den Zentralkanal bringen. Wir verschmelzen mit dem tiefroten *A* und finden inneren Frieden. Die Ausrichtung auf dieses Chakra, so sagen die alten Lehren, erzeugt sanfte Träume. Sie erzählen als Beispiel einen Traum, in dem eine Dākinī den Träumer auffordert, sie zu begleiten. Sie hilft ihm auf einen mystischen Vogel (Garuda) oder Löwen und führt ihn in ihr reines Land, einen heiligen Ort voller Schönheit. Es muß aber kein so spezifischer Traum sein. Es könnte auch ein Gang durch einen schönen Garten oder eine Wanderung in den Bergen sein, geführt von anderen Leuten. Bei diesen Träumen kommt es weniger auf bestimmte Bilder als auf ein Gefühl von Frieden an.

## *Die Klarheit steigern*

Nach etwa zwei Stunden Schlaf wachen Sie auf und gehen zum zweiten Teil der Praxis über. Traditionell geschieht das gegen Mitternacht, aber heute hat jeder andere Tagesrhythmen, und Sie können Ihre Praxis darauf abstimmen.

Nehmen Sie dieselbe Haltung ein wie im ersten Teil, Männer auf der rechten Seite, Frauen auf der linken. Hier ist jetzt eine bestimmte Atmung vorgesehen: Atmen Sie ein, und halten Sie den Atem sanft an. Spannen Sie den Beckenboden leicht an, so daß Sie das Gefühl bekommen, den angehaltenen Atem nach oben zu ziehen. Versuchen Sie den Atem als unterhalb des Nabels gehalten zu erleben, unter leichtem Druck von unten. Das wird vielleicht nicht sofort gelingen, und es könnte nötig sein, daß Sie ein wenig experimentieren, bis Sie dieses Gefühl empfinden können. Noch besser wäre es, sich von einem Lehrer über alle Einzelheiten unterrichten zu lassen.

Wenn Sie den Atem einige Augenblicke angehalten haben, atmen Sie langsam aus. Entspannen Sie dabei die Beckenmuskulatur, die Brust, den ganzen Körper. Entspannen Sie sich vollständig. Wiederholen Sie den Ablauf siebenmal.

Der Punkt der Sammlung ist hier das etwas über und hinter der Augenbrauenlinie gelegene Stirn-Chakra. Visualisieren Sie in diesem Chakra eine weiße Lichtkugel, ein Tigle*. Das ist ein Punkt der Klarheit. Unter einem Tigle, auf Sanskrit Bindu, versteht man je nach Zusammenhang verschiedene Dinge, und so gibt es auch unterschiedliche Übersetzungen. Es kann sich zum Beispiel um eine im Körper anzutreffende energetische Qualität handeln und in einem anderen Zusammenhang für grenzenlose Ganzheit stehen. In unserer Praxis ist das Tigle eine kleine substanzlose Lichtkugel. Verschiedene Farben deuten verschiedene Bewußtseinsqualitäten an, und ihre Visualisation ist als Zugang zur Erfahrung dieser Qualität gemeint.

Die Anweisung, das Tigle zu visualisieren, bedeutet nicht, daß Sie sich ein statisches Bild von einem runden weißen Licht machen sollen. Versuchen Sie vielmehr, sich Ihr Einswerden mit etwas wirklich dort Vorhandenem vorzustellen. Versuchen Sie das Tigle mit Ihren Imaginationssinnen zu fühlen, und vereinigen Sie sich so vollständig damit, daß nur noch Klarheit und Leuchten existieren. Manche Menschen können das Licht mit ihrem inneren Gesichtssinn deutlich sehen, während andere es mehr fühlen als sehen. Das Fühlen ist hier wichtiger als das Sehen. Vor allem kommt es darauf an, gänzlich damit zu verschmelzen.

Wenn der Geist sich mit dem leuchtend weißen Tigle im Stirn-Chakra verbindet, bleibt er klar und präsent. Wenn die Lichterfahrung zunimmt, lebhafter und raumgreifender wird, lassen Sie zu, daß Sie von diesem Licht aufgesogen werden

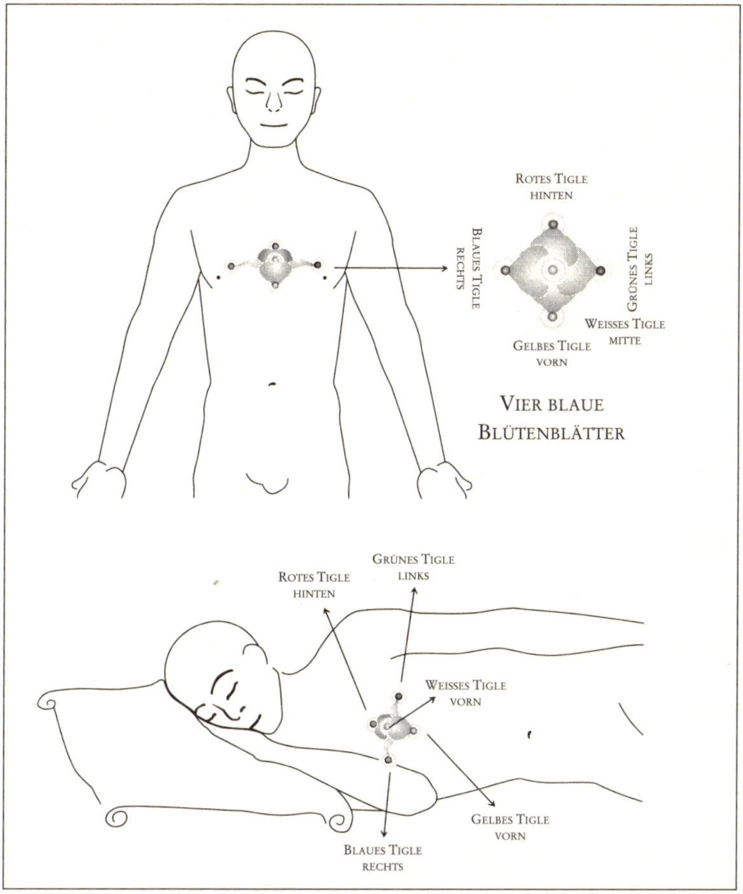


und Ihr Geist dabei an Luzidität gewinnt. Wenn Sie in dieser Verfassung schlafen, wird die Bewußtheit ohne Unterbrechung sein. In diesem Teil der Praxis geht es um Entwicklung der Klarheit und der kontinuierlichen Präsenz. Das spiegelt sich in dem Ausdruck »die Leuchtkraft des Traums zunehmen lassen«. Versuchen Sie, das zu spüren, was das Wort »Leuchtkraft« sagt, versuchen Sie es zu erleben. Die Metapher verweist nur auf eine Erfahrung, die tiefer ist als die Sprache und die visuelle Darstellung.

Das »Zunehmen« spricht aus, worin die Qualität der in diesem Teil der Praxis erlebten Träume zu sehen ist. Es geht um ein Gefühl von Entwicklung in Richtung Vollendung, ein Gefühl von Hervorbringen und von Fülle. Im »Mutter-Tantra« wird als Beispiel ein Traum erzählt, in dem eine Dākinī Instrumente spielt und singt und dem Träumenden Blumen, Früchte und Kleidung bringt. Es müssen jedoch im Traum weder Dākinīs noch bestimmte Bilder vorkommen; aber je mehr wir mit diesem Teil der Praxis vertraut werden, desto deutlicher werden unsere Träume etwas Farbenfrohes und Freudiges bekommen.

## *Die Kraft der Präsenz entwickeln*

Der dritte Teil der Praxis beginnt etwa zwei Stunden nach dem zweiten, also ungefähr vier Stunden nach dem ersten Einschlafen. Traditionell wird dies als die Zeit zwei Stunden vor der Morgendämmerung angesehen. Für diesen Teil der Praxis nehmen wir eine andere Haltung ein. Legen Sie sich mit erhöhtem Kopf auf den Rücken. Überkreuzen Sie die Beine locker, wobei es nicht darauf ankommt, welches Bein oben liegt. Diese Haltung hat etwas vom Schlaf im Erste-Klasse-Teil eines Flugzeugs: Man ist sehr weit zurückgelehnt, liegt aber nicht gänzlich flach. Lagern Sie den Kopf etwas erhöht, damit Ihr Schlaf leicht bleibt und Sie im Traum mehr Luzidität

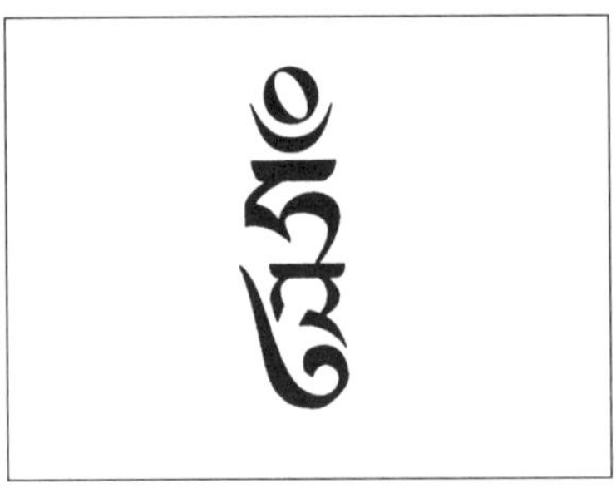

*Die tibetische Silbe HUNG*

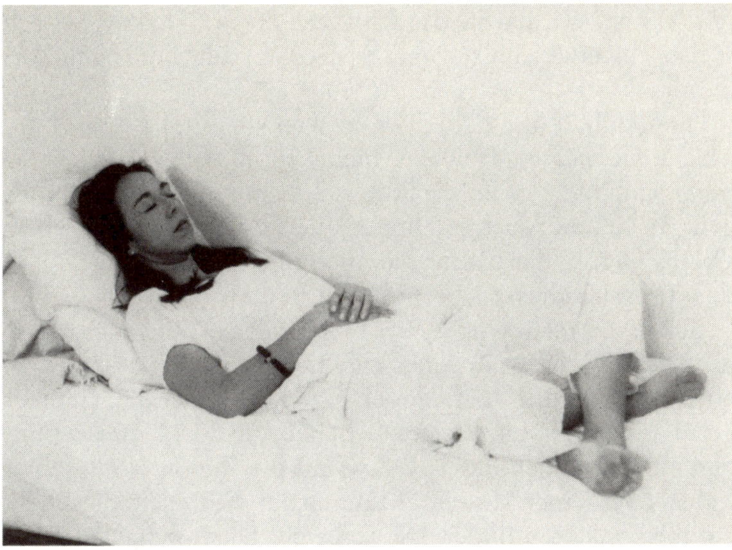

*Meditationshaltung in der Rückenlage*

gewinnen, aber achten Sie darauf, daß der Hals nicht überanstrengt wird. Bleiben Sie nicht in einer unbequemen Haltung liegen.

Es ist wichtig, daß Sie auf die Bedürfnisse des Körpers achten. Als Kind habe ich in der Schule jeden Tag stundenlang mit überkreuzten Beinen gesessen, so daß diese Haltung für mich keinerlei Problem darstellt. Für die meisten Menschen des Westens ist das anders. Es geht nicht darum, die ganze Nacht Schmerzen auszuhalten, sondern die Kontinuität der Bewußtheit zu wahren. Passen Sie Ihre Übungsweise dem Ziel an.

In diesem Teil der Praxis machen Sie einundzwanzig tiefe, langsame Atemzüge, und zwar bei ununterbrochenem vollem Atemgewahrsein.

Der Punkt der Sammlung ist hier das Herz-Chakra, in dem wir eine schwarze leuchtende Silbe *HUNG* visualisieren. Es ist zur Vorderseite des Körpers hin ausgerichtet. Werden Sie eins mit dieser Silbe, so daß alles das schwarze

*HUNG* ist. Werden Sie das schwarze *HUNG*. Lassen Sie den Geist schwerelos im schwarzen *HUNG* ruhen, und schlafen Sie ein.

Die Qualität, die es hier zu entwickeln gilt, ist Kraft oder Macht. Sie müssen dazu aber nichts eigens tun; versuchen Sie nicht, ein Gefühl von Macht in sich heraufzubeschwören. Es geht darum, die Macht zu finden, die Sie bereits in sich haben. Dieses Gefühl der Macht hat auch mit Sicherheit zu tun; in den Träumen dieses Abschnitts der Praxis spielt das Gefühl gesicherter Macht eine Rolle. Das »Mutter-Tantra« erwähnt als Beispiel Träume, in denen eine Dākinī den Träumenden zu einem Thron führt, auf dem er sitzen soll, oder der Träumer gelangt in ein festungsartiges Gebäude, um dort Unterweisungen zu empfangen, oder er gewinnt die Zustimmung seines Vaters oder seiner Mutter. Es kommt auf die Qualität an, nicht auf die konkreten Bilder. Die Stelle der Dākinī, die den Träumer auf einen Thron setzt, kann auch der Chef einnehmen, der dem Träumer eine Beförderung zukommen läßt, oder die Mutter des Träumers, die zur Feier irgendeiner besonderen Leistung eine Party für ihn organisiert. Solche Träume wären charakteristisch für diesen Teil der Praxis. Der Traum muß nicht in einer Festung spielen, es genügt irgendeine Umgebung, die dem Träumenden das Gefühl der Sicherheit gibt; und statt Mutter oder Vater können auch Personen vorkommen, die dem Träumenden Sicherheit, Geborgenheit und Kraft vermitteln.

## *Furchtlosigkeit*

Der vierte Teil der Praxis ist am einfachsten, weil man jetzt bis zum Morgen nicht nochmals aufwachen muß. Es bedarf auch keiner bestimmten Haltung – bequem soll es sein. Der Atem wird seinem natürlichen Rhythmus überlassen. Der Tradition gemäß beginnt diese Phase zwei Stunden nach dem letzten Aufwachen in der Nacht und kurz vor der Morgendämmerung.

Der Punkt der Sammlung ist jetzt das »geheime« Chakra, das hinter den Genitalien liegt. In diesem Chakra befindet sich eine Kugel von schwarzem Licht, ein schwarzes Tigle. Dies ist die dunklere Seite der Imagination: In den hier entspringenden Träumen, so sagen die Lehren, können rasende Dākinīs vorkommen, Feuer auf den Bergen und in den Tälern, reißende Flüsse und verheerende Stürme. In solchen Träumen, die erschreckend sein können, zerstören die Elemente das Bild des eigenen Ich. Sehen Sie zu, ob das auch für Sie gilt. Die Träume dieses Teils der Nacht sollten irgendwann diesen rasenden Charakter annehmen.

Gehen Sie bei dieser Übung in das schwarze leuchtende Tigle im geheimen Chakra ein, und werden Sie dieses schwarze Licht. Ihr Geist soll entspannt und ganz leicht auf dieses überall vorhandene auch Sie gänzlich durchdringende schwarze Licht gesammelt sein, während Sie sich dem Schlaf überlassen.

Die vier Eigenschaften von Träumen – friedvoll, freudvoll, machtvoll und rasend – sind sehr breite »Bänder« möglicher Bilder, Empfindungen, Emotionen und Erfahrungen. Sie müssen, wie mehrfach betont, nicht unbedingt Träume der Art haben, wie sie in den alten Lehren als Beispiele dargestellt werden. Wichtig ist vor allem die Qualität: die emotionale Gestimmtheit des Traums, die durchgängige, aber möglicherweise subtile Strömungsrichtung in der Traumerfahrung. Daran ist zu erkennen, zu welchem Chakra, also zu welcher Dimension der Erfahrung der Traum in Beziehung steht. Zu dieser Einschätzung gelangen wir nicht durch das Entschlüsseln der Traumbilder. Wir können an der Traumstimmung auch ablesen, wo Prāna und Geist sich im Energiesystem des Körpers ansammeln und entsprechende Träume erzeugen. Natürlich können in einen Traum auch die Ereignisse und Erlebnisse des letzten Tages eingehen. Wir gewinnen viel Information durch eingehende Betrachtung all dessen, was mit dem Traum zusammenhängt.

Es gibt wie gesagt keine weitere Aufwachzeit innerhalb dieser Übungsperiode, sondern Sie wachen dann am Morgen auf, um Ihren Tag zu beginnen. Versuchen Sie bei diesem Aufwachen bewußt und präsent zu sein. Die Praxis zielt darauf ab, die Bewußtheit über die ganze Nacht, also auch über die Schlafzeiten hinweg, aufrechtzuerhalten und sie so schließlich auf den ganzen Tag auszudehnen.

## *Die Haltung*

Bestimmte Körperhaltungen weiten oder verengen verschiedene Energiekanäle und wirken sich dadurch auf den Strom der feinstofflichen Energie aus. Wir nutzen diesen Umstand zur Förderung bestimmter Prozesse im Rahmen der Praxis. Der tibetischen Tradition zufolge haben negative Emotionen bei Männern mehr mit dem rechten und bei Frauen mehr mit dem linken Seitenkanal zu tun. Wenn ein Mann auf der rechten Seite schläft, wird der Kanal, der vor allem negatives Karma befördert, ein wenig verengt, während der linke Kanal sich öffnet. Auch der rechte Lungenflügel wird ein wenig komprimiert, so daß jetzt der linke mehr für die Atmung verantwortlich ist. Sie wissen vielleicht schon aus eigener Erfahrung um einige Wirkungen der Seitenlage: Wenn Sie auf der rechten Seite liegen, können Sie besser durch den linken Nasengang atmen. Für Männer ist diese Haltung segensreich, weil sie die Bewegung des positiven Weisheits-Prāna im linken Kanal fördert. Für Frauen gilt Entsprechendes: Öffnung des bei ihnen rechts verlaufenden Weisheits-Kanals durch Liegen auf der linken Seite. Das beeinflußt die Träume positiv und erleichtert die Traumpraxis. Allerdings handelt es sich bei dieser Methode, den Fluß des Weisheits-Prāna zu fördern, um ein vorläufiges Mittel; letztlich wollen wir, daß ausgeglichener Prāna in den Zentralkanal gelangt.

Das Achten auf die Körperhaltung hilft uns auch, während des Schlafs unsere Bewußtheit zu bewahren. Wo ich herkomme, schlafen die Menschen auf Teppichen, die etwa neunzig Zentimeter breit und einen Meter achtzig lang sind. Wenn man sich da zu viel bewegt, liegt man bald neben dem Bett.

Doch das geschieht nicht oft, denn wenn man auf einer schmalen Unterlage schläft, achtet das Schlafbewußtsein darauf, daß man die ganze Nacht in der gleichen Stellung bleibt. Wenn Sie mal gezwungen sein sollten, etwa auf einer schmalen Bank zu schlafen, werden Sie sehen, daß Sie bewußt genug bleiben, um nicht abzustürzen. In den üppig bemessenen Betten des Westens kann man wie ein Uhrzeiger rotieren und fällt doch nicht hinaus; trotzdem kann man lernen, die einmal eingenommene Haltung beizubehalten und damit die eigene Bewußtheit zu fördern.

Experimentieren Sie ein wenig, wenn es Ihnen schwerfällt, sich zu sammeln. Ändern Sie Ihre Lage, lassen Sie den Atem ruhig und sanft werden. Vielleicht stellen Sie fest, daß es Ihnen jetzt leichter fällt, sich zu sammeln. Die Atmung, die Bewegung des Prāna, die Körperhaltung, die Gedanken, die Gestimmtheit des Geistes – all das hängt zusammen. Je mehr Sie damit vertraut werden, desto leichter werden Sie bewußt positive Erfahrungen herbeiführen können.

## *Sammlung des Geistes*

Nicht nur Körperhaltungen, sondern auch auf den Körper gerichtete Visualisationen wirken sich auf den Fluß der Energie und die Qualität der Erfahrung aus. Zu jedem der vier Teile der Hauptpraxis gehört die Sammlung auf ein farbiges Licht und ein Tigle oder eine Silbe in einem von vier Chakras.

Wenn wir am Sitz eines Chakra eine farbige Lotosblüte, ein Tigle oder eine Silbe visualisieren, sind diese Dinge dort nicht wirklich vorhanden. Die Visualisation ist wie ein Diagramm oder ein Symbol der energetischen Muster und Qualitäten dieser Stelle. Aufgrund dieser Bilder findet der Geist leichter Zugang zu bestimmten Energiemustern und deren genauer Lokalisierung im Körper, und unser Bewußtsein wird durch das Herstellen dieser Verbindung beeinflußt. Auch Farbe hat eine Wirkung auf unser Bewußtsein, wie wir schon aus der Alltagserfahrung wissen: Einen rot gestrichenen Raum erleben wir anders als einen weißen, einen grünen oder einen schwarzen. Farbe wird bei der Visualisation zur Erzeugung bestimmter Bewußtseinsqualitäten eingesetzt.

Beim Meditieren denken wir uns Sammlung und Abgelenktheit gern als eine Art Schalter, der entweder in der einen oder in der anderen Stellung ist, aber so verhält es sich nicht. Unsere Sammlung kann ganz verschiedene Grade der Intensität haben. Als ich beispielsweise einmal aus einer langen Dunkelklausur kam, empfand ich alle visuellen Phänomene als äußerst intensiv. Die Häuser und Bäume, jede Farbe und jeder Gegenstand – alles vibrierte geradezu. Solange ich die Dinge tagtäglich sah, war nichts Besonderes an ihnen, aber nach fünf Tagen vollständiger Dunkelheit war meine Sammlung auf das Sehvermögen so stark, daß ich alles als außerordentlich lebendig empfand. Mit der Zeit wurde das visuelle Erleben dann wieder flacher, obwohl die Phänomene selbst sich natürlich nicht verändert hatten – nur meine gesteigerte Bewußtheit nahm wieder ab. Die Umstände meiner Erfahrung mögen etwas ungewöhnlich gewesen sein, aber sie illustrieren doch ein allgemeines Prinzip: Unser gesamtes Erleben wird lebhafter, wenn unsere Bewußtheit mehr Ausrichtung und Intensität bekommt.

Auch bei der Praxis gibt es unterschiedliche Grade der Ausrichtung. Wenn Sie abends mit der Visualisation beginnen, ist Ihre Sammlung auf das Tigle vielleicht zunächst sehr stark. Wenn sich der Körper dann entspannt und in den Schlaf eintritt, wird das Erscheinungsbild der Visualisation möglicherweise schwächer. Die Aktivität der Sinne läßt nach – weniger Gehörs-, Geruchs-, Berührungsempfinden und so weiter. Dieses Verblassen, sowohl bei den Sinneswahrnehmungen als auch bei der Visualisation, hat damit zu tun, daß das Gewahrsein nicht mehr von so intensiver, zugespitzter Ausrichtung ist. Danach kommt vielleicht eine Phase, die beinahe ohne jedes Empfinden ist, eine andere Ebene der Sammlung. Schließlich gibt es überhaupt keine sinnliche Erfahrung mehr, und die Visualisation ist bildlos.

Es ist schwierig, diese subtilen Unterschiede zu bemerken, aber sie werden uns deutlich, wenn wir mit größerer Bewußtheit einzuschlafen lernen. Auch wenn die Bilder und Sinne völlig dunkel geworden sind, kann die Präsenz des Geistes erhalten bleiben. Irgendwann wird es Ihnen gelingen, mit der Sammlung auf das *A* einzuschlafen und die ganze Nacht in der reinen Präsenz zu bleiben, für die das *A* steht. Dann wird auch in Ihrem Aufwachen am nächsten Morgen vom ersten Augenblick an reine Präsenz sein.

Sie haben sicher schon erlebt, wie das ist, die ganze Nacht hindurch auf etwas Bestimmtes ausgerichtet zu bleiben. Wenn Sie zum Beispiel zu irgendeinem frühen Termin pünktlich aufwachen müssen, bleibt im Schlaf ein gewisses Bewußtsein davon erhalten. Angenommen, Sie müßten um fünf aufwachen. Sie gehen schlafen, wachen aber immer wieder auf, um nach dem Wecker zu sehen. Ein Bewußtsein, daß Sie rechtzeitig aufwachen müssen, bleibt erhalten, obwohl Sie eigentlich nicht mit den Gedanken unentwegt darauf ausgerichtet sind. Das ist eine sehr subtile Form der Sammlung. Und diese Sammlung brauchen Sie auch bei der Praxis: keine starke Konzentration, sondern ein ganz sanftes, aber stetiges Dranbleiben. Wenn Sie beim Einschlafen voller Freude sind, weil etwas besonders Schönes in Ihrem Leben passiert ist, werden Sie bei jedem Aufwachen wieder in dieser Freude sein. Sie bleibt im Schlaf durchgängig bestehen, Sie müssen sich nicht eigens an sie klammern. Ihr Gewahrsein verweilt einfach bei ihr. So soll man auch beim Tigle verweilen: Schlafen Sie mit ihm, wie Sie mit der Freude schlafen würden.

Es gibt zwei Möglichkeiten der Beziehung zu den Phänomenen im Zusammenhang mit der Sammlung auf das Tigle, nämlich daß der Geist an ihnen festzuhalten versucht oder daß sie ihm einfach erscheinen. Das Festhalten ist eine gröbere, dualistische Form der Interaktion. Der Gegenstand wird als etwas gesehen, das von gesonderter eigenständiger Existenz ist, so daß der Geist nach ihm greifen und an ihm festhalten kann. Wenn dieses Festhalten aufhört, ist der Dualismus damit noch nicht überwunden, denn immer noch präsentieren sich der Erfahrung Phänomene, die sie als gesonderte Gegebenheiten zu sehen versucht – aber diese Umdeutung wird jetzt subtiler. Man könnte sagen, die erste Form der Verbegrifflichung sei aktiver und aggressiver, die zweite schwächer und eher passiv. Diese zweite, schwächere Art ist sozusagen ein Zwischenschritt zum Aufgehen im nondualen Rigpa.

Zu Beginn unserer Praxis sind wir von der gröberen Form der dualistischen Sichtweise geprägt. Vergegenwärtigen Sie sich den Gegenstand, und erleben Sie ihn mit Hilfe der Imagination so intensiv wie möglich. Versuchen Sie ihn ganz deutlich zu visualisieren und vor allem zu fühlen, wie er sich auf das Körperempfinden, die Energie und die Gestimmtheit des Geistes auswirkt. Wenn Sie dem Gegenstand dann einen festen Platz in Ihrem Bewußtsein geschaffen haben, können Sie die Ausrichtung ein wenig lockern. Lassen Sie den Gegenstand mühelos erscheinen, wie von einer untergründigen Intention mit Ihrem Geist verbunden – ähnlich dem bereits besprochenen Fall, daß Terminbewußtsein oder Freudebewußtsein auch im Schlaf untergründig erhalten bleibt. Kein Grund zu angestrengter Konzentration – der Gegenstand ist einfach da, und Sie sind bei ihm. Sie erzeugen ihn nicht mehr, sondern lassen ihn zu und betrachten ihn. Es ist ungefähr so, als lägen Sie mit geschlossenen Augen in der Sonne. Ohne sich auf die Sonne »da draußen« konzentrieren zu müssen, sind Sie einfach in der Sonne und im Licht, nicht davon getrennt. Sie müssen Wärme und Licht nicht eigens noch erleben, sich nicht besonders darauf ausrichten – Ihre Erfahrung *ist* Wärme und Licht, Sie gehen ganz darin auf. So soll während der Praxis auch die Beziehung zur Visualisation sein.

In der Anfangsphase der Praxis kommt es verbreitet zu Schlafstörungen, weil man zu etwas krampfhafter Konzentration neigt. Die Sammlung sollte etwas Leichtes haben, so daß wir uns dem Tigle nahe fühlen, den Geist aber nicht gewaltsam darauf ausrichten. Ähnlich ist es beim Einschlafen, wo Bilder und Gedanken, die nur so durch unser Bewußtsein ziehen, überhaupt nicht stören, während Gedanken, vor allem emotional geladene Gedanken, an denen wir uns festbeißen, den Schlaf vertreiben. Lassen Sie sich von der Erfahrung leiten; sehen Sie zu, was funktioniert und was nicht, und stellen

Sie sich darauf ein. Wenn die Praxis Sie am Schlafen hindert, dann reduzieren Sie die Kraft, mit der Sie sich ausrichten, so lange, bis Sie einschlafen können.

Doch die Ausrichtung auf das Tigle oder die Silbe, sei es durch Festhalten oder sanftes Erscheinenlassen, ist nur ein erster Schritt. Letztlich geht es um Vereinigung mit dem Gegenstand. Nehmen wir als Beispiel den Buchstaben *A*. Er symbolisiert den Naturzustand des Geistes – ungeboren und unwandelbar. Deshalb sollten wir dieses *A* nicht als ein Objekt nehmen, auf das wir uns sammeln, sondern mit dem Wesen dessen eins zu werden trachten, für das es steht. Tatsächlich geschieht so etwas ja jeden Abend, denn beim Einschlafen sinken wir ein in reines Rigpa; solange wir aber mit dem begrifflichen Geist identifiziert sind (der im Tiefschlaf ausgeschaltet ist), erleben wir nicht Rigpa, sondern eher so etwas wie Bewußtlosigkeit. Auf Rigpa können wir im Schlaf stoßen, weil es immer schon da ist.

Hinter der Stufe, auf der wir den Gegenstand einfach unserem Geist erscheinen lassen, liegt das Stadium der Nondualität. Der Geist bleibt hier gesammelt, aber es gibt keine Identifikation mit Vorstellungen mehr, und wir setzen das Denken nicht mehr zur Visualisation des Tigle oder *A* ein. Der Geist ist einfach präsent und bewußt, aber es gibt keine Aufteilung in Subjekt und Objekt mehr. Wo gesammelte Bewußtheit herrscht, aber ohne jemanden, der sich sammelt, und ohne Gegenstand, da erst wissen Sie wirklich, was nonduales Gewahrsein ist. Im nondualen Zustand ist das *A* nicht »dort«, und Sie sind nicht »hier«. Ob das Bild vorhanden bleibt oder nicht, es gibt keine Auftrennung der Erfahrung in Subjekt und Objekt mehr. Da ist nur das *A*, und das *A* sind Sie. Darin liegt die Bedeutung des Umstands, daß das kristallklare *A* von den Blütenblättern rot gefärbt wird: Sie selbst sollen das reine nonduale Gewahrsein sein, für welches das *A* als Symbol steht; und wenn sich dann Erfahrung (symbolisiert als das Rot der Blütenblätter) einstellt, färbt sie zwar das reine Gewahrsein (das *A*), aber das Leuchten der nondualen Präsenz geht dabei nicht verloren.

Praktizierende sagen häufig, sie täten sich schwer, die Visualisation zu halten, oder die Visualisation unterbreche ihren Schlaf. Die Erläuterungen zu den Stufen der Praxis werden bei manchen dieser Fragen klärend wirken. Die Schrittfolge ist: es sehen, es fühlen und es schließlich sein. Wenn Sie gänzlich mit dem Gegenstand verschmelzen, kann die Visualisation aufhören, und das ist völlig in Ordnung.

Die alten Lehren raten zu einem ähnlichen Vorgehen beim Sterben. Wenn im Sterbeprozeß die geistige Präsenz erhalten bleibt, wird er ganz anders ablaufen als ohne diese Präsenz. Sie ist sogar die Essenz der *Phowa* genannten Praxis der Bewußtseinsübertragung beim Sterben. Es geht hier darum, den Geist direkt in den reinen Raum des Gewahrseins (*dharmakāya**) zu versetzen. Gelingt dies, so muß der Praktizierende nicht die Turbulenzen der Nachtodeserfahrung durchmachen, sondern erlebt seine unmittelbare Befreiung ins Klare Licht.

Ohne diese Fähigkeit, in reiner Präsenz zu bleiben, werden wir abgelenkt und verlieren uns in Träume, in Phantasien, ins Samsāra, in das nächste Leben; bleiben wir aber in der reinen Präsenz, so finden wir uns während der Nacht im Klaren Licht, fallen tagsüber nicht aus der Natur des Geistes und erfahren nach dem Tod unsere Befreiung im Bardo.

Versuchen Sie einmal folgendes, um einen Eindruck zu bekommen, wie die Visualisation sich auf das Bewußtsein auswirkt: Stellen Sie sich vor, Sie wären in vollkommener Dunkelheit, absoluter Schwärze. Und es ist nicht nur um Sie herum dunkel, sondern auch in Ihrem Sehvermögen selbst ist es dunkel, auf Ihrer Haut ist es dunkel, in jeder Zelle Ihres Körpers ist es dunkel. Die Finsternis ist so dicht, daß Sie sie förmlich fühlen, riechen, schmecken können.

Und jetzt stellen Sie sich vor, daß die Dunkelheit plötzlich klarem, alles durchdringendem Licht weicht, Licht um Sie her und in Ihnen, überall Licht, und das Licht sind Sie.

Die subtilen imaginativen Sinne, die Ihre innere Welt ausleuchten, sollten Ihnen den Unterschied dieser beiden Visualisationen nachvollziehbar machen, und nicht nur im visuellen Sinne. Die Erfahrung der Finsternis ist vielleicht mit ein wenig

Furcht vor Bedrohlichem verbunden, aber im Licht – da ist Klarheit.

Hier noch ein Experiment, diesmal um einen Eindruck von der Sammlung zu gewinnen, die Sie für diese Praxis brauchen. Entspannen Sie den Körper. Stellen Sie sich ein rotes leuchtendes *A* in Ihrem Kehl-Chakra vor. Ein tiefes, volles, sinnliches Rot. Setzen Sie Ihre Imagination ein, um dieses Licht zu fühlen, sich von ihm entspannen, an Geist und Körper beruhigen, heilen zu lassen. Das Licht dehnt sich aus, erfüllt Ihr Kehl-Chakra, dann den ganzen Körper. Jede Spannung wird von ihm gelöst. Was es berührt, löst sich in rotes Licht auf. Ihr ganzer Körper löst sich in rotes Licht auf. Lassen Sie das Licht auch Ihr Bewußtsein durchdringen, so daß alles, was Sie sehen, strahlendes rotes Licht ist und alles, was Sie fühlen, ruhiges rotes Licht ist und alles, was Sie hören, friedvolles rotes Licht ist. Aber durchdenken Sie das nicht, erfahren Sie es nur. Lassen Sie Ihren Geist rotes Licht sein, so daß da kein Ich mehr ist, das eines Objekts bewußt wäre, nur rotes Licht als reine Bewußtheit. Lassen Sie alles, was sich jetzt als Subjekt oder Objekt einstellen mag, in rotes Licht aufgehen. Körper und Energie, Welt und geistige Prozesse – alles löst sich auf, bis Sie und das rote Licht ununterscheidbar eins sind. Es gibt kein »innen« und kein »außen«, nur rotes Licht. So wird man eins mit dem *A*, und so muß man sich nachts sammeln, verschmolzen mit dem Gegenstand der Visualisation.

## *Die Abfolge*

Die Übungen sollen immer in der dargestellten Reihenfolge gemacht werden. Der erste Teil, Sammlung auf das *A* in der Kehle, gehört zur Phase des Einschlafens. Im Idealfall folgt der zweite Teil zwei Stunden später, der dritte Teil wieder zwei Stunden später und der vierte Teil nach abermals zwei Stunden. Das wiederholte Aufwachen in der Nacht macht den Schlaf leichter, und man kommt dadurch besser in den Traum-Yoga hinein. Sie können natürlich einen Wecker zur

Hilfe nehmen, aber die exakte Einhaltung der Zeiten ist nicht so wesentlich; es kommt einfach darauf an, daß die Nacht drei Wachperioden hat. Zu der Einteilung in Zwei-Stunden-Abschnitte kam es, weil die meisten Menschen etwa acht Stunden pro Nacht schlafen. Die Einhaltung dieses Zeitplans fördert zwar die Klarheit, aber ebenso wichtig ist, daß Sie Ruhe finden, also seien Sie ohne Sorge, wenn Sie mal eine Aufwachzeit verpassen und die Nacht nur drei Übungsperioden hat. Und wenn Sie mal drei verpassen und nur eine machen, ist das auch nicht schlimm. Machen Sie es so gut, wie es Ihnen möglich ist, und grämen Sie sich nicht über das, was Sie nicht können. Das ist übrigens ein sehr wichtiges Geheimnis der Praxis: Sorgen helfen überhaupt nicht weiter. Aber lassen Sie andererseits auch nicht nach in Ihrer Intention, das Bestmögliche zu tun. Machen Sie es einfach so gut, wie Sie können.

Was also, wenn Sie nach dem ersten Teil einschlafen und dann bis zum Morgen nicht wieder aufwachen? Üben Sie dann den zweiten Teil, nicht den dritten oder vierten. Überspringen Sie niemals eine der vier Grundübungen. Die Praxis führt zu beständigen Resultaten, weil alle ihre Elemente zueinander in Beziehung stehen. Chakras, Farben, Meditationen, Zeiten, Elemente, Energien, Haltungen – all das wirkt zusammen, um bestimmte Erfahrungen hervorzubringen und im Übenden bestimmte Fähigkeiten zu entwickeln. Jede Stufe der Praxis ruft eine bestimmte geistige Energiequalität wach, die dann ins Bewußtsein zu integrieren ist, und jede Qualität dient der Entwicklung der nächsten als Grundlage. Deshalb ist es wichtig, daß die vier Abschnitte immer die dargestellte Reihenfolge behalten.

Im ersten Teil waltet der friedvolle Aspekt des Träumens. Wenn Sie nur einen Teil der Praxis machen wollen, tun Sie sich mit diesem ersten Teil natürlich leichter als mit dem Abschnitt, in dem der zornvolle oder rasende Aspekt wirksam wird. In einer friedlichen Situation kann man leichter präsent und gesammelt bleiben als in einer furchteinflößenden. Es ist überhaupt ein Prinzip der Praxis, daß wir uns mit leichter zu beherrschenden Dingen zunächst häufiger befassen und erst bei genügender Übung zu den schwierigeren übergehen. Im vorliegenden Fall sorgen wir zunächst für stabile geistige Präsenz und widmen uns dann den anspruchsvolleren Dingen: Vermehrung der Klarheit, Entwicklung der Macht und schließlich Umgang mit den rasenden Aspekten.

Im ersten Teil der Praxis geht es weniger um die Entwicklung von etwas Neuem als vielmehr um die Wiederentdeckung einer entspannten Bewußtheit, weniger um ein Tun als um ein Zulassen. Das ist, als kämen Sie nach einem Tag voller Hetze heim und überließen sich friedvollen Träumen. Es braucht ein wenig Zeit, bis man wieder ausgeruht und frisch ist. Das hier beteiligte Chakra ist das Kehl-Chakra, das in energetischer Beziehung zum Prinzip der Potentialität und zu Expansion und Kontraktion steht.

Nach zwei Stunden wachen Sie auf. Sie sollten tief genug geschlafen haben, um jetzt ausgeruht und entspannt zu sein, wodurch die Haltung und Gestimmtheit des Geistes sich ändert. Im ersten Abschnitt werden Stabilität und Sammlung geübt, und im zweiten geht es um Klarheit, gleichsam als Schmuck der stetigen Präsenz des Geistes. Die Sammlung richtet sich deshalb auf das Stirn-Chakra, das mit Sich-Öffnen und zunehmender Klarheit zu tun hat.

Wenn die Entwicklung von Stabilität und Klarheit im ersten und zweiten Abschnitt gelang, kann im dritten Teil Macht erzeugt werden. Dabei richtet man sich auf das zentral gelegene Chakra aus, das Herz-Chakra, das Verbindung zum Ursprung der Kraft hat. Damit ist aber noch nicht gesagt, daß Sie, nur weil Sie in dieser Zeit träumen, auch Macht in Ihrem Traum haben werden. Macht erwächst nur aus der Praxis und aus den vorangegangenen Schlafabschnitten. Und die hier entwickelte Kraft hat nichts Aggressives oder Niederwalzendes, sondern ist die Macht über Gedanken und Visionen, die Macht, bei Herausforderungen nicht in gewohnte Reaktionsmuster zu verfallen. Wie ein König seinen Thron einnimmt, den Sitz seiner Macht, so sitzen Sie auf dem Fundament Ihrer Macht, dem reinen Gewahrsein.

Im vierten Teil der Nacht dienen uns Stabilität, Klarheit und Macht als Grundlage der Furchtlosigkeit. Wir haben Auslöser für erschreckende Träume in uns, und wenn wir die ersten drei Stufen der Praxis einigermaßen beherrschen, entfesseln wir den Schrecken, indem wir uns auf das schwarze Tigle im geheimen Chakra sammeln, denn dieses Chakra stellt den Verbindungspunkt zu den zornvollen oder rasenden karmischen Spuren dar. So testen wir den Entwicklungsstand unserer Praxis und können außerdem die bereits gewonnene Stabilität, Klarheit und Macht weiter ausbauen. Erschreckende Bilder jagen uns keine Angst mehr ein, sondern sind uns als Anstoß zur Vervollkommnung unserer Praxis willkommen.

Hier noch eine mögliche Abwandlung: Vielleicht möchten Sie lieber auf der jeweiligen Stufe der Praxis so lange verweilen, bis die angestrebten Resultate erreicht sind. Auch hier muß man sich an die Reihenfolge halten, aber Sie befassen sich bei jedem Aufwachen einstweilen nur mit dem ersten Teil der Praxis und wiederholen ihn so oft, daß Sie schließlich mit einiger Beständigkeit friedvolle Träume der Stabilität und Bewußtheit herbeiführen können. Danach üben Sie so viele Nächte, wie nötig sind, ausschließlich den zweiten Teil, Vermehrung der Klarheit, bis Sie diesem Teil entsprechende Träume hervorbringen können und es zu einer erkennbaren Steigerung der Klarheit während der Nacht kommt. Danach üben Sie den dritten Teil, bis der Erfolg sich einstellt, und schließlich den vierten. Befassen Sie sich aber nicht mit dem zweiten Teil, wenn Sie den ersten noch nicht absolviert haben, oder mit dem vierten Teil vor dem dritten. Noch einmal: Die Reihenfolge ist wichtig.

Manch einer fühlt sich von dieser so komplex erscheinenden Praxis überfordert, doch das ist nur am Anfang so. Je mehr wir in den Traum-Yoga hineinwachsen, desto einfacher wird er. Hat die nächtliche Bewußtheit ausreichende Stabilität gewonnen, braucht man sich nicht mehr so sehr an die einzelnen Formen der Praxis zu halten. Man bleibt einfach in der Präsenz des Geistes, und dann stellen sich ganz von selbst luzide Träume ein. Die Praxis erscheint nur anfangs so komplex, weil hier eine ganze Reihe von Elementen harmonisch zusammenwirkt, um dem Übenden die bestmögliche Unterstützung zu geben – und gerade am Beginn der Praxis brauchen wir am meisten Unterstützung. Nehmen Sie sich Zeit, alle Elemente der Vorbereitung und der Praxis ganz zu verstehen und zu nutzen. Wenn Sie mit einiger Beständigkeit Luzidität im Traum erleben, können Sie mit der Vereinfachung der Praxis experimentieren.

# 15. Luzidität

Wenn wir hören, daß jemand viele Jahre in Meditationsklausur verbracht hat, sind wir beeindruckt, und mit Recht. Es bedarf eines Einsatzes von dieser Größenordnung, um Erleuchtung zu erlangen. In unserem vielbeschäftigten Leben kann uns dergleichen natürlich unmöglich erscheinen. Vielleicht möchten wir uns gern der traditionellen dreijährigen Meditationsklausur unterziehen, haben aber den Eindruck, daß unsere Lebensumstände das niemals zulassen werden. Tatsächlich hat aber jeder die Möglichkeit, eine solch lange Zeit der Praxis zu absolvieren. Im Laufe der nächsten zehn Jahre unseres Lebens werden wir mehr als drei Jahre im Schlaf verbringen. In gewöhnlichen Träumen erleben wir mal Angenehmes, mal aber auch Zorn, Eifersucht und Angst. Das sind vielleicht notwendige emotionale Erfahrungen, aber es ist sicher nicht notwendig, unsere Neigung, an Emotionen und Phantasien zu haften und uns von ihnen mitschleifen zu lassen, noch weiter zu verstärken. Warum also nicht lieber den Weg üben? Diese drei Jahre Schlaf können wir dazu nutzen. Sobald Sie Luzidität erreicht und darin einige Stetigkeit gewonnen haben, können Sie jede Praxis im Traum machen, manche sogar noch wirksamer und ergiebiger im Traum als im Wachzustand.

Wir alle haben die Anlage zum luziden Träumen, und der Traum-Yoga entwickelt sie. Luzide ist ein Traum dann, wenn der Träumende im Traum gewahr wird, daß er träumt. Viele Menschen, vielleicht sogar die meisten, haben schon mindestens eine Erfahrung mit dem luziden Träumen gemacht. Das kann ein Alptraum gewesen sein, bei dem man merkte, daß man träumte, und dann die Flucht in den Wachzustand ergriff. Vielleicht war es aber auch einfach nur eine ungewöhnliche

Erfahrung. Manche Menschen haben immer wieder luzide Träume, ohne daß es ihre bewußte Absicht wäre. Wenn wir die vorbereitenden Übungen und die Hauptpraxis immer mehr in unser Leben integrieren, werden luzide Träume immer häufiger vorkommen. Luzide Träume sind nicht das eigentliche Ziel der Praxis, aber eine wichtige Entwicklung auf diesem Yoga-Pfad.

Beim luziden Träumen lassen sich verschiedene Grade unterscheiden. Zuerst fällt einem vielleicht nur auf, daß man träumt, aber man gewinnt keine rechte Klarheit und hat keinen Einfluß auf das Traumgeschehen. Man findet Luzidität und verliert sie wieder, und der Traum geht seinen eigenen Gang. Am anderen Ende des Spektrums können luzide Träume außerordentlich lebendig wirken, beinahe wirklicher als die gewohnte Erfahrung im Wachzustand. Mit wachsender Erfahrung gewinnen wir mehr Freiheit im Traum und überwinden die Grenzen des Geistes, bis uns praktisch alles möglich ist, was wir uns vorstellen können.

Zweifellos gehören Träume nicht derselben Wirklichkeitsdimension an wie der Wachzustand. Wenn Sie im Traum einen neuen Wagen bekommen, werden Sie am Morgen trotzdem mit dem Bus zur Arbeit fahren müssen. In diesem Sinne empfinden wir Träume als nicht so ganz befriedigend, als nicht »real«. Wenn es jedoch um psychische Entwicklung oder die Überwindung energetischer Schwierigkeiten geht, wirken Träume durchaus in das Wachleben hinein. Vor allem kann man im Traum an geistigen Beschränkungen arbeiten und sie überwinden. Geschieht das, so gewinnen wir geistige Flexibilität, und darauf kommt es vor allem an.

Weshalb ist geistige Flexibilität so wichtig? Weil geistige Verhärtungen – falsche Anschauungen, die die Weisheit verdunkeln und der Erfahrung Fesseln anlegen – uns in eingebildeten Identitäten festhalten und keine Freiheit finden lassen. Ich betone in diesem Buch immer wieder, wie sehr Unwissenheit, Begehren und Widerwille uns konditionieren und von negativen karmischen Tendenzen nicht loskommen lassen. Um auf dem spirituellen Pfad voranzukommen, müssen wir

Begehren und Widerwillen abbauen, bis wir schließlich die ihnen zugrundeliegende Unwissenheit durchdringen und die Weisheit dahinter entdecken. Und was uns Begehren und Widerwillen zu überwinden erlaubt, ist geistige Flexibilität. Durch sie können wir die Dinge neu sehen und positiv reagieren, anstatt wie bisher blinden Gewohnheitsreaktionen ausgeliefert zu sein.

Verschiedene Menschen reagieren in der gleichen Situation unterschiedlich. Manche haften mehr, andere weniger. Je mehr wir haften, das heißt aufgrund unserer karmischen Konditionierung reagieren, desto mehr werden wir von unseren Erfahrungen beherrscht. Nur bei ausreichender Flexibilität sind wir nicht mehr Karma-Getriebene. Ein Spiegel wählt nicht aus, was er widerspiegeln will; alles läßt er in seiner Reinheit kommen und gehen, wie es will. Er hält nicht fest und wehrt nicht ab, und in diesem Sinne ist er flexibel. Er versucht nicht, diese Spiegelung zu halten und jene zu verhindern. Uns fehlt diese Flexibilität, weil wir nicht sehen, daß alles, was im Bewußtsein erscheint, nur Spiegelung unseres Geistes ist.

In luziden Träumen versuchen wir alles zu transformieren, was uns begegnet. Es gibt keine Grenze der Erfahrung, die sich im Traum nicht durchbrechen ließe; wir können alles tun, wonach uns gerade ist. Indem wir die bis dahin akzeptierten Grenzen der Erfahrung sprengen, wird unser Geist immer geschmeidiger und flexibler. Wir gewinnen Luzidität und dann Flexibilität, und schließlich wenden wir diese geistige Flexibilität auf unser gesamtes Leben an. Unser altes Identitätsgefühl behindert uns nicht mehr so sehr, wenn wir einmal erlebt haben, wie wir es transformieren und dann loslassen können. Unsere gewohnte Wahrnehmungsweise schränkt uns nicht mehr so sehr ein, wenn wir ihre Relativität und Formbarkeit erlebt haben. Wie Traumbilder im Traum gewandelt werden können, so auch emotionale Zustände und Grenzen des Denkens im Wachzustand. Wenn uns der traumartige, wandelbare Charakter unserer Erfahrung vertraut genug geworden ist, können wir Depression in Glück, Furcht in Mut, Zorn in Liebe, Hoffnungslosigkeit in Zuversicht, Zerfahrenheit in geistige Präsenz verwandeln. Wir können Zuträgliches an die Stelle des Abträglichen setzen. Was dunkel ist, können wir hell machen. Was umgrenzt und fest gefügt ist, können wir offen und weiträumig machen. Finden Sie sich nicht mit den Grenzen ab, die Sie einengen. Diese Übungen haben den Zweck, Luzidität und Flexibilität in jedem Augenblick Ihres Lebens walten zu lassen, so daß wir uns von all den unbewußten Festlegungen lösen können, nach denen wir die Wirklichkeit ordnen, nach denen wir uns die Dinge zurechtlegen und von denen wir uns in der Verblendung festhalten lassen.

## *Wie Flexibilität entsteht*

Der erste Schritt zur Flexibilität, im Traum wie im Wachzustand, besteht darin, daß wir überhaupt erst einmal die Möglichkeit ins Auge fassen. Die alten Lehren künden uns von dieser Möglichkeit; indem wir darüber nachdenken, akzeptiert unser Geist sie schließlich als sein eigenes Potential. So werden uns Erfahrungen möglich, die uns vorher nicht einmal denkbar gewesen wären.

Ich besitze ein Laptop, mit dem ich gern auf Entdeckungsreisen gehe. Ich klicke eines der Piktogramme auf dem Schirm an, und schon öffnet sich eine Datei. Ich klicke ein zweites an, und etwas anderes erscheint auf dem Schirm. So ist der Geist auch. Die Aufmerksamkeit richtet sich auf etwas, und es ist, als hätte man eine ganze Datei aufgerufen: Plötzlich ist man mitten in einer ganzen Folge von Gedanken und Bildern. Und der Geist klickt immer wieder mal, geht von einem Gegenstand zum nächsten über. Manchmal haben wir auch zwei Fenster geöffnet, etwa wenn wir mit jemandem reden und dabei noch an etwas anderes denken. Normalerweise denken wir dann nicht gleich, wir hätten eine multiple Persönlichkeit oder Identität, aber im Traum kann es durchaus sein, daß wir mehrfach vorkommen. Das ist dann mehr als bloß die geteilte Aufmerksamkeit, die wir im Wachzustand kennen; im Traum können wir uns in verschiedene gleichzeitig existierende Traumkörper aufteilen.

Nach einem Tag, an dem ich wieder einmal mit meinem Computer gespielt hatte, träumte ich, ich blickte auf einen Bildschirm, auf dem Piktogramme erschienen, die ich geistig anklicken und damit meine gesamte Umwelt ändern konnte. Es erschien ein Piktogramm für Wald, und als ich es anklickte, war ich im Wald. Dann kam ein Piktogramm für Meer, und als ich es anklickte, war ich plötzlich am Meer. Die Fähigkeit dazu war schon vorher in mir, aber als reale Möglichkeit konnte sie sich mir erst aufgrund meiner Computerspielereien darstellen. Unsere Gedanken und Erfahrungen lösen weitere Gedanken und Erfahrungen aus. Mit dieser Tatsache arbeitet die Traumpraxis. Die Lehren präsentieren uns neue Ideen, neue Möglichkeiten und zugleich die Werkzeuge für die Verwirklichung der Möglichkeiten – und dann liegt es an uns, sie in unsere Träume und den Wachzustand einzulassen.

So sprechen die Lehren beispielsweise vom Vervielfältigen der Dinge im Traum. Nehmen wir an, wir träumten von drei Blumen. Da wir wissen, daß wir träumen, und die Flexibilität der Träume kennen, steht es uns jetzt frei, hundert Blumen, tausend Blumen, einen ganzen Blütenregen entstehen zu lassen. Zuerst aber müssen wir die Möglichkeit erkennen. Solange wir nicht wissen, daß diese Vervielfältigung der Dinge möglich ist, existiert die Möglichkeit für uns nicht.

Westliche Traumforschung hat ergeben, daß man Fertigkeiten verbessern kann, wenn man sie in Träumen oder auch Tagträumen übt. Diese Einsicht ist schon seit Jahrhunderten Bestandteil der überlieferten Lehren. Durch richtigen Gebrauch der Träume können wir Negatives vermindern und Positives vermehren und dadurch unsere Weise, in der Welt zu sein, ändern. Und das muß nicht auf Fertigkeiten beschränkt bleiben, die uns im täglichen Leben zugute kommen, sondern erstreckt sich auch auf unser gesamtes spirituelles Leben. Seien Sie immer auf das höchste, allem anderen übergeordnete Ziel aus, denn damit ist zugleich auch für alles weniger Wichtige gesorgt. Es kann sehr gut sein, auch an solchen relativen Dingen zu arbeiten, aber nach der Erleuchtung gibt es keine Probleme irgendwelcher Art mehr.

Das »Mutter-Tantra« führt elf Kategorien der Erfahrung auf, bei denen sich unser Geist normalerweise schwertut, flexibel zu sein. Wir müssen diese Grenzen zur Kenntnis nehmen, uns bewußt gegen sie wenden und sie schließlich transformieren. Das Prinzip ist in allen Fällen das gleiche, aber es lohnt sich, bei jedem Punkt zu verweilen, um sich die Möglichkeiten der Transformation vor Augen zu führen. Die Kategorien sind: Größe, Menge, Qualität, Geschwindigkeit, Erreichen, Transformation, Emanation, Reise, Sehen, Begegnung und Erfahrung.

*Größe.* Im Traum denken wir selten über Größe nach, wohl aber im Wachleben. Änderung kann hier bedeuten: kleiner oder größer. Verändern Sie im Traum Ihre eigene Körpergröße, werden Sie klein wie ein Insekt und dann groß und breit wie ein Berg. Nehmen Sie ein großes Problem, und machen Sie es klein. Nehmen Sie eine kleine Blüte, und machen Sie sie groß wie die Sonne.

*Menge.* Wenn in Ihrem Traum ein Buddha vorkommt, lassen Sie hundert oder tausend Buddhas aus ihm werden. Und wenn es tausend Probleme gibt, machen Sie ein einziges daraus. Bei der Traumpraxis können Sie die Saat von gerade einsetzendem Karma verbrennen. Nutzen Sie Ihre Bewußtheit, um den Traum zu treiben und nicht von ihm getrieben zu werden, um zu träumen und nicht geträumt zu werden.

*Qualität.* Wenn Menschen in einer unerfreulichen Erfahrung festsitzen, dann häufig deshalb, weil sie nicht wissen, daß man sie ändern kann. Sie müssen die Möglichkeit der Veränderung zunächst einmal denken und sie dann im Traum in die Tat umsetzen. Wenn Sie im Traum verärgert sind, verwandeln Sie diese Emotion in Liebe. Sie können alle Gefühlsqualitäten ändern – Furcht, Eifersucht, Zorn, Gier, ständige Erwartungshaltung, Stumpfheit, all die Dinge, die Ihnen nicht weiterhelfen. Sagen Sie sich, daß Sie all das verwandeln können. Sagen Sie es ruhig auch laut, damit es Ihnen deutlicher gegenwärtig ist. Und wenn Sie das Verändern von Emotionen einmal im Traum erlebt haben, ist es Ihnen auch im Wachzustand möglich. So schaffen Sie Freiheit und Flexibilität. Sie müssen nicht Gefangener Ihrer Konditionierung bleiben.

*Geschwindigkeit.* In wenigen Sekunden Traum können Sie vieles erreichen, weil Sie hier gänzlich in Ihrem Geist sind. Verlangsamen Sie Ihre Erfahrung so weit, bis jeder Augenblick eine ganze Welt ist. Besuchen Sie in einer einzigen Minute hundert Orte. Die einzigen Grenzen im Traum sind die Grenzen Ihrer Vorstellungskraft.

*Erreichen.* Alles, was Sie im Leben nicht zu erreichen vermochten, können Sie im Traum erreichen: sich einer spirituellen Praxis widmen, ein Buch schreiben, über den Atlantik schwimmen, vollenden, was vollendet werden muß.

Meine Mutter erschien mir ein Jahr nach ihrem Tod im Traum und bat um Hilfe. Ich fragte sie, was ich tun könne. Sie gab mir die Zeichnung eines Stūpa und bat mich, ihn für sie zu bauen. Ich wußte, daß ich träumte, übernahm die Aufgabe aber als etwas Reales. Damals hielt ich mich in Italien auf, wo es natürlich Flächennutzungspläne und zahllose Bauvorschriften gibt. Ich wußte nicht, wie ich an die Genehmigungen, das Geld und den Baugrund kommen sollte. Also faßte ich den Plan, meine Beschützer zu fragen. Das empfiehlt auch das »Mutter-Tantra«: Bitte deine Traum-Beschützer um Hilfe, wenn du vor einer Aufgabe stehst, die du offenbar nicht bewältigen kannst.

Ich tat es, und die Beschützer erschienen. In meinem Traum sah ich einen gewaltigen Bodhi-Baum stehen, und plötzlich verwandelten die Beschützer ihn in den Stūpa. In meiner Kultur glauben die Menschen, daß wir einem Verstorbenen mit dem Bau eines Stūpa auf dem Weg zu seiner nächsten Geburt weiterhelfen. Meine Mutter war im Traum sehr froh und zufrieden, und ich war es ebenso. Ich hatte das Gefühl, ihr etwas Wichtiges gegeben zu haben, was sie vielleicht daheim in Indien nicht bekommen hatte, als sie starb. Jetzt war endlich geschehen, was zu geschehen hatte, und meine Mutter und ich freuten uns von Herzen. Das Gefühl begleitete mich auch in den Wachzustand.

Das im Traum Erreichte wirkt sich auf das Wachleben aus. Gehen Sie auf Ihre Traumerfahrung ein, und Sie nehmen Einfluß auf die karmischen Spuren. Nutzen Sie den Traum, um zu erreichen, was Ihnen wichtig ist.

*Verwandlung.* Verwandlung, das Prinzip der tantrischen Praxis, ist natürlich für alle, die diesen Weg gehen, von besonderer Bedeutung, aber wichtig ist es für uns alle. Lernen Sie sich zu verwandeln. Probieren Sie alles aus. Verwandeln Sie sich in einen Vogel, einen Hund, einen Garuda, einen Löwen, einen Drachen. Wandeln Sie sich von einem zornigen zu einem mitfühlenden Menschen, von einem Menschen voller Habgier und Eifersucht zu einem offenen, klaren Buddha. Verwandeln Sie sich in den Yidam oder die Dākinī. Das ist ein sehr wirksames Mittel, um flexibler zu werden und die Beschränktheit Ihrer angenommenen Identitäten zu überwinden.

*Emanation.* Hier geschieht etwas ähnliches wie bei der Verwandlung. Verwandeln Sie sich zunächst in einen Yidam oder Buddha, und lassen Sie dann viele weitere Körper aus sich hervorgehen, die zum Wohl anderer wirken können. Seien Sie in zwei, drei, vier Körpern, in so vielen Körpern, wie Sie können, und dann in noch mehr Körpern. Durchbrechen Sie die Erfahrung Ihrer selbst als eines gesonderten, vereinzelten Ego.

*Reise.* Wo möchten Sie gern einmal hin? Nach Tibet? Machen Sie einen Abstecher nach Tibet. Paris? Auf nach Paris. Wo wollten Sie schon immer mal sein?

Aber Sie tauchen nicht einfach irgendwo auf, Sie machen wirklich die Reise. Führen Sie sich selbst bewußt dorthin. Sie können in ein anderes Land reisen, aber auch in ein Buddha-

Land der Reinheit. Oder besuchen Sie einen anderen Planeten oder einen Ort, den Sie viele Jahre nicht gesehen haben, oder den Meeresboden.

*Sehen.* Versuchen Sie etwas zu sehen, was Sie noch nie gesehen haben. Haben Sie Guru Rinpoche schon einmal gesehen? Tapihritsa? Christus? Jetzt können Sie es. Haben Sie Shambhala oder das Zentrum der Sonne schon gesehen? Haben Sie Zellen sich teilen oder Ihr eigenes Herz pumpen gesehen? Haben Sie den Gipfel des Mount Everest oder die Welt mit den Augen einer Biene gesehen? Denken Sie sich selber etwas aus, und verwirklichen Sie es im Traum.

*Begegnung.* In der tibetischen Überlieferung findet man viele Geschichten von Menschen, die im Traum Lehrern, Beschützern, Dākinīs und anderen Gestalten begegnet sind. Vielleicht fühlen Sie sich Lehrern früherer Zeiten verbunden; jetzt können Sie sie kennenlernen. Wenn es dazu kommt, bitten Sie gleich darum, ihnen ein zweites Mal begegnen zu dürfen; das vergrößert die Wahrscheinlichkeit, daß es tatsächlich geschieht. Danach bitten Sie um Unterweisung.

*Erfahrung.* Nutzen Sie den Traum, um etwas zu erleben, was Sie noch nie gemacht haben. Wenn Sie Ihrer Rigpa-Erfahrung noch nicht ganz sicher sind, dann machen Sie sie im Traum. Sie können hier jede mystische Erfahrung des Weges machen, wie komplex oder einfach sie auch sein mag. Sie können auch Wasser atmen wie ein Fisch oder durch Mauern gehen oder eine Wolke werden. Sie können als Lichtstrahl das Universum durchmessen oder als Regen vom Himmel fallen. Was auch immer Sie sich ausdenken: Sie können es.

Gehen Sie über die hier genannten Kategorien hinaus, sie sind nur Anregungen. Wir arbeiten mit Mustern unserer Erfahrung – Geschwindigkeit, Größe, Emanation und so weiter –, weil wir, obwohl es sich um bloße Begriffe handelt, immer glauben, Sie seien etwas Reales. Durch Auflösung der Grenzen unseres Geistes kommen wir der Freiheit näher, die eigentlich sein Wesen ausmacht. Wenn Sie im Traum von Feuer bedroht sind, verwandeln Sie sich in Feuer; wenn es Wasserfluten sind, verwandeln Sie sich in Wasser. Ist ein Dämon hinter Ihnen her, verwandeln Sie sich in einen noch größeren Dämon. Werden Sie ein Berg, ein Leopard, ein Mammutbaum. Werden Sie ein Stern, ein ganzer Wald. Wenn Sie ein Mann sind, verwandeln Sie sich in eine Frau und dann in hundert Frauen. Wenn Sie eine Frau sind, verwandeln Sie sich in eine Göttin. Verwandeln Sie sich in einen hoch am Himmel schwebenden Falken, in eine Spinne, die ihr Netz webt. Werden Sie ein Bodhisattva, der sich an hundert Stellen gleichzeitig manifestiert oder auch in allen dreiunddreißig Höllen, deren Bewohnern er Gutes tun kann. Verwandeln Sie sich in Siamuhka, in Padmasambhava, in irgendeine Gottheit, einen Yidam, eine Dākinī. Das Geschehen ist hier dasselbe wie bei den tantrischen Verwandlungspraktiken. Die Ziele und Gründe sind die gleichen, aber im Traum kann man sie viel leichter verwirklichen, sich tatsächlich verwandeln. Der Traum bietet Gelegenheit zu grenzenloser Erfahrung und Verwandlung.

Reisen Sie, wohin Sie schon immer wollten: zum Berg Meru, zum Mittelpunkt der Erde, zu anderen Planeten, in andere Bereiche. Fast jede Nacht reise ich, sehr kostengünstig, nach Indien. Sehen Sie sich im Bereich der Götter um, bereisen Sie die Hölle. Sie sind dann nicht wirklich ein Höllenbewohner, aber Sie werden einige geistige Fesseln lockern.

Nehmen Sie an den Pūjās der Götter und Göttinnen teil. Seien Sie Gast bei den fünf Buddha-Familien. Erkunden Sie das Erdinnere. Wandern Sie in Ihrem eigenen Körper umher. Machen Sie sich so groß wie die Erde und dann noch größer. Oder so klein wie ein Atom, so dünn wie ein Bambusrohr, so leicht wie Blütenstaubschwaden.

Die Entwicklung von Flexibilität ist wichtiger als die einzelnen Trauminhalte, wie auch der Lichtcharakter des Kristalls wichtiger ist als die Farbe, die er gerade reflektiert. Lassen Sie die Vorschläge der alten Lehren nicht wieder zu neuen

Beschränkungen werden. Denken Sie sich neue Möglichkeiten aus, und lassen Sie sie Wirklichkeit werden – so lange, bis Sie alle scheinbaren Grenzen der Erfahrung als auflösbar und nicht bindend erkennen. Luzidität bringt mehr Licht in unser Denken, und durch Flexibilität lösen wir die Knoten unserer Konditionierung. Da wir darauf konditioniert sind, den Dingen, die uns begegnen, Festigkeit zuzuschreiben, müssen wir sie in unserer Erfahrung verwandeln, bis sie leuchtend und durchsichtig werden. Und da wir sogar den Gedanken Festigkeit zuschreiben, müssen wir sie in der grenzenlosen Freiheit des Geistes aufgehen lassen.

Es gibt jedoch ein Grundprinzip der spirituellen Reise, von dem wir auch in der Freiheit des Traums nicht abweichen sollten. Die Möglichkeiten im Traum sind unbegrenzt, und wir können einem Traum jede Wendung geben, die uns in den Sinn kommt, aber es ist wichtig, daß es immer eine Veränderung zum Positiven ist. Das ist die Richtung, die unseren spirituellen Weg am besten fördert. Traumaktionen haben ebenso ihre inneren Wirkungen wie das, was wir im Wachzustand tun. Wir finden im Traum eine unvergleichliche Freiheit, aber vom Gesetz des Karma, von Ursache und Wirkung, sind wir erst frei, wenn wir alle Dualität überwunden haben. Wir brauchen Geduld und eine starke Intention, um die Flexibilität zu gewinnen, die nötig ist, um die Durchsetzungskraft des negativen Karma aufzuheben.

Widmen Sie sich also dem, was der Erfahrung Grenzen zu ziehen scheint: Konditionierungen und Überzeugungen. Der Geist ist etwas Erstaunliches, er kann das. Ihre Identität ist flexibler, als Sie meinen. Sie müssen sich der Möglichkeit, Ihre Erfahrung und Identität zu ändern, nur bewußt sein, dann wird sie eine reale Möglichkeit. Wenn Sie glauben, daß Sie etwas nicht können, dann können Sie es meistens auch nicht. Das ist eine simple Sache und der entscheidende Punkt. Sobald Sie sagen, daß Sie etwas können, haben Sie auch schon angefangen.

Behandeln Sie Ihre Träume achtungsvoll, und machen Sie alle Erfahrung des Traums – wie des Wachzustands – zu

Bestandteilen des Weges. Klug ist der Traum genutzt, wenn Sie ihn einsetzen, um von Beschränkungen frei zu werden, um Hindernisse auf Ihrem Weg zu überwinden und schließlich Ihres wahren Wesens und des wahren Wesens aller Dinge gewahr zu werden.

# 16. Die Hindernisse

Das »Mutter-Tantra« beschreibt vier Hindernisse, auf die man beim Traum-Yoga stoßen kann: sich in verblendete Phantasien verlieren, Nachlässigkeit, zum Aufwachen führende Unruhe und schließlich das Vergessen. Es gibt dafür innere und äußere Heilmittel an.

## *Täuschung*

Zur Ablenkung durch Täuschungen kommt es, wenn äußere Geräusche oder innere Bilder die Aufmerksamkeit an sich ziehen. Nehmen wir an, wir hörten beim Einschlafen ein Geräusch. Unser Geist wendet sich dem Geräusch zu, und dann kommt uns durch Assoziation eine Erinnerung, oder es bildet sich eine Phantasie mit entsprechenden emotionalen Reaktionen, in die wir uns dann verstricken. Vielleicht macht das Geräusch uns auch neugierig, und wir verlieren uns in Spekulationen. Das aber ist Einbildung und Täuschung, weil wir hier plötzlich hinter Dingen her sind, die gar nicht in der Weise existieren, wie wir meinen.

Das innere Gegenmittel ist die Sammlung auf den Zentralkanal. Wie fühlt er sich an? Versuchen Sie es – Sie werden sehen, daß Sie dann wieder zentriert und präsent sind, daß Sie aus der Phantasie zu sich selbst zurückkommen können. Deshalb ist es gut, sich beim Einschlafen des Zentralkanals bewußt zu sein. Bleiben Sie darin ganz einfach. Wir nehmen die Praxis manchmal so tierisch ernst, daß wir sie unnötig kompliziert machen. Fühlen Sie einfach den Zentralkanal. Das wird Ihren Geist vom Streunen abhalten. Sie können außerdem über Vergänglichkeit und den illusorischen Charakter der dualistischen

Erfahrung meditieren; so bekräftigen Sie Ihre Intention, gesammelt zu bleiben und sich nicht in Phantasien zu verlieren. Das äußere Gegenmittel besteht in einer Opferung oder einer devotionalen Übung wie dem Guru-Yoga.

## *Nachlässigkeit*

Dieses zweite Hindernis zeigt sich als innere Trägheit, als Mangel an innerer Stärke und Klarheit. Wenn Sie bei der Praxis nachlässig sind, wird es nur so ein wolkiges und vielleicht ganz angenehmes Herumschweben sein, sogar wenn Sie dabei dem Gegenstand Ihrer Aufmerksamkeit zugewandt sind. Das ist etwas anderes als beim ersten Hindernis, wo Ihre Aufmerksamkeit hinter etwas Ablenkendem her ist. Hier dagegen fehlt es an innerer Schärfe.

Das Gegenmittel ist die Visualisation von blauem Rauch, der von der Vereinigungsstelle der drei Kanäle her (ein paar Fingerbreit unterhalb des Nabels und in der Körpermitte) zur Kehle aufsteigt. Lassen Sie sich bitte gar nicht erst auf physikalische Erwägungen ein – wohin der Rauch dann geht, ob er sich sammelt und dergleichen. Visualisieren Sie einfach den Rauch, wie er langsam im Zentralkanal aufsteigt, als wäre das schon ein Traum. Außerdem können Sie Ihren Lehrer oder einen Heiler aufsuchen und um so etwas wie einen Exorzismus bitten. Wenn sich Nachlässigkeit einstellt, sagt das »Mutter-Tantra«, kann es sein, daß Sie mit einem Geist oder mit Kräften aus der Umwelt Schwierigkeiten haben – wenngleich das natürlich nicht die einzige Deutungsmöglichkeit ist.

## *Innere Unruhe*

Ihr Schlaf ist unruhig, und Sie wachen immer wieder auf. Vielleicht stimmt mit dem Prāna etwas nicht, oder Sie sind aufgeregt und überdreht. Sammeln Sie sich auf vier Dākinīs in der Gestalt von vier Silben auf den vier Blütenblättern eines Lotos im Kehl-Chakra. Die Silben sind: Ein gelbes *RA* zur Vorderseite des Körpers hin; ein grünes *LA* zur linken Seite hin; ein rotes *SHA* zum Rücken hin; und ein blaues *SA* zur rechten Seite hin.

Wenn Sie schon mit dieser Unruhe schlafen gehen, sammeln Sie sich beim Einschlafen der Reihe nach auf diese Silben. Versuchen Sie zu fühlen, daß Sie an allen Seiten von Schutz-Dākinīs umgeben sind. Als äußeres Mittel kann die Chöd-Praxis – ein Ritual, zu dem auch Opfer für die Geister gehören – von Nutzen sein. Erkunden Sie auch, ob Sie vielleicht eine Verpflichtung (*samaya**) gegenüber der Lehre oder Ihrem Lehrer nicht eingehalten haben. Auch gestörte Beziehungen zu Freunden oder Bekannten können diese Ruhelosigkeit auslösen. Da hilft manchmal so etwas wie eine Beichte.

Visualisieren Sie dazu, wie im Guru-Yoga, Ihren Lehrer, und bekennen Sie, was nicht in Ordnung ist. Betrachten Sie es nicht mit Schuld- oder Scham- oder anderen unguten Gefühlen, sondern mit Bewußtheit. Wenn Sie etwas getan haben, was nicht in Ordnung war, dann fassen Sie jetzt den Entschluß, es nicht wieder zu tun. Vielleicht müssen Sie auch etwas unternehmen, etwa mit dem Freund sprechen, mit dem Sie über Kreuz sind; Sie können jetzt den Entschluß dazu fassen.

## *Vergessen*

Das vierte Hindernis: Sie vergessen Ihre Träume, Sie vergessen Ihre Übung zu machen. Sie haben vielleicht hilfreiche Erfahrungen gemacht, aber jetzt sind sie vergessen. Zurückgezogenes Meditieren kann dem Geist mehr Klarheit verschaffen. Ausgleich des Prāna mit Hilfe des Atems kann die Bewußtheit fester und stetiger machen. Das »Mutter-Tantra« nennt die Übung des ersten Abschnitts der Nacht als Gegenmittel. Das ist die bereits beschriebene erste Grundübung, die Sammlung auf das rote *A* in der Kehle. Bleiben Sie beim Einschlafen des *A* gewahr, und Sie werden sich besser erinnern können.

## *Shardza Rinpoches vier Hindernisse*

Shardza Rinpoche benennt als vier mögliche Hindernisse: Prāna, Geist, örtliche Geister und Krankheit. Diese Hindernisse können verhindern, daß man Träume hat oder sich an sie zu erinnern vermag, aber sie können auch Schwierigkeiten im Traum selbst hervorrufen.

Wenn Sie Prāna-Probleme haben, ist die Energie im Körper blockiert oder kann aus irgendeinem Grund nicht frei zirkulieren. Geist und Prāna sind verbunden; eine Prāna-Störung überträgt sich auf den Geist. In diesem Fall ist alles, was Sie vor dem Schlafengehen entspannen kann, eine Hilfe, beispielsweise eine Massage oder ein warmes Bad. Versuchen Sie auch tagsüber möglichst ruhig und entspannt zu bleiben.

Der Geist kann zu sehr beschäftigt sein und so das Einschlafen verhindern. Nach einem sehr hektischen Tag dreht sich das Gedankenkarussell manchmal noch lange weiter – Ihr Geist ist noch bei all den Problemen und Aufregungen und steht unter Dampf oder ist voller Ängste. Wenn Sie schlecht Ruhe finden können, hilft es manchmal, eine schwere körperliche Arbeit zu verrichten, um den Körper zu ermüden oder sogar zu erschöpfen. Auch Meditation über die Leere kann den Geist leerfegen. Und auch hier: Alles, was vor dem Schlafengehen der Entspannung dient, ist eine Hilfe.

Unstimmigkeiten mit örtlichen Geistern können einen unterbrochenen Schlaf bewirken, nach dem man sich nicht erholt fühlt. Ich weiß, daß viele Menschen des Westens nicht an solche Dinge glauben – daß lokale Geister die Energie oder Ausstrahlung eines Ortes bestimmen –, und in gewisser Weise haben sie recht. Tibeter glauben jedoch, daß es wirklich Geister gibt, die an bestimmten Orten wohnen und sich wehren, wenn man etwas tut, was ihnen energetisch nicht behagt. Wenn man solche Geister durch irgend etwas provoziert hat, wird man vielleicht schreckliche Träume haben oder sich nicht an seine Träume erinnern können oder so unruhig sein, daß man nicht schlafen kann.

In so einem Fall müssen wir uns zuerst Klarheit über die Natur des Problems verschaffen. Für Tibeter gibt es dann allerlei, was man tun kann. Häufig gehen sie zu einem Schamanen und bitten um eine Divination, die den Ursprung eines Problems aufdeckt und zu geeigneten Maßnahmen anleitet. Oder sie widmen sich der Chöd-Praxis und opfern den Geistern. Oder sie bitten den Meister um Hilfe, der dann meist eine Art Exorzismus vornimmt, ein Ritual, das die Verbindung zwischen dem Geist und dem Bittsteller durchtrennt. Dazu wird der Meister sich irgend etwas Persönliches vom Bittsteller geben lassen, etwa ein paar Haare oder ein Kleidungsstück, und es im Ritualfeuer verbrennen. Tibeter verfügen über viele Mittel dieser Art, aber sie helfen nur, wenn man das Problem verstanden hat und glaubt, daß die Unannehmlichkeiten auf den Einfluß von Geistern zurückzuführen sind. Wenn Sie solche Erfahrungen mit Geistern schon gemacht haben, dann bieten Sie ihnen Mitgefühl an. Wenn Sie nicht an dergleichen glauben, aber für die Energie des Ortes empfänglich sind, dann brennen Sie Räucherwerk ab, und erzeugen Sie Mitgefühl, um die Energie wieder in Ordnung zu bringen. Können Sie auch das nicht glauben, so erzeugen Sie einfach Mitgefühl, um Ihre innere Umwelt in Ordnung zu bringen.

Das vierte Hindernis ist Krankheit, und hier wird natürlich empfohlen, daß Sie einen Heilkundigen aufsuchen.

Es wird Ihnen kein Hindernis begegnen, das andere nicht schon vor Ihnen kennengelernt und überwunden hätten – also lassen Sie sich nicht entmutigen. Verlassen Sie sich darauf, daß die Lehren und Ihr Lehrer die Heilmittel wissen werden. Sie sind in den Lehren beschrieben, und man muß sie nur auffinden und anwenden.

# 17. Die westliche und die östliche Sicht

Manche Schulen westlicher Psychologie meinen, es sei nicht gut, Einfluß auf die Träume zu nehmen: Träume seien ein Regulativ des Unbewußten oder eine Art Kommunikation zwischen Teilbereichen unserer selbst, die man nicht stören dürfe. Das hier vorausgesetzte Unbewußte wird als eine Art Lager oder Speicher für Erfahrung und Bedeutung gesehen. Dieses Unbewußte gestaltet nun den Traum und teilt ihm eine Bedeutung mit, die explizit und offensichtlich, aber auch latent und deutungsbedürftig sein kann. Nach dieser Auffassung besitzt die Person bewußte und unbewußte Anteile, und der Traum gilt als das notwendige Kommunikationsmedium zwischen den beiden Seiten. Das bewußte Ich kann nun einen Nutzen aus dem Umgang mit Träumen ziehen und in ihnen nach den Bedeutungen und Einsichten schürfen, die das Unbewußte ihnen mitgegeben hat. Es profitiert aber auch von der kathartischen Wirkung der Träume oder einfach durch die ausgleichende physiologische Wirkung des Träumens.

Vom Verständnis der Leere her sehen wir den Traumprozeß jedoch als etwas völlig anderes. Diese drei Instanzen – das Unbewußte, die Bedeutung und das bewußte Ich – existieren nur vermöge einer ihnen zugeschriebenen Realität, die sie selbst gar nicht besitzen. Es ist sehr wichtig, das genau zu verstehen. Die Sorge, daß Eingriffe des Bewußtseins ins Unbewußte natürliche Abläufe empfindlich stören könnten, ruht auf der Voraussetzung, daß die beteiligten Elemente diskrete Instanzen der Persönlichkeit sind, die miteinander kooperieren. Das berücksichtigt jedoch nur *eine* Dimension unserer inneren Dynamik und gibt ein unnötig eingeschränktes Bild unserer Identität.

Es gibt nämlich, wie ich schon sagte, zwei Ebenen der Traumarbeit. Auf der einen Ebene geht es darum, Bedeutungen aufzudecken. Das ist gut, und auf dieser Ebene bewegen sich die meisten Ansätze westlicher Psychologie, die dem Traum einen Wert beimessen. Im Osten wie im Westen ist bekannt, daß Träume schöpferische Ansätze, Problemlösungen, Krankheitsdiagnosen und anderes mehr bieten können. Die Traumbedeutung liegt jedoch nicht im Traum selbst; sie wird vielmehr von dem, der den Traum analysiert, erst auf den Traum projiziert und dann aus ihm herausgelesen. Das ist wie mit den von manchen Psychologen verwendeten Tintenklecks-Tests, bei dem es darum geht zu beschreiben, was man in den Klecksen sieht. Die Bedeutung existiert nicht für sich. Sie entsteht erst dadurch, daß jemand nach ihr sucht. Unser Fehler besteht darin, daß wir nicht einfach die Wahrheit der Situation sehen, sondern meinen, es gebe da wirklich ein Ding namens »das Unbewußte« und der Traum sei real wie ein Kassiber in Geheimschrift, dessen Code man dann nur noch knacken muß.

Um den Traum als einen Zugang zur Erleuchtung nutzen zu können, brauchen wir ein tieferes Verständnis dessen, was Traum und Erfahrung ist. Wenn unsere Praxis tief genug geht, werden sich wunderbare Träume mit Zeichen des Fortschritts einstellen. Aber letztlich ist die Bedeutung der Träume unerheblich. Es hat wenig Sinn, den Traum als eine Mitteilung von irgendwoher oder aus einem unbekannten Teil unserer selbst zu betrachten. Bedeutung im herkömmlichen Sinne gibt es außerhalb der Dualität des Samsāra nicht. Damit ist nicht gesagt, wir sollten uns einfach dem Chaos überlassen; Chaos und Sinnlosigkeit gibt es nämlich ebenfalls nicht, auch das sind lediglich Begriffe. Auch wenn es vielleicht befremdlich klingt, wir müssen diesen Gedanken der Bedeutung aufgeben, wenn der Geist vollkommene Befreiung finden soll. Und das ist ja der ganze Sinn und Zweck der Traumpraxis.

Wir verschließen uns der Frage der Bedeutung von Träumen nicht, aber es ist gut zu wissen, daß es auch den Traum von Bedeutung gibt. Wozu großartige Botschaften vom Traum erwarten? Dringen wir lieber zu dem vor, was unter der Bedeutung liegt, zum reinen Grund der Erfahrung. Das ist die höhere, nicht mehr psychologische, sondern spirituelle Traumpraxis, bei der es darum geht, die Grundlage aller Erfahrung, das Nichtbedingte, zu erkennen und zu realisieren. Wenn Sie bis dahin gelangt sind, berührt die Frage, ob der Traum eine Bedeutung hat oder nicht, Sie nicht mehr. Sie sind ganz, Ihre Erfahrung ist ganz – Sie sind frei von all dem unnötigen Ballast, den die dualistische Auseinandersetzung mit den Projektionen des eigenen Geistes mit sich bringt.

Der größte Teil der Traumpraxis findet im Wachzustand statt, und hier geht es nicht um direkte Einflußnahme auf den Traum. Zu der direkten Einflußnahme, die manche so bedenklich finden, kommt es nur beim luziden Träumen. Beispiele sind: sich selbst vervielfältigen oder Traumgegenstände verwandeln oder kreieren. Die alten Lehren sehen das als eine sehr gute Sache, da hier geistige Flexibilität entwickelt wird. Diese Flexibilität und geistige Kontrolle wollen wir ja letztendlich auf den Wachzustand übertragen; nicht um dann fliegen zu können, sondern damit wir wissen, daß alle Erfahrung konstruiert ist und in dieser Einsicht das Versprechen der Freiheit liegt. Sie müssen nicht von Ihren Gefühlen beherrscht sein, Sie können sich und die Geschichte, die Sie von sich erzählen, ändern; Sie können tun, was wirklich wichtig ist, anstatt weiterhin in einem Alptraum oder in einem Traum endlos wechselnder Geschehnisse oder in einer angenehmen Phantasie gefangen zu bleiben.

Karmische Spuren lösen Erfahrungen aus, und unsere Reaktionen auf die Erfahrungen erzeugen wieder neue karmische Spuren – diese Dynamik ist im Traum ebenso wirksam wie im Wachzustand. Wir möchten unsere Träume beherrschen, anstatt von ihnen beherrscht zu werden – wie es ja auch unter Tags besser ist, nicht von Gedanken und Emotionen beherrscht zu sein, sondern uns vom Zustand der Bewußtheit aus auf jede Situation voll einzulassen.

Wir möchten Einfluß auf unsere Träume nehmen. Wir möchten, daß sie klarer werden, daß sie mit unserer Praxis

Hand in Hand gehen – und genau das sollten wir uns ja für jeden Augenblick unseres Lebens wünschen. Es besteht keine Gefahr, daß wir dabei etwas Wichtiges zerstören. Wir zerstören nur unsere Unwissenheit.

# 18. Einfache Übungen

Wie weit wir es im Traum- und Schlaf-Yoga bringen, hängt von unserem Vertrauen, unserer Intention, unserem Engagement und unserer Geduld ab. Es gibt keine Übung, mit der wir es in einer einzigen Nacht zur Verwirklichung bringen könnten. Spirituelle Reifung braucht Zeit, und Zeit ist das, worin sich unser gewöhnliches Leben abspielt. Wenn wir gegen die Zeit ankämpfen, verlieren wir. Sind wir aber auf der Höhe der Zeit, entfaltet sich unsere Praxis ganz von selbst.

Der Traum-Yoga in seiner Gesamtheit wird uns vielleicht zu komplex, zu aufwendig erscheinen, als daß er wirklich ein Teil unseres Lebens werden könnte. Aber wir können doch eine ganze Menge tun, hier und da ein bißchen hinzufügen und in unser Leben integrieren, bis nach und nach unser ganzes Leben Praxis wird. Hier ein paar Dinge, die jeder tun kann und die zum Erfolg im Traum-Yoga führen.

## *Geistesgegenwart im Wachzustand*

Ungefähr sechzehn Stunden pro Tag befinden wir uns im Wachzustand, und in dieser Zeit ist unser Geist voller Geschäftigkeit. Häufig scheint einfach nicht genügend Zeit für alles zu sein, und ein Großteil der tatsächlich verfügbaren Zeit ist dann voller Unruhe und unangenehmer Erfahrungen. Dieses moderne Leben scheint ständig Anforderungen zu stellen – sich um Arbeit und Familie kümmern, Filme und Schaufensterauslagen anschauen, im Stau stehen, mit Freunden sprechen. Tausend Dinge heischen unsere Aufmerksamkeit und binden sie an sich, bis der Tag ein einziger Wirbel ist und wir wie erschlagen sind, dann aber noch mehr Ablenkung brauchen, in die wir uns flüchten können. Wir treiben Augenblick für Augenblick immer weiter von uns selbst weg. Solch ein Leben ist für keine Praxis förderlich, auch nicht für den Traum-Yoga. Deshalb müssen wir einfache Gewohnheiten der regelmäßigen Rückverbindung zu uns selbst und der Rückkehr zur Präsenz ausbilden.

Jeder Atemzug kann eine Übung sein. Stellen Sie sich beim Einatmen vor, daß Sie reine, reinigende, entspannende Energien aufnehmen. Und entledigen Sie sich beim Ausatmen aller Hindernisse, Streßfaktoren und negativer Emotionen. Dazu brauchen Sie keinen besonderen Platz zum formellen Sitzen. Sie können es im Auto machen, wenn Sie auf dem Weg zur Arbeit an der Ampel stehen; Sie können es vor dem Computer, beim Kochen, beim Putzen, beim Spaziergang machen.

Eine einfache und hochwirksame Übung besteht darin, den ganzen Tag über wirklich im Körper zu sein. Fühlen Sie den Körper als Ganzes. Unser Geist ist schlimmer als ein Affe, der planlos von einem Ding zum nächsten springt. Es fällt ihm schwer, sich auf eine Sache zu sammeln. Unser Körper hat dagegen etwas beruhigend Stetiges, und wir können ihn als einen Anker der Bewußtheit nutzen, durch den unser Geist ruhiger und gesammelter wird. So notwendig unser Geist für die Organisation und Aufrechterhaltung der physischen Seite unseres Lebens ist, so sehr braucht er andererseits den Körper, um sich in ruhiger Präsenz einzufinden – und das ist von grundlegender Bedeutung für jede Form von Praxis.

Wenn Sie etwa im Park spazierengehen, ist oft nur der Körper anwesend, während der Geist vielleicht im Büro arbeitet oder zu Hause oder mit einem Freund spricht oder eine Einkaufsliste zusammenstellt. Hier hat der Geist sich vom Körper abgekoppelt. Sehen Sie lieber wirklich hin, wenn Ihnen zum Beispiel eine Blume ins Auge fällt. Seien Sie ganz präsent. Nutzen Sie die Blume als eine Hilfe, um Ihren Geist in den Park zurückzuholen. Durch wirkliches Eingehen auf Sinneserfahrungen erneuern wir die Verbundenheit von Geist und Körper. Und wenn Sie den Eindruck der Blume mit dem ganzen Körper empfangen, geschieht Heilung. Das kann auch so sein, wenn wir einen Baum sehen, Rauch riechen, unser Hemd auf der Haut spüren, einen Vogelruf hören, in einen Apfel beißen. Trainieren Sie sich im urteilslosen Erleben von Gegenständen der Sinne. Seien Sie ganz Auge, ganz Nase, ganz Ohr. Versuchen Sie ganz zu erleben und dabei im schieren Gewahrsein des jeweiligen Gegenstands zu bleiben.

Wenn Sie diese Fähigkeit entwickelt haben, wird es immer noch zu Reaktionen kommen. Sie sehen eine Blume und beurteilen ihre Schönheit, oder Sie riechen etwas und finden den Geruch abstoßend. Dennoch, mit einiger Übung kann man die Verbindung zur reinen Sinneserfahrung aufrechterhalten und verliert sich nicht ständig auf mentale Seitenwege. Das ewige Gewölk der Gedanken ist eine Angewohnheit, an deren Stelle wir eine neue Gewohnheit setzen können: Mit Hilfe der Sinneserfahrung können wir zurück in die Gegenwart finden, uns der Schönheit der Welt verbinden, jenem lebendigen und nährenden Erleben, das gleich unter unserer Zerfahrenheit liegt. Das ist es, was der Praxis des Traum-Yoga Halt gibt.

Der erste Augenblick einer Wahrnehmung ist immer hell und klar. Nur unsere Abgelenktheit verhindert, daß wir das erkennen und jeden Augenblick des Lebens mit echter Wertschätzung erleben. Diese Übung bedient sich der Beständigkeit der Form und der lebhaften sinnlichen Erfahrung der Welt, um den Geist in den Bereichen zu stärken, die für die Traumpraxis besonders wichtig sind.

## *Vorbereitung auf die Nacht*

Nach einem Tag voller Streß sind wir oft mehr tot als lebendig. Wenn wir dann ins Bett fallen, ist unser Zustand kaum noch von echtem Tod zu unterscheiden. Wir nehmen uns nicht einmal ein paar Minuten Zeit, um Körper und Geist wieder zusammenzuführen und ins Hier und Jetzt zurückzuholen, sondern suchen den ganzen Abend Zerstreuung und bleiben abgelenkt, während wir uns fürs Bett fertigmachen und dann wegdämmern. Geist, Körper und Gefühl zu verbinden ist eines der wichtigsten Dinge, die wir tun können, um auf dem spirituellen Pfad weiterzukommen. Nehmen Sie sich dafür jeden Abend vor dem Schlafengehen ein wenig Zeit.

Wenn Körper und Geist beim Einschlafen nicht richtig verbunden sind, gehen sie anschließend ihre eigenen Wege. Der Körper hält an Streß und Spannung fest, die sich tagsüber angesammelt haben, und der Geist macht auch so weiter wie am Tag, springt in Raum und Zeit umher, ohne Bodenhaftung, ohne Ruhe und Stetigkeit. Von Präsenz ist nicht viel zu merken, nur von banger Anspannung oder Benommenheit. In dieser Verfassung fehlt es uns an Kraft und Bewußtheit, und der Traum-Yoga wird sehr schwierig.

Wenn Sie erholsamer schlafen und bessere Resultate bei der Traumpraxis erzielen wollen, nehmen Sie sich vor dem Schlafengehen ein paar Minuten Zeit, um zu Ruhe und Präsenz zurückzufinden. Einfache Maßnahmen helfen hier: Nehmen Sie ein Bad, zünden Sie eine Kerze und ein Räucherstäbchen an, setzen Sie sich vor einen Altar oder auch einfach aufs Bett, um zu erleuchteten Wesen oder Ihrem Meister Verbindung aufzunehmen. Sie können Mitgefühl erzeugen, aber achten Sie auf die Empfindungen des Körpers, und richten Sie sich auf Erfahrungen von Freude, Glück und Dankbarkeit aus. Lassen Sie positive Gedanken und Gefühle entstehen, und schlafen Sie dann ein. Gebet und Liebe werden den Körper entspannen und den Geist beruhigen und beiden Freude und Frieden bringen. Stellen Sie sich vor, daß Sie von erleuchteten Beschützern umgeben sind, insbesondere von Dākinīs. Diese beschützen Sie wie eine Mutter ihr Kind, sie baden Sie in Liebe und Mitgefühl. In diesem Gefühl von Geborgenheit und Frieden beten Sie: »Möge ich einen klaren Traum haben. Möge ich einen luziden Traum haben. Möge ich mich durch den Traum verstehen.« Wiederholen Sie das immer wieder, laut oder innerlich. So einfach das ist, es wird dem Schlaf und den Träumen eine andere Qualität geben, und Sie werden sich am Morgen ausgeruhter und »geerdeter« fühlen.

Wenn Ihnen die vier Stufen der Praxis – Sammlung auf das Kehl-, Stirn-, Herz- und geheime Chakra – zu kompliziert erscheinen, richten Sie sich einfach nur auf das Kehl-Chakra aus. Stellen Sie sich dort nach dem Beten ein rotes leuchtendes *A* vor. Sammeln Sie sich darauf, fühlen Sie es, und schlafen Sie dann ein. Wichtig ist, daß Sie vorher zur Ruhe gekommen sind und sich mit dem Körper verbunden haben. Erscheint Ihnen sogar die Sammlung auf das *A* zu schwierig oder kompliziert, dann spüren Sie einfach Ihren ganzen Körper, und suchen Sie Anschluß an Präsenz und Mitgefühl. So reinigt man Geist und Körper von allem, was sich tagsüber an Streß und Verworrenheit angesammelt hat. Jeden Abend putzen wir uns die Zähne und waschen uns, und dann fühlen wir uns besser und schlafen besser. Gingen wir mit dem Gefühl, schmutzig und unsauber zu sein, ins Bett, würde sich das auf unseren Schlaf und unsere Träume auswirken. Auf der körperlichen Ebene wissen wir das, aber wir vergessen gern, daß wir auch geistig dieses Gefühl von Frische und Verbundenheit mit uns selbst brauchen. Vielleicht sollten wir uns auf die Zahnbürste schreiben: »Nicht vergessen: Den Geist waschen.«

Sie können beim Einschlafen auch eine Atemübung machen. Versuchen Sie, durch beide Nasenöffnungen gleichmäßig zu atmen. Sollte der rechte Nasengang verengt sein, schlafen Sie auf der linken Seite, und umgekehrt. Lassen Sie den Atem sanft, gleichmäßig und geräuschlos werden. Atmen Sie Streß und negative Emotionen aus, atmen Sie reine, heilende Energie ein. Atmen Sie auf diese Weise neunmal, entweder in der Meditationshaltung oder im Liegen, und sammeln Sie sich dann auf das rote *A* in der Kehle. Wichtig ist, daß Sie das *A* fühlen und nicht darauf ausgerichtet sind wie auf einen äußeren Gegenstand: Werden Sie eins mit ihm, bleiben Sie nicht von ihm getrennt. Wenn Sie sich beim Aufwachen besser und ausgeruhter fühlen, freuen Sie sich einfach über Ihren Erfolg. Genießen Sie den Segen der Meister und der Erleuchteten, die Freude Ihres eigenen Bemühens, das Glück, einen spirituellen Pfad zu gehen. Dieses Glück wird die Übung der nächsten Nacht beflügeln und Ihnen helfen, in der Praxis beständig zu bleiben und sie weiter auszubauen.

Es kommt durchaus vor, daß man sich beim Zubettgehen schlecht entspannen kann und Mühe hat, Mitgefühl oder Liebe zu empfinden. Nutzen Sie Ihre kreative Imagination, wenn Sie in dieser Lage sind. Stellen Sie sich vor, daß Sie an einem herrlichen warmen Strand liegen oder in klarer, frischer Bergluft spazierengehen. Stellen Sie sich entspannende Dinge vor, anstatt einfach im Schlaf zu versinken, aus der Präsenz vertrieben durch den Streß und die Emotionen des Tages. Selbst eine so einfache Übung wird Ihnen eine große Hilfe sein.

# 19. Integration

Die Traumpraxis dient nicht einfach nur dem persönlichen Wachstum oder der Anbahnung interessanter Erfahrungen. Sie gehört zum spirituellen Pfad und sollte sich auf alle Bereiche des Lebens auswirken, indem sie uns selbst und unsere Beziehung zur Welt ändert. Das meiste in diesem Kapitel über die Integration der Traumpraxis in unser Leben ist bereits gesagt worden, aber wir fassen es hier noch einmal zusammen.

Es gibt zwei Stufen der Traumpraxis: die konventionelle und die nichtkonventionelle oder die dualistische und die nonduale. Wir haben uns vor allem mit der ersten befaßt, und dabei ging es um die Arbeit mit Traumbildern und Traumgeschichten, um Reaktionen auf unsere Erfahrungen und Emotionen, um die Wirkungen des Traums auf uns und die Auswirkungen unserer Praxis auf den Traum, um den Weg zu mehr Bewußtheit und Kontrolle.

Auf der nichtkonventionellen Ebene der Praxis geht es weder um Trauminhalte noch um unsere Erfahrung dieser Inhalte, sondern um das nonduale Klare Licht. Das ist es, worauf Traumpraxis und Schlafpraxis letztlich abzielen.

Wir sollten aber die dualistische Form des Traum-Yoga nicht geringschätzen. Schließlich leben wir ja die meiste Zeit in der Welt der Dualität und gehen den spirituellen Pfad innerhalb unseres gewöhnlichen Lebens. Durch die Traumpraxis verwandeln wir Ärger in Liebe, Hoffnungslosigkeit in Hoffnung und alles Verletzte in uns in Geheiltes und Starkes. Wir lernen geschickt mit den Situationen des Lebens umzugehen und anderen eine Hilfe zu sein. Und diese Geschicklichkeit wächst uns zu, wenn wir die Traumhaftigkeit und Formbarkeit des Lebens zu verstehen beginnen. Dann können wir aus dem gewöhnlichen Leben eine Erfahrung von Schönheit und Sinn machen, und alles wird Bestandteil des Weges.

Erst wenn unser Ich sich im Rigpa auflöst, haben wir das Bedürfnis nach Hoffnung und Bedeutung und die Unterscheidung von Positivem und Negativem wahrhaft überwunden. Die Wahrheit liegt jenseits von Heilung und dem Wunsch nach Heilung. Wenn wir uns das schon gedanklich zu eigen machen, während wir in Wirklichkeit noch in der Dualität leben, geraten wir in eine etwas konfuse Spiritualität: Wir bilden uns ein, in der Freiheit zu leben, während wir tatsächlich noch von unseren negativen Konditionierungen beherrscht sind. Weilen wir aber gänzlich im Klaren Licht, dann hat das Negative keine Macht mehr über uns; es ist also kein Problem, das zu überprüfen, um zu sehen, ob wir schon da sind oder nicht.

Es gibt im Hinblick auf die Traumpraxis vier Stadien der Integration: Schau, Traum, Bardo und Klares Licht. Schau meint hier alle Erfahrung des Wachzustands, also auch alles, was man mit den Sinnen wahrnimmt, und alle inneren Vorgänge. Integration der Schau in den Traum geschieht dadurch, daß wir alle Erfahrung und alle Phänomene als Traum erkennen. Das darf aber nicht beim intellektuellen Verstehen haltmachen, sondern muß lebendige, luzide Erfahrung sein, sonst bleibt es ein bloßes Spiel der Imagination, das keine tatsächliche Veränderung bewirkt. Kommt es an dieser Stelle jedoch zu echter Integration, so ändert sich unsere Beziehung zur Welt tiefgreifend. Unser Mögen und Nichtmögen nimmt entscheidend ab, und die bisher so unwiderstehlich erscheinenden emotionalen Verwicklungen erleben wir jetzt nur noch als die Ausläufer von Traumgeschichten.

Die Praxis verändert also unsere Erfahrung des am Tag »Geschauten«, und diese Veränderung findet Eingang in den Traum. Beim Träumen stellt sich Luzidität ein. Es gibt Stufen der Luzidität: Anfangs wird uns bewußt, daß der Traum ein Traum ist, aber er folgt immer noch seiner eigenen Logik; später gewinnt die Luzidität an Kraft, so daß wir im Traum vollkommen frei werden und der Traum ein Erlebnis von beinahe schockierender Lebhaftigkeit und Klarheit wird.

Die im Traum entwickelte Luzidität und Flexibilität des Geistes ist dann in den Zwischenzustand nach dem Tod einzubringen. Das Sterben hat manches mit dem Eintritt in den Traum gemein. Jetzt zeigt sich, ob unsere im Traum-Yoga entwickelten Fähigkeiten ausreichen, um im Bardo-Zustand nach dem Tod präsent und bewußt zu bleiben, wenn die Nachtod-Visionen sich einstellen. Wir sehen den Traum als eine Art Testlauf für den Bardo. Die Integration von Traum und Zwischenzustand bedeutet also, daß die Reaktionen auf die Phänomene des Bardo den Reaktionen auf die Phänomene des Traums entsprechen werden. Alles hängt im Bardo davon ab, wieviel Luzidität und Nichtanhaften wir im Traum entwickelt haben.

Der Bardo muß dann mit dem Klaren Licht integriert werden, damit der Sterbende Erleuchtung finden kann. Hier kommt es darauf an, den Bardo-Phänomenen nicht dualistisch zu begegnen, sondern in nondualer Präsenz zu bleiben, im vollen, ungeteilten Gewahrsein. So bleibt man in der Einheit von Leere und Gewahrsein, in dem, was wir klares Licht nennen. Das ist auch die höchste Entwicklungsstufe der Traumpraxis im Leben: Wenn wir völlig eins geworden sind mit dem Klaren Licht, hört das Träumen auf.

Wenn wir die Wacherfahrung unmittelbar als Traum sehen können, hört alles Anhaften auf. Die Luzidität, die wir uns erarbeiten mußten, um an diesen Punkt zu gelangen, überträgt sich auf die Träume der Nacht. Und die Luzidität, die wir im Traum gewinnen, überträgt sich später auf den Bardo. Wenn wir im Bardo dann gänzlich im nondualen Gewahrsein bleiben, finden wir Freiheit.

Bleiben Sie ohne Unterbrechung bei der Traumpraxis, und die Resultate werden in allen Bereichen Ihres Lebens sichtbar werden. Die Vollendung der Praxis bedeutet Freiheit. Wenn die Praxis nicht zu einer veränderten Lebenserfahrung führt, wenn also Spannungen und innerer Aufruhr bestehenbleiben, müssen die Hindernisse mit der Hilfe eines Lehrers untersucht und überwunden werden. Spürt man überhaupt nichts von Fortschritt, muß man seine Intention erneuern und stärker machen. Zeigt sich aber ein Fortschritt, so begrüßen Sie ihn freudig, und lassen Sie ihn Ihre Intention beflügeln. Wo Einsicht und Übung ineinandergreifen, wird sich gewiß der Erfolg einstellen.

# IV
# SCHLAF

*Das Folgende setzt eine gewisse Vertrautheit mit der tantrischen Terminologie voraus. Im Unterschied zu den Ausführungen über den Traum-Yoga wendet sich dieser Teil vor allem an jene, die bereits in die Tantra- oder Dzogchen-Praxis eingeführt sind.*

# 20. Der Schlaf und das Einschlafen

Der Schlaf beginnt normalerweise damit, daß das Bewußtsein sich von den Sinnen zurückzieht und unser Geist, in Bilder und Gedanken verloren, allmählich wegdämmert, bis er in Dunkelheit versinkt. Dieser bewußtlose Zustand dauert an, bis sich Träume einstellen. Durch die dualistische Beziehung zu den Traumbildern wird auch das Ichgefühl wiederhergestellt – bis zur nächsten Periode der Nichtbewußtheit. Eine normale Nacht besteht demnach aus sich abwechselnden Phasen der Nichtbewußtheit und des Träumens.

Der Schlaf ist für uns etwas Dunkles, weil in ihm das Tagesbewußtsein verlorengeht. Er scheint keine Erfahrung zu bieten, weil wir uns mit dem Oberflächengeist identifizieren, der im Schlaf stillgelegt ist. Die Phase, in der unsere Identität in sich zusammenbricht, nennen wir »Einschlafen«. Im Traum sind wir bewußt, weil unser Geist hier ein Traum-Ich entstehen läßt, mit dem wir uns identifizieren. Im traumlosen Schlaf gibt es dagegen kein Ich.

Auch wenn wir Schlaf als Nichtbewußtheit definieren, Dunkelheit und Erfahrungslosigkeit sind keineswegs das, was den Schlaf eigentlich ausmacht. Für das reine Gewahrsein am Grund unseres Seins gibt es keinen Schlaf. Wenn der Oberflächengeist nicht in Verdunkelungen, Träume oder Gedanken verwickelt ist, sinkt er zurück in den Grund des Geistes, und dann treten Klarheit, Frieden und Glück an die Stelle des Schlafs der Unwissenheit. Gelingt es uns, in diesem Gewahrsein zu bleiben, dann ist unser Schlaf lichtvoll, und dieses Licht ist das Klare Licht, unser wahres Wesen.

Träume entstehen, wie in früheren Kapiteln erläutert wurde, aus karmischen Spuren. Als Vergleich führte ich das Licht an, das durch einen Filmstreifen geschickt wird, wobei die karmischen Spuren die einzelnen Bilder sind, das Gewahrsein das Licht ist, das sie durchleuchtet, und der Grund (*kunzhi**) als Projektionsfläche für den Traum dient. Durch den Traum-Yoga gewinnen wir Luzidität gegenüber den Traumbildern. Im Schlaf-Yoga gibt es jedoch keinen Film und keine Projektion. Schlaf-Yoga ist bildlos. Unmittelbares Gewahren des Gewahrseins durch das Gewahrsein. Sich selbst erleuchtendes Licht. Reine Lichtheit ohne Bilder irgendwelcher Art. Wenn das Klare Licht uns durch Übung beständig gegenwärtig geworden ist, lenken sogar Traumbilder uns nicht mehr ab, und die Traumabschnitte des Schlafs unterbrechen das Klare Licht nicht. Man spricht dann von Klares-Licht-Träumen, die etwas anderes sind als Klarheitsträume. In Klares-Licht-Träumen erfährt das Klare Licht keine Verdunkelungen mehr.

Wir kommen dem, was das Klare Licht ist, durch Gedanken oder Bilder nicht näher. Im Klaren Licht gibt es weder Subjekt noch Objekt. Solange irgendeine Identifikation mit dem Subjekt besteht, gibt es keinen Zugang zum Klaren Licht. Tatsächlich ist »Zugang« das falsche Wort, denn das Klare Licht ist einfach der seiner selbst gewahre Grund. Darin ist kein Ich und kein Es. Jeder Versuch, das Nonduale sprachlich, das heißt dualistisch zu beschreiben, führt zwangsläufig in Paradoxe. Des Klaren Lichts kann man nur unmittelbar inne sein.

# 21. Dreierlei Schlaf

## *Der Schlaf der Unwissenheit*

Der Schlaf der Unwissenheit, den wir »Tiefschlaf« nennen, ist eine große Dunkelheit. Er fühlt sich an wie eine tausend Jahre alte Dunkelheit, und er ist noch viel älter: Er ist der Inbegriff der Unwissenheit, die Wurzel des Samsāra. Wie viele Nächte wir auch schlafen mögen, dreißig Jahre, siebzig Jahre lang, wir werden nicht fertig mit dem Schlafen. Wir kehren immer wieder in den Schlaf zurück, als würden wir durch ihn aufgeladen, und das geschieht auch tatsächlich. Unwissenheit ist das, was das Samsāra in Gang hält, und da wir samsārische Wesen sind, erhält unser samsārisches Leben Nahrung, wenn wir im Schlaf der Unwissenheit versinken. Wir erwachen gestärkt, unser samsārisches Dasein ist erneuert. Das ist »große Unwissenheit« – nicht zu ermessen.

Wir erleben den Schlaf der Unwissenheit als eine Leere, in der nichts von Ich oder Bewußtsein ist. Denken Sie an einen langen kräftezehrenden Tag, Regenwetter, das schwere Abendessen – und dann ein Schlaf, in dem weder Klarheit noch Ichgefühl ist. Wir klinken uns aus. Eine Erscheinungsform der Unwissenheit ist dieser Dämmerzustand, der uns in solche Auflösung und Bewußtlosigkeit hineinzieht.

Angeborene Unwissenheit ist die primäre Ursache des Schlafs. Die sekundären Ursachen und Bedingungen dafür, daß er zustande kommt, hängen mit dem Körper und seiner Müdigkeit zusammen.

## *Samsārischer Schlaf*

Samsārischer Schlaf ist der Schlaf der Träume. Man nennt ihn »große Täuschung«, weil er so endlos zu sein scheint.

Samsārischer Schlaf ist, als ginge man im Zentrum einer Großstadt spazieren, wo alles mögliche los ist: Menschen umarmen sich, streiten, plaudern, verlassen einander. Reichtum gibt es hier und Hunger. Menschen betreiben Geschäfte, und Menschen stehlen aus Geschäften. Es gibt schöne Ecken und heruntergekommene Gegenden, scheußliche Orte. In jeder Stadt sind Manifestationen der sechs Bereiche zu finden, und der samsārische Schlaf ist die Stadt der Träume, ein grenzenloses Reich mentaler Aktivität, ausgelöst durch die karmischen Spuren früheren Handelns. Anders als der Schlaf der Unwissenheit, in dem der gewöhnliche Geist zum Erliegen kommt, verlangt der samsārische Schlaf die Beteiligung des gewöhnlichen Geistes und der Emotionen.

In den Schlaf der Unwissenheit zieht uns der Körper, aber die primäre Ursache der Träume liegt in den Emotionen. Als sekundäre Ursache wirkt unser von Begehren und Widerwillen geleitetes Handeln.

## *Klares-Licht-Schlaf*

Diese dritte Art von Schlaf wird durch den Schlaf-Yoga verwirklicht. Man spricht hier auch vom Schlaf der Klarheit. Zu diesem Schlaf kommt es, wenn der Körper schläft, während der Übende sich nicht in Dunkelheit und Träume verliert, sondern im reinen Gewahrsein bleibt.

Das Klare Licht wird in den meisten Texten als die Einheit von Leere und Klarheit definiert. Es ist das reine, leere Gewahrsein am Grund unseres Seins. »Klar« bezieht sich auf die Leere, die Mutter, den Grund – Kunzhi. »Licht« meint die Klarheit, den Sohn, das reine ursprüngliche Gewahrsein – Rigpa. Klares Licht ist das unmittelbare Innewerden der Einheit von Rigpa und Kunzhi, von Gewahrsein und Leere.

Unwissenheit ist wie ein dunkles Zimmer, in dem man schläft. Bewußtheit ist eine Lampe in diesem Zimmer. Wie lange das Zimmer auch dunkel gewesen sein mag, eine Stunde oder eine Million Jahre lang, sobald die Lampe der Bewußtheit angezündet wird, ist es licht im ganzen Zimmer. Der Buddha ist in der Flamme, der Dharmakāya. Sie selbst sind dieses Leuchten. Das Klare Licht ist kein Gegenstand Ihrer Erfahrung, kein mentaler Zustand – Sie selbst sind es. Wenn dieses leuchtende Gewahrsein in der Dunkelheit voller Glückseligkeit ist, klar, unbewegt, ohne Bezug oder Urteil, ohne Mitte und Rand, dann ist es Rigpa. Es ist die Natur des Geistes.

Wenn Gedanken ohne Festhalten und Abwehr in reinem Gewahrsein betrachtet werden, lösen sie sich auf. Wenn aber der Gedanke, das Objekt, sich auflöst, so löst der Betrachter, das Subjekt, sich ebenfalls auf. Das Objekt, könnte man sagen, geht im Kunzhi auf und das Subjekt im Rigpa. Das ist jedoch insofern mißverständlich, als man meinen könnte, es gebe hier zwei Dinge, Kunzhi und Rigpa. Das ist nicht der Fall. Sie sind so wenig voneinander zu trennen wie Wasser und Nässe. Um uns eine Hilfe zu geben, um die Lehren irgendwie in bezug zur Dualität von Subjekt und Objekt zu setzen, sagt man, sie seien die beiden Seiten ein und derselben Sache. In Wahrheit gibt es das aber nicht, ein von einem Subjekt getrenntes Objekt. Es gibt nur die Illusion der Trennung.

# 22. Schlafpraxis und Traumpraxis

Der Unterschied zwischen Traumpraxis und Schlafpraxis ähnelt ein wenig dem Unterschied zwischen der Übung des ruhigen Verweilens (Zhine) mit Objekt und ohne Objekt. In der tantrischen Praxis wird mit dem Traum-Yoga der göttliche Körper der Meditationsgottheit (Yidam) erzeugt, der immer noch dem Bereich von Subjekt und Objekt angehört, während der Schlaf-Yoga auf den Geist der Gottheit gerichtet ist, auf reines nonduales Gewahrsein. In gewissem Sinne ist die Traumpraxis im Dzogchen zweitrangig, weil es hier noch Bilder gibt, während Subjekt und Objekt im Schlaf-Yoga ganz verschwinden und nur noch nonduales Rigpa vorhanden ist.

Einem Schüler, der mit der Dzogchen-Praxis beginnt, werden zunächst einmal Übungen »mit Attribut« gegeben. Erst wenn er hierin einige Stabilität gewonnen hat, geht er zu Übungen »ohne Attribut« über. Der Grund dafür liegt in der Ausrichtung unseres Bewußtseins auf Attribute, auf die Objekte des Subjekts, als das wir uns verstehen. Da wir ständig mit den Aktivitäten unseres unsteten Geistes identifiziert sind, brauchen wir am Beginn unserer Praxis etwas, woran der Geist sich halten kann. Sagt man uns: »Sei einfach Raum«, so kann dieser unstete Geist damit nichts anfangen, weil es ihm keinerlei Haltegriff bietet. Er macht sich dann ein Bild von Leere, dem er sich anzugleichen versucht, doch das ist nicht die Praxis. Sagt man ihm aber, es müsse etwas visualisiert und dann aufgelöst werden und so weiter, dann fühlt er sich schon viel besser, denn hier gibt es immer etwas zu denken. Wir geben diesem denkenden Geist Gegenstände der Bewußtheit, die ihn schließlich zur Bewußtheit ohne Attribute führen – und eben das ist die Richtung, die die Praxis nehmen muß.

So erhalten wir etwa den Auftrag, uns die Auflösung des Körpers vorzustellen, und das klingt gut, denn darunter kann man sich etwas vorstellen. Nach der Auflösung kommt aber ein Augenblick, wo sich keinerlei Halt mehr bietet – und das ist der Augenblick, in dem der gut vorbereitete Schüler gewahr werden kann, was Rigpa ist. Es hat etwas vom Rückwärtszählen: zehn, neun, acht – bis null. Null bietet keinerlei Halt mehr, es ist das Tigle des leeren Raums, aber die Bewegung führt uns dorthin. Dieser Countdown bis zum Garnichts hat etwas vom Gehen auf dem Weg mit Attributen bis zur Leere des Weges ohne Attribute.

Die Schlafpraxis hat eigentlich keine Form, und so gibt es hier nichts, worauf man sich ausrichten muß. Übung und Ziel sind ein und dasselbe: jenseits der Dualität von Wahrnehmendem und Wahrnehmung in der Einheit von Klarheit und Leere bleiben. Es gibt hier keine Eigenschaften, kein Aufwärts und Abwärts, kein Innen und Außen, kein Oben und Unten, weder Zeit noch Grenzen – keinerlei Unterschiedenheit. Weil es im Schlaf-Yoga anders als im Traum-Yoga keinen Gegenstand gibt, an dem der Geist sich festhalten könnte, gilt der Schlaf-Yoga als schwieriger. Luzidität im Traum bedeutet, daß man den Traum als Traum erkennt; er ist der Gegenstand des Gewahrseins. In der Schlafpraxis gibt es dagegen kein Subjekt, das sich einem Objekt gegenübergestellt sieht, sondern nur nonduales Innewerden des reinen Gewahrseins oder Klaren Lichts durch das Gewahrsein. Das Sinnesbewußtsein arbeitet hier nicht, also kann auch der auf Sinneserfahrung angewiesene Geist nicht arbeiten. Das Klare Licht ist wie Sehen ohne Auge, ohne Objekt, ohne einen Sehenden.

Das entspricht wiederum dem, was beim Sterben geschieht: Befreiung zu finden ist im ersten Bardo, dem uranfänglich reinen (*ka-dag*) Bardo, schwieriger als im daran anschließenden Bardo des Klaren Lichts (*od-gsal*), in dem wiederum Bilder aufsteigen. Beim Eintritt des Todes kommt es zu einem Augenblick völliger Auflösung der subjektiven Erfahrung im Grund des Kunzhi, bevor dann die Bardo-Visionen sich einstellen. In diesem Augenblick gibt es – wie beim Einschlafen, wenn die

Tageserfahrung sich völlig auflöst – kein subjektives Ich. Wir sind dann einfach nicht vorhanden. Anschließend steigen im Schlaf Träume und im Bardo Bilder auf, und indem wir sie wahrnehmen, läßt die Kraft der karmischen Tendenzen erneut den Eindruck eines wahrnehmenden Ich entstehen, das die Gegenstände seiner Wahrnehmung erfährt. Abermals in Dualität befangen, fallen wir im Schlaf wieder in samsārische Träume oder setzen im Bardo unseren Weg zur Wiedergeburt fort.

Durch die Schlafpraxis können wir im uranfänglich reinen Bardo Befreiung finden. Sind wir jedoch im Schlaf-Yoga nicht weit genug gelangt, so werden wir den anschließenden Bardo-Visionen ausgesetzt sein, die wir jedoch ebenfalls zur Befreiung nutzen können, wenn wir den Traum-Yoga beherrschen. Können wir jedoch weder auf den Schlaf-Yoga noch auf den Traum-Yoga zurückgreifen, so bleiben wir weiterhin im Kreislauf des Samsāra.

Sie müssen selbst entscheiden, welche dieser beiden Praxisformen für Sie am besten geeignet ist. Die Dzogchen-Lehren unterstreichen immer die Notwendigkeit, sich selbst zu kennen, über die eigenen Fähigkeiten und Schwierigkeiten Bescheid zu wissen und dieses Wissen zu nutzen, um den Weg zu gehen, der den größten Nutzen verspricht. Es bleibt jedoch anzumerken, daß es nur wenige Menschen gibt, denen der Schlaf-Yoga leichter fällt als der Traum-Yoga; deshalb empfehle ich im allgemeinen, mit dem Traum-Yoga zu beginnen. Solange Ihr Geist noch Halt an Dingen sucht, ist es sinnvoller, mit dem Traum-Yoga zu beginnen, denn hier findet der Geist Halt an den Träumen selbst. Die Traumpraxis wird uns leichter fallen, wenn wir im Rigpa sicher verankert sind, denn wir haften jetzt nicht mehr an den Dingen, empfinden uns nicht mehr als Subjekt, sind also in der Lage, die für den Tiefschlaf kennzeichnend ist. Ein weiterer Grund für meine Empfehlung, mit dem Traum-Yoga zu beginnen, liegt darin, daß man bis zur Luzidität im Schlaf viel länger braucht als bis zur Luzidität im Traum. Wenn man dann für lange Zeit geübt hat und immer noch keinen Erfolg sieht, kann sich Entmutigung einstellen, und die wird zum Hindernis auf dem Weg.

Letztlich münden die beiden Yogas ineinander ein. Wenn wir den Traum-Yoga ganz verwirklicht haben, wird sich das nonduale Rigpa-Gewahrsein im Traum manifestieren. Das wird zu vielen Klarheits-Träumen und schließlich zum Aufgehen der Träume im Klaren Licht führen. Das ist auch die Frucht der Schlafpraxis. Wenn wir im Schlaf-Yoga Fortschritte machen, werden die Träume von selbst luzider, und es stellen sich spontan Klarheitsträume ein. Die luziden Träume eignen sich dann zur Ausbildung der geistigen Flexibilität, von der weiter oben die Rede war. Für die Vollendung ist in beiden Yoga-Formen Voraussetzung, daß wir auch tagsüber in der reinen Präsenz des Rigpa bleiben.

# V
# DIE PRAXIS DES SCHLAF-YOGA

# 23. Die Ḍākinī Salgye Du Dalma

Dem »Mutter-Tantra« zufolge gibt es eine Beschützerin und Hüterin des heiligen Schlafs. Ihr Wesen ist dem der Praxis gleich, und wenn wir Kontakt zu ihr aufnehmen, gewinnen wir für den Übergang vom unbewußten zum bewußten Schlaf ihre Führung und ihren Segen. Ihr Name ist Salgye Du Dalma (*gsal-byed-gdos-bral-ma*). Er lautet in Übersetzung »Die unvorstellbar Klärende«. Sie ist das im Dunkel des normalen Schlafs verborgene Leuchten.

In der eigentlichen Traumpraxis ist sie formlos, aber beim Einschlafen visualisieren wir sie als eine Lichtkugel, ein Tigle. Wir visualisieren hier nicht Formen wie etwa die Silben im Traum-Yoga, sondern einfach Licht, denn wir bewegen uns hier auf der Ebene der Energie, jenseits der Form. Wir versuchen alle Unterscheidungen wie Innen und Außen, Ich und anderes aufzulösen. Unser Geist hat die Gewohnheit, beim Visualisieren einer Form zu meinen, sie sei etwas anderes als er selbst, und wir müssen über den Dualismus hinausgehen. Die Ḍākinī steht für das Klare Licht. Sie ist das, was wir in unserem Ursprung immer schon sind, klar und leuchtend. In der Schlafpraxis werden wir die Ḍākinī.

Wir nehmen also Verbindung zu unserem eigenen wahren Wesen auf, wenn wir in Beziehung zu Salgye Du Dalma treten. Erinnern wir uns so häufig wie möglich an sie, um diese Verbindung zu stärken. Tagsüber können wir sie in ihrer *Sambhogakāya**-Form visualisieren: rein weiß, leuchtend und schön. Ihr durchscheinender Körper besteht ganz und gar aus Licht. In der rechten Hand hält sie einen Krummdolch, in der linken eine Schädelschale. Ihren Wohnsitz hat sie im Herz-Chakra, wo sie auf einer weißen Mondscheibe sitzt, die auf einer goldenen Sonnenscheibe ruht, die wiederum auf einem vierblättrigen Lotos von blauer Farbe ruht. Stellen Sie sich wie beim Guru-Yoga vor, wie Sie in die Dākinī eingehen und die Dākinī in Sie eingeht, bis beider Wesen in eins verschmolzen sind.

Sie wohnt in Ihrem Herzen und begleitet Sie, wo Sie auch sein mögen. Wenn Sie essen, bringen Sie ihr etwas davon dar. Bringen Sie ihr auch dar, was Sie trinken. Sie können mit Ihr sprechen. Wenn Sie irgendwo sind, wo Sie lauschen können, lassen Sie die Dākinī mit Ihnen sprechen. Natürlich sollen Sie nicht wirklich Stimmen hören wie ein Psychotiker – benutzen Sie Ihre Phantasie. Wenn Sie Bücher über den Dharma gelesen oder Vorträge zu diesen Themen gehört haben, können Sie sich vorstellen, daß sie Ihnen Unterweisungen zu den Dingen gibt, die Sie schon wissen. Lassen Sie sich von ihr dazu anhalten, präsent zu bleiben, die Unwissenheit zu durchschlagen, mitfühlend zu handeln, achtsam zu sein und Ablenkungen zu widerstehen. Ihr Lehrer steht vielleicht nicht immer zur Verfügung, Ihre Freunde auch nicht, aber die Dākinī ist immer da. Machen Sie sie zu Ihrer ständigen Begleiterin, zur Führerin bei Ihrer Praxis. Sie werden sehen, daß der Austausch Ihnen allmählich immer realer erscheinen wird. Sie wird Ihr Verständnis des Dharma verkörpern und Ihnen zurückspiegeln. Wenn Sie sie stets gegenwärtig halten, wird der Raum, in dem Sie sind, Ihnen lichtvoll erscheinen, und Ihr Geist gewinnt Luzidität. Die Dākinī lehrt Sie, daß das Leuchten und die Luzidität das Klare Licht sind, das Sie selbst im Grunde sind. Üben Sie das ein, bis sogar das Gefühl des Getrenntseins oder aufsteigende negative Emotionen Sie automatisch an die Dākinī erinnern. Dann werden Konfusion und emotionale Schlingen Sie zur Bewußtheit zurückführen, wie eine Tempelglocke den Beginn der Meditation ankündigt.

Wenn diese Beziehung zur Dākinī Ihnen zu fremd oder abgehoben erscheint, werden Sie ihr vielleicht eine psychologische Deutung geben wollen. Das ist in Ordnung. Sie können sie sich als von Ihnen getrennt oder als ein Symbol vorstellen, mit dem Sie Ihre Intention und Ihren Geist ausrichten. Auch in diesem Fall sind jedoch Entschlossenheit und Beständigkeit die wichtigsten Hilfsmittel für den spirituellen Weg. Wenn Sie eine Yidam-Praxis machen, können Sie sich bei dieser Übung auch an Ihren Yidam oder an irgendeine Gottheit oder ein Erleuchtungswesen halten; worauf es bei Ihrer Praxis ankommt, ist Ihr Einsatz, nicht die Form. Dennoch ist es gut zu wissen, daß das »Mutter-Tantra« gerade die Dākinī Salgye Du Dalma mit dieser Praxis in Verbindung bringt. Die Hinwendung zu ihrer Gestalt und Energie hat eine lange Tradition, und der Anschluß an die Kraft dieser Linie kann eine große Hilfe sein.

Die Imagination ist eine große Kraft, stark genug, uns ein Leben lang an die Leiden des Samsāra zu binden, und stark genug, um den Dialog mit der Dākinī real werden zu lassen. Viele Schüler des Weges scheinen den Dharma als etwas starr Festgelegtes zu sehen, doch das ist er nicht. Der Dharma ist flexibel, und der Geist sollte sich ihm darin anschließen. Wir müssen selbst herausfinden, wie wir den Dharma so einsetzen können, daß er unsere Verwirklichung fördert. Anstatt sich vorzustellen, wie der morgige Tag wohl sein wird, anstatt an die Auseinandersetzung mit dem Chef oder den vor Ihnen liegenden Abend mit Ihrem Partner zu denken, könnte es besser sein, diese schöne Dākinī präsent sein zu lassen, die das höchste Ziel der Praxis verkörpert. Wichtig ist, daß Sie Ihre Intention so stark machen, wie sie für die Praxis sein muß, und eine starke Beziehung zu Ihrem wahren Wesen aufbauen – zu dem, wofür die Dākinī steht. Beten Sie zu ihr so oft wie möglich um den Schlaf des Klaren Lichts. Jedesmal wird Ihre Intention neue Kraft bekommen.

Letztlich müssen Sie mit der Dākinī eins werden, was aber nicht heißt, daß Sie wie in der tantrischen Praxis ihre Gestalt annehmen müssen. Es heißt: in der Natur des Geistes bleiben, in jedem Augenblick Rigpa sein. Im ursprünglichen Zustand bleiben, das ist sowohl die beste Vorbereitung als auch die beste Praxis.

*Salgye Du Dalma*

# 24. Die Vorbereitung

Streß, der mit ins Bett genommen wird, folgt dem Schläfer in den Schlaf. Bringen Sie den Geist also möglichst in den Rigpa-Zustand. Gelingt das nicht, so bringen Sie den Geist zumindest in den Körper, in den Zentralkanal, ins Herz. Die Übungen zur Vorbereitung auf den Traum-Yoga gelten auch für den Schlaf-Yoga. Nehmen Sie Zuflucht zu Lama, Yidam und Ḍākinī, oder üben Sie den neunfachen Reinigungsatem und Guru-Yoga. Zuallermindest sollten Sie Gedanken fassen, die Ihr Engagement und Ihre Praxis fördern, etwa indem Sie Mitgefühl entstehen lassen. Soviel kann jeder tun. Beten Sie außerdem um Klares-Licht-Schlaf. Wenn Sie andere Übungen haben, die Sie normalerweise vor dem Schlafengehen machen, können Sie darin fortfahren.

Eine brennende Kerze oder ein gedämpftes Licht während der Nacht bewahrt dem Geist eine gewisse Wachheit. Das Schlafen bei Licht fühlt sich anders an, und dieses Anderssein kann man zur Unterstützung der Bewußtheit nutzen. Achten Sie, sofern Sie bei Kerzenlicht schlafen, auf Feuersicherheit. Das Licht hilft jedoch nicht nur, eine gewisse Wachheit zu wahren, sondern es repräsentiert auch die Ḍākinī Salgye Du Dalma. Die Klarheit und Leuchtkraft eines Lichts sind ihrem Wesen näher als irgend etwas anderes in der Welt der Form. Stellen Sie sich das Licht im Zimmer als die Ḍākinī vor, die Sie mit ihrem Wesen umgibt. Lassen Sie das äußere Licht die Verbindung zu Ihrem inneren Licht sein, zu dem Leuchten, das Sie sind. Das Herstellen einer Beziehung zwischen der äußeren Lichterfahrung und der Praxis stellt eine Hilfe dar; sie gibt dem Geist Richtung und Stütze auf seinem Weg zur Auflösung in reinem Gewahrsein. So wird äußeres Licht eine Brücke zwischen der von Gedanken beherrschten Welt der

Form und der gedankenfreien unmittelbaren Erfahrung des Formlosen.

Eine weitere vorbereitende Übung, die gelegentlich angewendet wird, besteht darin, daß man für eine oder drei oder sogar fünf Nächte schlaflos bleibt. Das entkräftet den gewöhnlichen Geist. Dieses Mittel wird traditionell angewendet, wenn der Meister ganz in der Nähe ist. Wenn der Schüler nach der Zeit der Schlaflosigkeit schließlich schläft, weckt der Meister ihn während der Nacht immer wieder und stellt ihm Fragen: Warst du bewußt? Hast du geträumt? Bist du in den Schlaf der Unwissenheit gefallen?

Wenn Sie dies ausprobieren möchten, verabreden Sie sich mit einem erfahrenen Praktizierenden, dem Sie vertrauen. Nach Ihrer schlaflosen Nacht (anfangs belassen Sie es besser bei einer), richten Sie es möglichst am nächsten Abend so ein, daß Sie eine Massage bekommen, die den Körper entspannt und die Kanäle öffnet. In der Nacht lassen Sie sich von Ihrem Helfer dreimal wecken und die obigen Fragen stellen. Nach jedem Aufwachen widmen Sie sich dann der im nächsten Kapitel beschriebenen Praxis und schlafen wieder ein. Der gewöhnliche Geist befindet sich manchmal in so großer Erschöpfung, daß er ganz still wird. Dann ist es leichter, sich im Klaren Licht wiederzufinden.

# 25. Die Schlafpraxis

Wie im Traum-Yoga gibt es hier während der Nacht vier Aufwachzeiten, also vier Übungsperioden. Im Schlaf-Yoga sind jedoch alle vier Übungsphasen gleich.

Sie liegen, wie in den Kapiteln über Traum-Yoga beschrieben, in der Löwenhaltung: Männer auf der rechten, Frauen auf der linken Seite. Visualisieren Sie im Herz-Chakra einen blauen Lotos mit vier Blütenblättern. In der Mitte befindet sich die Dākinī Salgye Du Dalma, visualisiert als ihre Essenz, eine klare Sphäre reinen Lichts, ein Tigle, durchsichtig wie ein vollkommener Kristall. Das Tigle ist selbst farblos, gibt aber die Farbe der Blütenblätter als ein strahlendes weißlich-blaues Licht wieder. Verschmelzen Sie derart mit diesem Tigle, daß Sie selbst blaues Licht werden.

Auf jedem der vier Blütenblätter befindet sich ebenfalls ein Tigle, so daß es insgesamt fünf sind. Vorn ist ein gelbes Tigle, das den Osten repräsentiert. Zu Ihrer linken Seite steht ein grünes Tigle für den Norden, hinten ein rotes Tigle für den Westen und rechts das blaue Tigle des Südens. Diese Tigles stehen für Dākinīs, die in ihrer leuchtenden Essenz visualisiert werden, als die verschiedenfarbigen Lichter. Visualisieren Sie die Dākinīs nur in dieser Gestalt leuchtender Sphären oder Kugeln. Die vier Tigles sind wie das Gefolge der Dākinī Salgye Du Dalma. Versuchen Sie zu empfinden, daß Sie vom Schutz der Dākinīs umgeben sind, empfinden Sie ihre liebevolle Anwesenheit so, daß Sie sich geborgen und entspannt fühlen.

Beten Sie zur Dākinī, daß Sie einen Klares-Licht-Schlaf und keine Träume oder den Schlaf der Unwissenheit erleben mögen. Geben Sie Ihrem Gebet Kraft und Hingabe mit, und wiederholen Sie es immer wieder. Das Beten wird Ihre Intention verstärken. Eine starke Intention, das kann nicht oft genug betont werden, ist die Grundlage der Praxis. Bieten Sie Ihre ganze Hingabe auf, um die Intention so sehr zuzuspitzen und so kraftvoll zu machen, daß sie die Wolken der Unwissenheit, die das Klare Licht verdunkeln, durchstoßen kann.

## *Eintritt in den Schlaf*

Das Einschlafen ist zwar eigentlich ein kontinuierlicher Prozeß, aber wir unterteilen ihn, als Stütze für die Bewußtheit, in fünf Stufen. In der folgenden Übersichtstabelle zeigt die linke Spalte die fortschreitende Abkoppelung von den Sinnen und Sinnesobjekten bis hin zum völligen Fehlen einer »Schau«, also bis zu dem Stadium, in dem alle Sinneserfahrung zum Erliegen kommt.

Normalerweise ist unsere Identität von der Welt der Sinne abhängig. Im Schlaf verschwindet die Welt: Das, was unser Bewußtsein trägt, fällt in sich zusammen, und wir schlafen ein, wir werden bewußtlos. Der Schlaf-Yoga bedient sich nun des Tigle, um das Bewußtsein aufrechtzuerhalten, wenn die Verbindung zur Außenwelt abreißt. Parallel zur allmählichen Auflösung der Sinneserfahrung nimmt der Übende nacheinander Verbindung zu den fünf Tigles auf, bis die Außenwelt völlig verschwunden ist und er in das reine nonduale Leuchten des Klaren Lichts eingeht. Der Übergang von einem Tigle zum nächsten sollte so sanft und glatt wie möglich vonstatten gehen, ganz dem gleitenden, stufenlosen Prozeß des Einschlafens entsprechend.

a. Wenn Sie sich in der richtigen Haltung hingelegt haben, bleibt die Sinneserfahrung noch gänzlich bestehen: Sie sehen, Sie hören, Sie fühlen das Bett, und so weiter. Das ist der Augenblick der »Schau«, der Sinneserfahrung, die das gewöhnliche Ich noch aufrechterhält. Bewegen Sie sich nun in Richtung jenes reinen Bewußtseins, für welches das Tigle steht. Im ersten Schritt lassen Sie Ihr Gewahrsein mit dem

Tigle an der Vorderseite verschmelzen, mit einem wunderbar warmen gelben Licht, in das der gewöhnliche Geist sich allmählich auflösen kann.

b. Wenn die Augen zufallen, beginnt der Kontakt zur Welt der Sinne zu schwinden. Das ist die zweite Phase, die der abnehmenden Schau. Verlagern Sie Ihr Gewahrsein auf das grüne Tigle zur Linken. Lassen Sie zu, daß Ihre Identität sich mit der schwindenden Sinneserfahrung ebenfalls auflöst.

c. Während die Sinneserfahrung weiter verstummt, verlagern Sie Ihr Gewahrsein auf das rote Tigle. Das Einschlafen ist ein vertrauter Vorgang – das Diffuswerden der Sinne, das langsame Versiegen des Empfindens. Normalerweise verlieren Sie sich selbst, wenn die äußeren Stützen der Identität wegfallen, aber jetzt lernen Sie, ohne alle Stützen zu existieren.

d. Wenn die Sinneserfahrung beinahe erloschen ist, verlagern Sie Ihr Gewahrsein auf das blaue Tigle zur Rechten. Jetzt ist es in allen Sinnen sehr still, und es besteht kaum noch Kontakt zur Außenwelt.

e. Beim endgültigen Eintritt in den Schlaf, wenn aller Kontakt zu den Sinnen des Körpers endet, verschmilzt Ihr Gewahrsein gänzlich mit dem weißlichblauen Tigle in der Mitte. Wenn

Stadien beim Erlöschen der Sinnestätigkeit

| Sinneserfahrung | Tigle Farbe | Tigle Richtung | Tigle Ort |
|---|---|---|---|
| a. Schau | Gelb | Osten | Vorn |
| b. Abnehmende Schau | Grün | Norden | Links |
| c. Verstummende Schau | Rot | Westen | Hinten |
| d. Endende Schau | Blau | Süden | Rechts |
| e. Keine Schau | Weißlichblau | Zentrum | Zentrum |

jetzt alles richtig läuft, ist das Tigle an dieser Stelle nicht mehr Gegenstand Ihres Gewahrseins, das heißt, Sie visualisieren kein blaues Licht und nehmen es nicht an einer bestimmten Stelle wahr. Vielmehr werden Sie jetzt das Klare Licht *sein* und während des Schlafs in diesem Zustand bleiben.

Beachten Sie, daß diese fünf Stufen nicht mentale Erscheinungen darstellen, sondern sich auf das allmähliche Aufhören der sinnlichen Erfahrung beziehen. Normalerweise durchlaufen wir diesen Prozeß unbewußt; bei dieser Praxis soll er jedoch im Gewahrsein ablaufen. Die einzelnen Schritte sollen nicht scharf abgegrenzt sein. Lassen Sie das Gewahrsein beim allmählichen Rückzug des Bewußtseins von den Sinnen ohne merkliche Verlagerungsbewegungen durch die Tigles wandern, bis nur noch nonduales Gewahrsein – das Klare Licht des zentralen Tigle – übrigbleibt. Wie der Körper in den Schlaf sinkt, so sinken Sie in das Klare Licht. Das Wandern von einem Tigle zum nächsten soll nicht von Entscheidungen geleitet, nicht von Ihnen veranlaßt sein; überlassen Sie es Ihrer Intention, den ganzen Prozeß in Ihrer Erfahrung ablaufen zu lassen.

Sollten Sie mitten in der Praxis ganz wach werden, so fangen Sie wieder von vorn an. Sie müssen nicht starr an der Form der Praxis festhalten. Es spielt auch keine Rolle, ob Sie die Stadien langsam oder schnell durchlaufen. Bei manchen Menschen zieht sich das Einschlafen über einige Zeit hin, andere liegen kaum, da schlafen sie auch schon. In beiden Fällen ist aber der Ablauf der gleiche. Eine Nadel gleitet in einem einzigen Augenblick durch fünf Schleier, und doch gibt es fünf unterscheidbare Stufen ihres Durchgangs durch die zarten Gewebe. Halten Sie sich nicht jedesmal eigens vor Augen, welches Stadium welches ist, achten Sie nicht einmal auf die saubere Fünfteilung des ganzen Vorgangs. Die Visualisation ist nur eine anfängliche Stütze für das Gewahrsein. Verlieren Sie sich nicht in Details – viel wichtiger ist, daß Sie das Wesen der Praxis erfassen und umsetzen.

Ich habe festgestellt, daß man die Tigles auch in der anderen Drehrichtung durchlaufen kann. Sie beginnen wieder mit dem gelben Tigle an der Vorderseite, das für die Erde steht. Dann gehen Sie aber zum blauen Tigle (Wasser) an der rechten Seite über, von dort zum hinten gelegenen roten Tigle (Feuer) und zum grünen Tigle (Luft) an der linken Seite. Zuletzt erreichen Sie wieder das zentrale weißblaue Tigle, das den Raum repräsentiert. Das ist die Abfolge, in der sich die Elemente beim Sterbeprozeß auflösen. Probieren Sie aus, welche Reihenfolge für Sie günstiger ist.

Wie bei der Traumpraxis empfiehlt es sich auch hier, in ungefähr zweistündigen Abständen dreimal pro Nacht aufzuwachen. Wenn Sie einige Erfahrung gewonnen haben, brauchen Sie die Abschnitte nicht mehr künstlich festzulegen, sondern können sich an die natürlichen Aufwachzeiten halten. Wiederholen Sie bei jedem Aufwachen den gleichen Übungsablauf. Und erkunden Sie bei jedem Aufwachen die Erfahrungen des vorangegangenen Schlafabschnitts: Ging Ihnen das Gewahrsein verloren, so daß Sie einfach im Schlaf der Unwissenheit waren? War es gewöhnlicher samsārischer Schlaf mit samsārischen Träumen? Oder waren Sie im Klaren Licht, im reinen nondualen Gewahrsein?

# 26. Tigle

Tigle wird je nach Zusammenhang unterschiedlich definiert. Im Zusammenhang dieser Praxis ist es eine kleine Lichtkugel, die für bestimmte Bewußtseinsqualitäten oder, im Fall des zentralen Tigle, für reines Rigpa steht. Letztlich muß das Gewahrsam auch ohne Stützen stabil bleiben können, doch bis wir so weit sind, ist Licht eine gute Hilfe. Auch Licht, leuchtend und klar, gehört noch der Welt der Form an, aber es ist doch weniger substanzhaft als jede andere wahrnehmbare Form. Die Visualisation der Tigles ist eine Brücke, vielleicht auch eine Krücke – nützlich so lange, bis auch Lichtwahrnehmungen nicht mehr nötig sind, bis der Übende ohne Stütze im bildlosen leeren Gewahrsam bleiben kann, in jener Lichtheit, die die Essenz des Lichts ist.

Wenn Sie das Tigle auf den vier blauen Blütenblättern im Herz-Chakra visualisieren, kommt es nicht darauf an, daß Sie die anatomisch richtige Stelle genau treffen. Spüren Sie nur einfach die Mitte des Körpers in der Herzgegend. Setzen Sie Gewahrsein und Imagination ein, um die richtige Stelle zu finden, die Stelle des tatsächlichen Erlebens.

Die Farben der Tigles wurden nicht willkürlich gewählt. Farben haben Einfluß auf das Bewußtsein, und die verschiedenfarbigen Lichter sollen bestimmte Eigenschaften wachrufen, die dann in die Praxis zu integrieren sind – etwa in der Weise, wie die einzelnen Chakras, Farben und Silben auch im Traum-Yoga eine bestimmte Reihenfolge bilden. In dem Maße, wie wir uns für die Unterschiede sensibilisieren, werden wir die verschiedenen Eigenschaften von Gelb, Grün, Rot und Blau beim Übergang von einem Tigle zum nächsten erleben.

Dies ist jedoch keine Transformationspraxis, bei der wir unsere Identität ändern. Im Schlaf-Yoga wird die Identität vielmehr gänzlich aufgegeben. Es geht hier nicht darum, bei einer Visualisation zu bleiben, wie es in der tantrischen Praxis vorkommen kann. Der Geist braucht aber etwas, woran er sich festhalten kann, und wenn er nicht wenigstens dieses Licht hätte, würde er sich irgend etwas greifen.

Bevor wir Rigpa erfahren haben, können wir uns kaum vorstellen, wie man bewußt bleiben soll, wenn weder ein Subjekt noch ein Objekt da ist. Normalerweise braucht das Bewußtsein einen Gegenstand, und genau das meint der Ausdruck »Stütze« des Bewußtseins durch eine Form oder ein Attribut. Die Übungen, bei denen der visualisierte Gegenstand oder die eigene Identität aufgelöst werden, trainieren den Übenden darin, auch dann bewußt zu bleiben, wenn alle dualistischen Stützen des Bewußtseins wegfallen. Sie bereiten uns auf den Schlaf-Yoga vor, sind aber noch nicht der Schlaf-Yoga selbst. Sogar »Praxis« ist noch eine Stütze, und im verwirklichten Schlaf-Yoga gibt es keine Stütze, also auch keine Praxis mehr: Wenn der auf Stützen angewiesene Geist sich im Grund auflöst, geschieht Schlaf-Yoga, oder er geschieht nicht.

# 27. Fortschritt

Wenn man eine gut bekannte Strecke fährt, ist es mit der Präsenz meist nicht weit her. Bei der täglichen Fahrt zur Arbeit und dann wieder zurück sieht man eigentlich nichts besonders bewußt. Das Steuern des Wagens geht automatisch vor sich, während der Fahrer an seine Arbeit denkt oder von einem Urlaub träumt, seinen Geldsorgen nachhängt oder etwas für die Familie plant.

Dann beschließt man, einen spirituellen Weg zu gehen, und gibt sich Mühe, bei der Heimfahrt so präsent wie möglich zu bleiben und diese Zeit zur Stählung des Geistes für die Praxis zu nutzen. Dem steht jedoch unsere Konditionierung entgegen: Der Geist entschwebt immer wieder. Wir holen ihn zurück – zum Gefühl des Steuerrads unter den Händen, zur Farbe des Grases entlang der Straße –, doch das hält allenfalls ein paar Minuten an, und schon hat dieser so umtriebige Geist unsere Aufmerksamkeit wieder irgendwohin geschleppt.

Bei der Meditation ist es nicht anders. Wir wenden unseren Geist dem Bild einer Gottheit, dem *A* oder dem Atem zu, doch nach kaum einer Minute ist er schon wieder unterwegs. Es kann lange dauern, sogar Jahre, bevor wir imstande sind, auch nur eine halbe Stunde lang ununterbrochen präsent zu bleiben.

Am Beginn der Traumpraxis wiederholt sich dieses Muster abermals. Die meisten Träume sind reine Abgelenktheit, ohne jede Präsenz, und wir vergessen sie, kaum daß sie vorbei sind. Dann bekommen wir Übung, und es entstehen Augenblicke der Luzidität, die sich allmählich zu ganzen Minuten luzider Präsenz im Traum ausweiten. Auch dann können wir die Luzidität wieder verlieren, oder schon dem nächsten Traum fehlt vielleicht jegliche Luzidität. Wir kommen voran, das ist sicher und auch erkennbar, doch es verlangt unser eifriges Bemühen und eine starke Intention.

Die Schlafpraxis entwickelt sich bei vielen noch langsamer. Wenn sich jedoch trotz ausdauernden Übens kein Fortschritt zeigt – keine vermehrte Präsenz, keine deutlichen positiven Veränderungen im Leben –, dann sollte man sich damit nicht abfinden. Machen Sie Reinigungsübungen; sehen Sie zu, ob Sie eine Verpflichtung (*Samaya*) gebrochen haben, und bringen Sie die Sache in Ordnung; arbeiten Sie mit dem Prāna und der Energie des Körpers. Es gibt noch weitere Übungen, die nötig werden könnten, um Hindernisse beiseite zu räumen und Ihnen eine Basis für den Erfolg im Traum- und Schlaf-Yoga zu geben.

Der Übende ist wie ein Rankgewächs, das nur wachsen kann, wenn es Halt oder Stütze hat. Unser Umfeld ist von großem Einfluß auf uns, verbringen Sie also genügend Zeit in Umgebungen und mit Menschen, die Ihre Praxis eher fördern, als von ihr abzulenken. Lesen Sie Bücher über den Dharma, meditieren Sie mit anderen, nehmen Sie an Unterweisungen teil, pflegen Sie Umgang mit anderen, die den Weg gehen. Die ehrliche Einschätzung Ihrer Praxis und der Resultate liegt bei Ihnen selbst. Wenn Sie hier nicht ehrlich sind, können Sie sich jahrelang in dem Glauben wiegen, Sie machten Fortschritte, wenn in Wirklichkeit eigentlich gar nichts passiert ist.

# 28. Hindernisse

Schlaf-Yoga ist keine Praxis, die sich nur auf den Schlaf beschränken soll. Wir üben hier, stets im nondualen Gewahrsein zu bleiben, vor allem in den vier Zuständen des Wachens, Schlafens, Meditierens und Sterbens. Die Hindernisse, die wir hier ansprechen wollen, sind von ihrer Wirkung her ein und dasselbe: Wir treiben vom Klaren Licht weg in dualistische, samsārische Erfahrung. Die Hindernisse sind:

1. die Präsenz des natürlichen Klaren Lichts des Tages verlieren, wenn sinnliche oder mentale Ablenkung eintritt;
2. die Präsenz des Klaren Lichts des Schlafs verlieren, wenn es zur Ablenkung durch Träume kommt;
3. die Präsenz des Klaren Lichts des Samādhi (bei der Meditation) verlieren, wenn Ablenkung durch das Denken entsteht;
4. die Präsenz des Klaren Lichts des Todes verlieren, wenn die Visionen des Zwischenzustands ablenkend wirken.

*1. Die Präsenz des natürlichen Klaren Lichts des Tages verlieren.* Im Wachleben stellen äußere Erscheinungen das Hindernis dar. Wir verlieren uns in die Erfahrung, die »Schau«, der Sinnesobjekte. Ein Geräusch kommt und zieht uns mit, ein Geruch läßt uns in Tagträume von frisch gebackenem Brot verfallen, der Wind kräuselt das Nackenhaar, und schon verlieren wir das zentrumslose Rigpa-Gewahrsein und werden ein Subjekt, das eine Empfindung erlebt. Anders ist die Erfahrung, wenn wir in der Klarheit des Rigpa bleiben. Ein Laut ist zu hören, aber wir halten Verbindung zu der Stille in ihm und verlieren die Präsenz nicht. Ein Anblick bietet sich dar, doch wir sind in der Stille verwurzelt und fallen nicht aus der Präsenz. Wir überwinden das Hindernis der äußeren Erscheinung dadurch, daß wir das stetige Verweilen im natürlichen Klaren Licht üben.

Das natürliche Klare Licht ist das Klare Licht des Tages, dasselbe wie das Klare Licht der Nacht. Kennen wir das Klare Licht des Tages, so können wir es auch im Schlaf finden. Die Praxis besteht darin, das natürliche Klare Licht des Wachlebens mit dem Klaren Licht des Schlafs und dem Klaren Licht des Samādhi zu verbinden, bis wir ohne Unterbrechung im reinen Rigpa zu bleiben vermögen.

*2. Die Präsenz des Klaren Lichts des Schlafs verlieren.* Im Schlaf sind Träume das Hindernis für die Verwirklichung des Klaren Lichts. Stellt sich ein Traum ein, so reagieren wir dualistisch auf ihn und bilden uns ein, ein Subjekt gegenüber einer Welt von Objekten zu sein. Die Wirkung ist ähnlich wie im ersten Fall, nur ist das Hindernis hier rein innerlicher Art. Wir sagen, daß Bilder das Klare Licht verdunkeln; eigentlich verdunkelt aber nicht der Traum selbst die Klarheit, sondern der Umstand, daß wir uns durch ihn von der Klarheit ablenken lassen. Deshalb beten wir im Anfangsstadium der Praxis, daß wir weder den Schlaf der Unwissenheit noch den Schlaf des Traums haben mögen. Haben wir genügend Stabilität gewonnen, kann das Träumen uns nicht mehr ablenken, und dadurch kommt es zum Klares-Licht-Traum.

*3. Die Präsenz des Klaren Lichts des Samādhi verlieren.* Das Klare Licht des Samādhi ist das meditative Klare Licht oder das Klare Licht des Bewußtseins: Rigpa während der Meditationsübung. Im Anfangsstadium der Praxis sind Gedanken das, was das Klare Licht des Samādhi verdunkelt. Wenn wir während der Praxis genügend Rigpa-Stabilität gewonnen haben, können wir lernen, das Denken mit dem Rigpa in Einklang zu bringen. Bis dahin greifen wir nach jedem aufsteigenden Gedanken oder schieben ihn weg, und beides lenkt uns von Rigpa ab.

Das heißt aber nicht, daß man das meditative Klare Licht erst nach vielen Jahren der Praxis finden kann. Es gibt viele

Augenblicke im Leben, in denen wir auf das natürliche Klare Licht stoßen können – es kann sogar in jedem Augenblick gefunden werden, sofern Sie Aufschluß darüber erhalten haben und es erkennen können.

*4. Die Präsenz des Klaren Lichts des Todes verlieren.* Das Klare Licht des Todes wird von den Bardo-Visionen verdunkelt. Wenn wir uns von diesen Visionen ablenken lassen und in eine dualistische Beziehung zu ihnen eintreten, geht die Klarheit des Rigpa verloren. Wie in den bisherigen drei Fällen: Zu diesem Verlust muß es nicht kommen, wenn unsere Erfahrung des Klaren Lichts genügend Stabilität besitzt.

Der Bardo muß das Klare Licht des Todes nicht verdunkeln. Gedanken müssen das Klare Licht des Samādhi nicht verdunkeln. Träume müssen das Klare Licht des Schlafs nicht verdunkeln. Äußere Gegenstände müssen das natürliche Klare Licht nicht verdunkeln.

Wenn diese vier Hindernisse uns den Blick verstellen, werden wir dem Samsāra nicht entgehen, sondern zwangsläufig wieder in samsārische Fallen tappen. Sobald wir aber die Schlaf- und Traumpraxis wirklich beherrschen, wissen wir, wie man diese Verdunkelungen in den Weg integriert.

Die Schlafpraxis beschränkt sich nicht auf den Schlaf, sondern soll letztlich alle Erfahrung – im Wachzustand wie im Schlaf, im Traum wie im Bardo – mit dem Klaren Licht in Einklang bringen. Wer das erreicht, findet Freiheit. Mystische Erfahrungen und Einsichten, aber auch alle Gedanken, Gefühle und Wahrnehmungen stellen dann für die Präsenz des Rigpa keine Störung mehr da. Was auch immer sich jetzt an Gedanken, Gefühlen und so weiter einstellen mag, Sie lassen einfach zu, daß es sich spontan selbst befreit, daß es sich in Leere auflöst und keine karmische Spur hinterläßt. Alle Erfahrung ist dann direkt, unmittelbar, lebendig und erfüllend.

# 29. Unterstützende Übungen

Es folgen kurze Beschreibungen von (zumeist im »Mutter-Tantra« empfohlenen) Übungen, die als Unterstützung der Hauptpraxis gedacht sind.

## *Meister*

Eine stärkere Hinwendung zu Ihrem wahren Wesen wirkt sich unterstützend auf Ihre Schlafpraxis aus. Stellen Sie sich den Meister am Scheitelpunkt Ihres Kopfes vor, und lassen Sie eine starke Verbindung und Ergebenheit entstehen. Die Verbindung zum Meister kann sehr rein sein, auf reine Ergebenheit gebaut. Aber visualisieren Sie nicht einfach nur ein Bild des Meisters; die Ergebenheit muß sehr stark sein, und Sie müssen seine Anwesenheit wirklich empfinden. Beten Sie kraftvoll und aufrichtig. Dann lassen Sie den Meister in Licht aufgehen und dieses Licht durch den Scheitelpunkt in sich eingehen und zum Herzen absteigen. Stellen Sie sich den Meister dort in Ihrem Herz-Chakra bleibend vor, und schlafen Sie ein.

Die Nähe, die Sie zum Meister empfinden, ist in Wahrheit die Nähe zu Ihrem eigenen wahren Wesen. Dies ist die Stütze des Lama.

## *Dākinī*

Auf einem strahlenden Lotos im Herzen visualisieren Sie die Dākinī Salgye Du Dalma, auf einer Sonnenscheibe sitzend. Sie ist klar, durchscheinend und leuchtend wie ein helles Licht. Fühlen Sie ihre Präsenz, ihre Barmherzigkeit und Fürsorglichkeit. Sie beschützt Sie, sie hilft Ihnen, sie führt Sie. Sie ist das, worauf Sie sich uneingeschränkt verlassen können. Sie ist die Essenz des Klaren Lichts, Ihr Ziel, die Erleuchtung. Lassen Sie Liebe zu ihr entstehen, Vertrauen und Achtung. Sie ist das Licht der Erleuchtung. Sammeln Sie sich auf sie, beten Sie zu ihr, und schlafen Sie ein.

## *Ausdruck*

Suchen Sie einen Ort auf, an dem Sie völlig ungestört sind. Bestreuen Sie den Körper mit Asche. Nehmen Sie schwere Nahrung zu sich, die Windstörungen vertreibt. Und jetzt bewegen Sie sich, drücken Sie aus, was in Ihnen ist, springen Sie wie wild umher, und lassen Sie raus, was Sie blockiert oder ablenkt. Niemand ist da, also gebärden Sie sich ruhig wie ein Verrückter, wenn Ihnen danach ist. Lassen Sie es eine Katharsis sein, nach der sie gereinigt und gelöst sind. Toben Sie alle Spannung aus sich hinaus.

Und jetzt beten Sie voller Inbrunst zum Meister, zum Yidam, zur Dākinī und zum Zufluchtsbaum. Beten Sie kraftvoll, bitten Sie um die Erfahrung des Klaren Lichts. Dann schlafen Sie in dieser Erweckungserfahrung.

## *Gebet*

Wenn Sie das Klare Licht des Tages, der Meditation und des Schlafs noch nicht erlebt haben, dann bitten Sie immer wieder darum. Man vergißt diese einfache Kraft des Wünschens und Betens nur allzu leicht. Wir meinen, das Beten müsse etwas ganz Besonderes sein, an irgendeine höhere Macht außerhalb unserer selbst gerichtet, aber so ist es nicht. Es kommt nur darauf an, daß Sie das Trachten und Begehren in Ihrem Gebet ganz stark empfinden, daß Sie Ihr Herz hineinlegen.

Einst hat vielleicht Kraft in den Worten gelegen, wenn die Menschen einander eine gute Nacht oder einen guten Tag wünschten, aber heute sind das nur noch Formeln, die wir mechanisch von uns geben, ohne viel von ihrem eigentlichen Sinn zu fühlen. Dieselben Worte, vielleicht sogar im gleichen Tonfall, und doch sind sie jetzt kraftlos. Geben Sie acht, daß Ihnen das nicht beim Beten passiert. Ein Gebet besitzt Kraft, aber sie liegt nicht in den Worten; sie liegt in dem Gefühl, das Sie hineinlegen. Lassen Sie Ihre Intention stark werden, und legen Sie sie in Ihr Gebet.

## *Auflösen*

Diese Übung gibt einen Eindruck, wie die Sammlung bei der Praxis sein soll. Am Anfang stehen ein Licht und jemand, der das Licht wahrnimmt, doch die Absicht ist, die beiden zu vereinigen.

Entspannen Sie sich so weit wie möglich. Schließen Sie die Augen, und beginnen Sie mit einer präzisen Visualisation des etwa daumenabdruckgroßen weißlichblauen Tigle im Herz-Chakra. Lassen Sie es größer und diffuser werden. Es ist gut, wenn Sie das Licht des Tigle sehen können, aber wichtiger ist, daß Sie es fühlen. Lassen Sie das Licht von Ihrem Herzen ausstrahlen und alles, was es berührt, auflösen. Das Zimmer, in dem Sie sind, löst sich auf, dann das Haus, der ganze Ort, die Gegend, das Land. Lassen Sie die ganze Welt, das Sonnensystem, das Universum im Licht des Tigle aufgehen. Was auch immer der Geist berührt – Orte, Menschen, Dinge, Gedanken, Bilder oder Gefühle –, lösen Sie es auf. Die drei Welten der Begierde, der Form und des Formlosen lösen sich auf. Wenn alles Äußere in Licht aufgegangen ist, wenden Sie das Licht sich selbst zu, zuerst Ihrem Körper: Lassen Sie das Licht Ihren Körper auflösen, so daß er in blaues Licht aufgeht, das mit dem blauen Licht in Ihrer Umgebung eins wird. Lösen Sie Ihren Geist auf – jeden Gedanken, jede Regung. Lösen Sie alle Probleme Ihres Lebens auf. Verschmelzen Sie mit dem Licht. Werden Sie das Licht. Jetzt gibt es kein Innen und Außen mehr, kein Ich und Nicht-Ich. Nichts an der Welt oder Ihnen selbst wirkt noch substanzhaft. Da ist nur dieses Leuchten im Raum des Herzens, der jetzt durchlässiger Raum ist. Es finden noch Erfahrungen statt, aber Sie lassen alles, was Ihnen jetzt begegnet, spontan im blauen Licht aufgehen. Lassen Sie es ohne Mühe geschehen. Es gibt nur noch dieses Licht. Und jetzt lassen Sie sogar dieses Licht sich in Raum auflösen.

Hier sollten Sie während des Schlafs bleiben.

## *HUNG*

Visualisieren Sie Tausende von blauen HUNG-Silben, die beim Ausatmen aus beiden Nasenöffnungen strömen. Sie entspringen dem Herzen und wandern durch die Kanäle nach oben, um den Körper beim Ausatmen durch die Nase zu verlassen. Sie schwärmen aus in alle Dimensionen und über allen Raum und lösen auf, was ihnen begegnet. Ihr Leuchten bringt Licht in den gesamten Raum. Beim Einatmen kehrt das Licht der HUNG-Silben zurück und läßt Körper und Geist in Licht aufgehen, bis es kein Innen und Außen mehr gibt. Setzen Sie diese Visualisation fort, bis nur noch das expandierende und sich kontrahierende Licht der HUNG-Silben da ist. Lösen Sie sich selbst in dieses Licht auf, und bleiben Sie in diesem nondualen Zustand. Machen Sie diese Übung tagsüber so oft wie möglich, einundzwanzig Atemzüge lang oder noch länger.

Unser Geist flüchtet sich gern in Tricks. Der Standard-Trick besteht darin, daß er sich als das Subjekt ausgibt und dann

*Die tibetische Silbe HUNG*

alles andere als von diesem Subjekt getrennt erscheinen läßt. Bei dieser Übung wird alles, was Sie als außerhalb Ihrer selbst wahrnehmen, beim Ausatmen aufgelöst. Der Wahrnehmende selbst wird beim Einatmen aufgelöst. Außen und Innen werden leuchtend und klar und verschmelzen ununterscheidbar ineinander. Findet der Geist doch wieder einen Durchschlupf in die Dualität, so schicken Sie das Gewahrsein als blaue HUNG-Silben hinter ihm her. Will er nach einem Objekt greifen, lassen Sie es in Licht aufgehen. Will er sich auf sich selbst als Subjekt zurückwenden, lösen Sie auch das auf. Schließlich kann jedes Gefühl von Festigkeit vergehen – von hier und dort, von Subjekt und Objekt, von Dingen und Wesenheiten.

Im allgemeinen sehen wir diese Übung als eine Möglichkeit, zur Erfahrung des Klaren Lichts zu kommen, aber sie dient auch dazu, diese Erfahrung, wenn sie gemacht wurde, abzusichern und aufrechtzuerhalten.

# 30. Integration

Haben wir Rigpa einmal erfahren, müssen wir das gesamte Leben mit ihm in Einklang bringen. Das ist die Funktion der Praxis. Das Leben braucht eine Form, und wenn wir es nicht gestalten, wird es eine vom Karma diktierte Form annehmen, die uns vielleicht nicht gar so sehr gefällt. Viele positive Veränderungen werden sich ergeben, wenn wir Praxis und Leben immer mehr zur Deckung bringen.

## *Das Klare Licht und die drei Gifte*

Das Klare Licht muß mit den drei Wurzelgiften Unwissenheit, Begierde und Haß zu einem Ganzen gefügt werden. Für den ersten Schritt dieser Integration – Unwissenheit und das Klare Licht – wird der Schlaf-Yoga eingesetzt.

Die Begierde mit dem Klaren Licht in Einklang zu bringen hat etwas vom Auffinden des Klaren Lichts im Traum. Wenn wir im Dunkel des Schlafs versinken, ist das Klare Licht uns verborgen. Wenn wir uns in das Begehren verlieren, ist unser wahres Wesen auch verborgen, doch während der Schlaf der Unwissenheit alles, sogar das Ichgefühl, ganz und gar verdunkelt, wirkt das Begehren in bestimmten Situationen so, daß es Rigpa verdunkelt. Es läßt eine scharfe Trennung zwischen dem Subjekt und dem Objekt des Begehrens entstehen. Das Wünschen an sich ist eine Beschneidung des Bewußtseins; es erwächst aus einem Gefühl des Mangels, das vorherrscht, solange wir nicht wirklich in unserem wahren Wesen sind. Unser wahres Begehren richtet sich auf die Ganzheit und Vollkommenheit des Rigpa-Zustands, doch es heftet sich immer wieder an andere Dinge, weil wir der wahren Natur unseres Geistes nicht inne sind.

Wenn wir uns dem Begehren als solchem zuwenden, anstatt an seinem Objekt zu haften, löst es sich auf. Und wenn wir in der reinen Präsenz bleiben können, gehen das Begehren, das Subjekt des Begehrens und der Gegenstand der Begierde in der Leere auf, die sie im Grunde sind, und zurück bleibt das Klare Licht.

Die Befriedigung der Begierde kann als Mittel der Praxis genutzt werden. In der Vereinigung von Leere und Klarheit liegt Freude. In der tibetischen Ikonographie finden wir das in den *Yab-Yum*-Darstellungen abgebildet, die eine männliche und eine weibliche Gottheit in geschlechtlicher Vereinigung zeigen. Solche Darstellungen verdeutlichen die nonduale Einheit von Weisheit und Methode, Leere und Klarheit, Kunzhi und Rigpa. Die Freude der Vereinigung findet sich in jeder Aufhebung einer scheinbaren Dualität, auch in der zwischen dem begehrenden Subjekt und dem begehrten Objekt. Ein Begehren, das befriedigt wird, endet in diesem Augenblick, und was als Dualität erschien, ist für den Augenblick verschwunden. Für diesen Augenblick, in dem die Dualität ausgelöscht ist, erscheint statt ihrer Kunzhi, der Grund von allem. Leider zieht die Kraft unserer karmischen Gewohnheiten uns normalerweise sofort in die nächste Dualität, und so bleibt in unserer Erfahrung nur eine Art Lücke, fast wie ein Wegtreten, aber nicht die Rigpa-Erfahrung.

Die sexuelle Vereinigung von Mann und Frau läßt sich in diesem Sinne als Praxis nutzen. Normalerweise hat unsere Erfahrung des Orgasmus etwas von lustvoller Entrückung bis an den Rand der Bewußtlosigkeit – das Begehren kommt in seiner Erfüllung zur Ruhe. Aber dieser glückselige Zustand verträgt sich durchaus mit Bewußtheit; anstatt uns gänzlich zu verlieren, können wir – ohne die Dualität von beobachtendem Subjekt und beobachteter Erfahrung entstehen zu lassen – im vollen Gewahrsein bleiben und so in der sexuellen Vereinigung den Zugang zum Heiligen finden. Für einen Augenblick fällt alle Geschäftigkeit von unserem Geist ab, und zurück bleibt der leere Grund: Wir erleben die Verschmelzung von

Glückseligkeit und Leere, von der insbesondere in den tantrischen Lehren die Rede ist.

Es gibt viele solche Situationen, in denen wir uns normalerweise verlieren, in denen wir aber auch unser wahres Wesen finden könnten. Wir verlieren uns nicht nur im Orgasmus oder in anderen intensiven Lusterfahrungen. Selbst bei kleineren Freuden fallen wir normalerweise aus unserer Präsenz und verlieren uns in das Gefühl oder den Gegenstand unserer Freude. Wir können uns aber darauf trainieren, daß jedes Vergnügen und jede Lust uns daran erinnern, voll bewußt zu werden, den gegenwärtigen Augenblick, den Körper und die Sinne mit Gewahrsein zu erfüllen und uns nicht ablenken zu lassen. Das ist eine der Möglichkeiten, das Begehren und das Klare Licht in Einklang zu bringen. Und sie beschränkt sich nicht auf Erfahrungen einer bestimmten Art, sondern kann in jeder dualistischen Situation genutzt werden, in der ein Subjekt einem Objekt gegenübersteht. Wenn wir Lust als Zugang zur Praxis nutzen, geht sie nicht verloren, wir müssen nicht *gegen* die Lust sein. Wenn Subjekt und Objekt sich im Klaren Licht auflösen, erleben wir die Vereinigung von Leere und Klarheit, und die bedeutet Freude.

Bei Haß und Widerwillen ist das Vorgehen ähnlich. Wenn wir Verärgerung oder Zorn einfach betrachten, aber unbeteiligt bleiben oder uns zumindest nicht mit ihm identifizieren, nicht vom Zorn getrieben sind, so hört das dualistische Haften am Gegenstand des Zorns auf, und der Zorn selbst löst sich in Leere auf. Wenn es gelingt, in dieser Leere unsere Präsenz zu wahren, löst sich das Subjekt ebenfalls auf. Was in diesem leeren Raum bleibt, ist das Klare Licht.

Mit dem Ausdruck »in reiner Präsenz betrachten« ist nicht gemeint, daß wir ein zorniges Subjekt bleiben, das den Zorn betrachtet, sondern daß wir Rigpa sind, der Raum, in dem der Zorn sich abspielt. Wenn der Zorn so betrachtet wird, löst er sich in Leere auf. Was bleibt, ist Raum. Das ist das Klare. Aber es gibt auch noch Gewahrsein, Präsenz. Das ist das Licht. Die Leere und Präsenz können nun eins werden mit dem Zorn, weil der Zorn das Klare Licht nicht mehr verdeckt. Wo wir unsere Gedanken so betrachten und der Beobachter mitsamt dem Beobachteten verschwindet, kommt es zu einer Rigpa-Erfahrung.

Dzogchen ist nicht kompliziert. In Dzogchen-Texten finden wir häufig Zeilen, wie: »Ich bin so einfach, daß du mich nicht verstehst. Ich bin so nah, daß du mich nicht siehst.« Wenn wir in der Ferne suchen, sind wir uns nicht des Nahen bewußt. Wenn wir an Zukunft denken, entgleitet uns die Gegenwart. Das geschieht in jeder Dimension der Erfahrung.

Die Tibeter haben ein Sprichwort: »Je mehr Weisheit, desto weniger Gedanken.« Wir können sagen: Je mehr unsere Praxis sich festigt, desto weniger wird unsere Erfahrung vom Denken beherrscht sein. Manchen Menschen macht das Sorgen. Sie sagen: Wenn ich (beispielsweise) meinen Zorn loslasse, werde ich mich doch nicht mehr um das kümmern, was schlecht ist in der Welt. Als brauchten sie den Zorn als eine Art Antrieb. Aber so muß es nicht sein. Natürlich sind wir, gerade wenn wir einen spirituellen Weg gehen, für unser äußeres Leben verantwortlich. Wenn etwas Schlechtes passiert, müssen wir uns darum kümmern; wo etwas nicht in Ordnung ist, müssen wir uns ihm zuwenden. Aber wenn uns gerade nichts auffällt, was nicht in Ordnung ist, müssen wir uns nicht aufmachen, um etwas zu suchen. Bleiben wir lieber in unserer natürlichen Verfassung. Sind wir wütend, müssen wir uns damit befassen. Sind wir es nicht, wozu dann etwas aufrühren?

Ich begegne vielen Menschen, die sich für gestandene und gefestigte Dzogchenpas, also Dzogchen-Übende, halten. Eine andere tibetische Spruchweisheit sagt: »Wenn ich die schroffen, unwirtlichen Gegenden hoch oben im Grenzland zwischen Nepal und Tibet aufsuche, bete ich zu den Drei Kostbarkeiten. Auf dem Heimweg hinunter in die blühenden Täler trällere ich.« Man hält sich leicht für gestanden und gefestigt, wenn alles glattgeht. Die Nagelprobe kann dann in einer emotionalen Krise bestehen: Sind wir nun Dzogchenpas oder nicht? Die Dzogchen-Praxis hat etwas unerbittlich Präzises. Wir können selbst herausfinden, wie weit wir in die Praxis schon hineingewachsen sind; wir müssen nur darauf achten, wie wir auf die Situationen unseres Lebens reagieren. Wenn der Partner uns verläßt, der Mensch, den wir so innig lieben, wo sind dann all die schönen Worte der Gemeinsamkeit? Wir fühlen Schmerz, und auch den müssen wir integrieren.

## *Das Klare Licht und die Zyklen der Zeit*

Traditionell werden an einer spirituellen Praxis die Aspekte Anschauung, Meditation und Verhalten unterschieden. In diesem Abschnitt soll es um das Verhalten gehen. Das Verhalten wird unter dem Gesichtspunkt der äußeren, der inneren und der geheimen Vereinigung mit bestimmten Zeitzyklen betrachtet.

Auf unserem Weg durch den Tag verlieren wir im allgemeinen Energie und unsere Präsenz. Durch Vertiefung unserer Praxis können wir aber lernen, wie wir die verstreichende Zeit nutzen können, um zu einer stetigeren Erfahrung des Klaren Lichts zu kommen.

### *Äußere Vereinigung: Das Klare Licht im Zyklus von Tag und Nacht*

Für diese Praxis werden die vierundzwanzig Stunden des Tages in Abschnitte eingeteilt. In der Vergangenheit war der Tagesablauf der Menschen mehr durch die natürlichen Zyklen bestimmt, aber das ist heute nicht mehr so. Wenn Sie einen anderen Tagesablauf haben, etwa weil Sie nachts arbeiten, dann passen Sie den Übungsablauf Ihren Lebensumständen an. Die Tageszeit spielt zwar eine Rolle für unseren Energiehaushalt, aber wir müssen nicht glauben, daß vom Stand der Sonne abhängt, ob die in den Lehren beschriebenen Erfahrungen zustande kommen. Denken Sie sich die beschriebenen Abschnitte des Tages lieber als Metaphern für innere Prozesse. Das »Mutter-Tantra« benennt die vier Zeitabschnitte folgendermaßen:

1. Auflösung der Phänomene im Grund;
2. das Bewußtsein erreicht das Nirvāna;
3. das ursprüngliche Gewahrsein steigt ins Bewußtsein auf;
4. das Gleichwerden der beiden Wahrheiten im Wachzustand.

*1. Auflösung der Phänomene im Grund.* Für den ersten Abschnitt wird die Zeit zwischen Sonnenuntergang und Zubettgehen, der Abend, zugrunde gelegt. In dieser Zeit scheint alles dunkler zu werden. Die Sinnesobjekte werden undeutlich, und die gesamte Sinneserfahrung ist reduziert. Die Kraft der inneren Sinne nimmt ab. Das »Mutter-Tantra« bedient sich hier des Bildes vieler kleiner Flüsse, die dem Meer zustreben: Äußere Phänomene, die Sinne, das gewöhnliche Ich, Gedanken, Emotionen und das Bewußtsein bewegen sich in Richtung Auflösung im Schlaf, im Grund.

Was hier gemeint ist, können Sie im Laufe des Abends selbst nachvollziehen, wenn Sie Ihre Imagination einsetzen. Anstatt sich in Richtung Dunkelheit zu bewegen, gehen Sie lieber auf das größere Licht Ihres wahren Wesens zu. Anstatt sich zersplittert zu fühlen, verteilt auf die Flüsse und Nebenflüsse der Erfahrung, strömen Sie lieber der Ganzheit des Rigpa zu. Normalerweise sind wir eher mit den sich entleerenden Flüssen verbunden, doch bei dieser Übung geht es darum, mit dem sich füllenden Meer, mit dem Grund, verbunden zu bleiben. Alles strömt auf das weite, friedvolle, strahlende Meer des Klaren Lichts zu. Strömen auch Sie in diesem Übergang zur Nacht auf das nonduale Gewahrsein zu und nicht in Richtung Bewußtlosigkeit.

Dies ist der erste der vier Zeitabschnitte.

*2. Das Bewußtsein erreicht das Nirvāna.* Der zweite Abschnitt beginnt mit dem Einschlafen und endet mit dem Aufwachen, traditionell im Morgengrauen des nächsten Tages. Stellen Sie sich diese Zeit vor, die Stille der Nacht. Der Text sagt hier: Wenn alles dunkel wird, zeigt sich ein Licht. Das ist ganz ähnlich wie bei einer Meditationsklausur im Dunklen; Sie empfinden es da zunächst als sehr dunkel, aber bald ist alles voller Licht.

Versuchen Sie im Schlaf präsent zu bleiben, ganz eingebettet in das Klare Licht. Wenn Sie, nachdem alle äußeren Erscheinungen, alle Gedanken und Gefühle sich im Grund aufgelöst haben, präsent bleiben, ist es beinahe wie das Eingehen ins Nirvāna, wo alle samsārische Erfahrung endet. Es ist vollkommen leer und doch voller Glückseligkeit. Wenn das verwirklicht ist, haben Sie die Einheit von Glückseligkeit und Leere erreicht: das Licht im Dunkel sehen.

Warten Sie nicht bis zum Eintritt des Schlafs, um die Erfahrung des Klaren Lichts zu machen. Versuchen Sie schon vor dem Einschlafen im Klaren Licht zu sein. Bleiben Sie möglichst auch dann im Rigpa, wenn Sie die Visualisationen des Schlaf-Yoga machen.

Das ist der zweite Abschnitt, in dem Sinne und Bewußtsein wie ein Mandala des klaren Himmels sind. Bleiben Sie möglichst bis zum Morgen in dieser kontemplativen Verfassung.

*3. Das ursprüngliche Gewahrsein steigt ins Bewußtsein auf.* Der dritte Abschnitt beginnt mit dem Aufwachen und dauert bis zum vollen Aktivwerden des Geistes. Dem Text zufolge ist das die Zeit vom allerersten Morgenlicht bis zum Sonnenaufgang. Stellen Sie sich diese Tageszeit vor: Der erste blasse Lichtschimmer erscheint am dunklen Himmel und weitet sich in die Schönheit des Tages. Erste Geräusche sickern in die Stille ein – Vögel, Fahrzeuge, Menschen. Innerlich ist das der Übergang von der Stille des Schlafs bis zum vollen Einstieg in das Tagesleben.

Der Text empfiehlt ein sehr frühes Aufstehen. Wachen Sie wenn möglich in der Natur des Geistes und nicht im gewöhnlichen Geist auf. Nehmen Sie wahr, ohne sich mit dem Wahrnehmenden zu identifizieren. Das kann in den ersten Augenblicken des Erwachens leichter sein, weil das begriffliche Denken dann noch nicht ganz wach ist. Fassen Sie die Absicht, in reiner Präsenz aufzuwachen.

*4. Das Gleichwerden der beiden Wahrheiten im Wachzustand.* Der vierte Abschnitt beginnt, wenn Sie ganz in den Tag eingetreten sind, und endet bei Sonnenuntergang. Das ist der Tag, die Zeit des Aktiv- und Geschäftigseins, die Zeit des Umgangs mit Menschen. Sie tauchen ganz in die Welt ein, in Formen, Sprache, Gerüche, Gefühle und dergleichen. Die Sinne sind voll aktiv und von ihren Gegenständen eingenommen. Dennoch, versuchen Sie auch hier in der reinen Präsenz des Rigpa zu bleiben.

Wenn Sie sich in Ihre Erfahrung verlieren, bringt die Welt Sie durcheinander. Bleiben Sie jedoch in der Natur des Geistes, so werden Sie keine Fragen finden, die gestellt oder beantwortet werden müßten. In tiefer nondualer Präsenz kommen alle Fragen zur Ruhe. Dieses eine beseitigt alle Zweifel.

Dies ist der vierte Abschnitt, in dem die vordergründige und die höchste Wahrheit in der Einheit von Klarheit und Leere zusammenfallen.

### *Innere Vereinigung: Das Klare Licht und der Schlafzyklus*

Die Abfolge ist hier ganz ähnlich wie im vorigen Abschnitt. Hier ist jedoch nicht der gesamte Tageszyklus angesprochen, sondern es geht um kontinuierliche Präsenz während irgendeines Zyklus von Wachzustand und Schlaf; es muß also nicht der Nachtschlaf sein, sondern kann sich beispielsweise auch auf den Mittagsschlaf beziehen. Bevor wir einschlafen, müssen wir uns daran erinnern, daß wir hier eine Gelegenheit zum Üben haben. Das ist etwas Positives, das wir für die spirituelle Praxis und für unsere Gesundheit tun können. Wenn Sie die Übung eher als Last empfinden, sollten Sie sie nicht machen, bis Sie sich richtig dafür begeistern können und sich mit Freuden dafür einsetzen.

Auch hier gibt es wieder vier Phasen:

1. vor dem Einschlafen;
2. nach dem Einschlafen;
3. vom Aufwachen bis zum vollen Eintritt in die Aktivitäten der Welt;
4. die Zeit des Aktivseins bis zur nächsten Schlafperiode.

*1. Vor dem Einschlafen.* Das ist die Zeit vom Hinlegen bis zum Einschlafen. Alle Erfahrung löst sich im Grund auf, die Flüsse strömen ins Meer.

*2. Nach dem Einschlafen.* Das »Mutter-Tantra« vergleicht diese Phase mit dem Dharmakāya, dem Klaren Licht. Die äußere Welt der Sinne ist leer, doch das Gewahrsein bleibt.

*3. Nach dem Aufwachen.* Die Klarheit ist da, der haftende Geist noch nicht wach. Das ist wie der vollkommene Sambhogakāya, nicht nur leer, sondern von perfekter Klarheit.

*4. Die Zeit des Aktivseins.* Der Augenblick, in dem der haftende Geist aktiv wird, besitzt Ähnlichkeit mit der Manifestation des Nirmānakāya. Tätigkeiten, Gedanken und die gewöhnliche Welt »laufen an«, doch das Klare Licht bleibt bestehen. Die Welt der Erfahrung manifestiert sich in der Nondualität des Rigpa.

### *Geheime Vereinigung: Das Klare Licht und der Bardo*

Diese Übung zielt auf die Bewahrung des Klaren Lichts im Zwischenzustand oder Bardo nach dem Tod. Der Sterbeprozeß hat manches mit dem Einschlafen gemein. Auch hier sind wieder vier Abschnitte zu erkennen:

1. Auflösung
2. Auftauchen
3. Erfahren
4. Integrieren

*1. Auflösung.* Im ersten Stadium des Sterbens, in dem sich die Elemente des Körpers aufzulösen beginnen, schwindet die Sinneserfahrung, die Energien der inneren Elemente werden freigesetzt, die Emotionen versiegen, die Lebenskraft löst sich auf, und das Bewußtsein löst sich auf.

*2. Auftauchen.* Dies ist der erste Bardo nach dem Tod, der ursprünglich reine (*ka-dag*) Bardo. Ähnlich wie unmittelbar nach dem Einschlafen ist dies in der Regel eine Phase der Bewußtlosigkeit. Der weit genug entwickelte Yogi kann von allen dualistischen Identitäten loslassen und auf dieser Stufe unmittelbar Befreiung im Klaren Licht finden.

*3. Erfahren.* Es folgt der Bardo des Klaren Lichts (*od-sal*), in dem sich Visionen einstellen. Dies hat Ähnlichkeit mit dem Übergang vom traumlosen Schlaf zum Träumen; das Bewußtsein manifestiert sich in allerlei Formen. Die meisten Menschen identifizieren sich mit einer Seite der Erfahrung, die sie als ihr Ich empfinden, und reagieren dann – wie im samsārischen Traum – dualistisch auf das als äußerlich empfundene Traumgeschehen. Der gut vorbereitete und geschulte Yogi kann auch in diesem Bardo Befreiung finden.

*4. Integrieren.* Als nächstes kommt der Bardo der Existenz (*si-pe bar-do*). Wer ausreichend vorbereitet ist, vereinigt hier die gewöhnliche Wirklichkeit mit dem nondualen Rigpa. Das ist wieder das Gleichwerden der beiden Wahrheiten, der gewöhnlichen und der absoluten. Wer diese Fähigkeit nicht entwickelt hat, identifiziert sich jetzt mit dem eingebildeten Ich und bleibt in einer dualistischen Haltung gegenüber seinen visionären Erfahrungen, merkt also nicht, daß es sich um Projektionen seines eigenen Geistes handelt. Deshalb wird es jetzt zur Wiedergeburt in einem der sechs Bereiche kommen.

Diese vier Abschnitte sind Phasen des Sterbeprozesses. Wir müssen in ihnen bewußt bleiben, um die Verbindung zum Klaren Licht zu halten. Wenn wir auf den Tod zugehen, müssen wir möglichst im Rigpa bleiben, bevor die Sinneserfahrung sich aufzulösen beginnt. Warten Sie nicht bis zum Eintritt in den Bardo. Wenn etwa das Hörvermögen schon nicht mehr besteht, das Sehvermögen aber noch intakt ist, dann ist das ein Zeichen, vollständig präsent zu sein und sich nicht von den übrigen Sinnen ablenken zu lassen. Lassen Sie sich völlig in das Rigpa hinein, das ist die beste Vorbereitung auf das, was noch kommt.

Alle Formen der Traum- und Schlafpraxis sind in gewissem Sinne Vorbereitung auf den Tod. Der Tod ist eine Weggabelung: Jeder Sterbende geht den einen Weg oder den anderen. Alles hängt davon ab, wie gut wir in der Praxis verankert sind und ob wir in der Lage sind, gänzlich im Rigpa zu bleiben. Selbst bei einem plötzlichen Tod, etwa durch Autounfall, gibt es immer einen Augenblick, in dem wir erkennen können, daß der Tod eingetreten ist – auch wenn es in solch einem Fall vielleicht schwieriger ist. Sofort nach diesem Erkennen muß man alles daransetzen, mit der Natur des Geistes eins zu werden.

Viele Menschen haben Nahtodeserfahrungen gemacht. Danach, sagen sie, sei alle Todesfurcht verschwunden. Sie haben den Augenblick erlebt und kennen ihn jetzt. Wenn wir an den Augenblick des Todes denken, erleben wir ihn ja nicht in Wirklichkeit, sondern nur in Gedanken, und da ist er mit mehr Furcht verbunden als der tatsächliche Todesmoment. Wenn diese Furcht weicht, wird es einfacher, sich ganz auf die Praxis einzulassen.

### *Die drei Vereinigungen: Zusammenfassung*

In allen drei Zyklen – dem eines ganzen Tages, dem des Schlafens und Wachens und dem des Sterbens – ist eine ähnliche Abfolge zu erkennen. Zuerst die Auflösung, dann der Dharmakāya (Leere), dann der Sambhogakāya (Klarheit), dann der Nirmānakāya (Manifestation). In allen Phasen kommt es darauf an, in nondualer Präsenz zu bleiben. Die Aufteilung solcher Prozesse – wie etwa auch im Traum- und Schlaf-Yoga – macht es uns leichter, mit dem Gewahrsein bei den einander ablösenden Augenblicken zu bleiben; wir haben dann etwas, woran wir uns halten können, um die zwangsläufig einander folgenden Erfahrungen als Stütze für das Einüben reiner Präsenz zu nutzen.

Das Prinzip des Verhaltens hat mit dem äußeren Lauf der Zeit zu tun. Der natürliche Zustand des Geistes erleidet keine Unterbrechung, solange wir uns nicht von ihm entfernen. Um alle äußere Erfahrung in die Praxis einzubinden, ist also im

Grund nichts weiter erforderlich, als daß wir voll bewußt und präsent bleiben. Aber es gibt natürlich Hilfen, und deshalb wird die Zeit als ein Nebenumstand für die Praxis eingeführt. Als günstig gelten der frühe Morgen, der Tag nach einer schlaflosen Nacht, ein Zustand der Erschöpfung oder der vollkommenen Ruhe. Es gibt viele für das Einswerden mit den Klaren Licht günstige Augenblicke: die Erleichterung, die wir empfinden, wenn nach allzu langem Warten endlich der Gang zur Toilette möglich ist, oder der Orgasmus oder einfach der Augenblick, in dem wir etwas Schweres, das wir schleppen mußten, absetzen können. Sogar jedes Ausatmen, wenn es mit Bewußtheit geschieht, ist ein Zugang zur Rigpa-Erfahrung. Es gibt viele Augenblicke, in denen wir halb erschöpft und halb wach sind. Wir müssen uns an das halten, was immer wach ist; von dort aus können wir das wecken, was erschöpft ist und schläft. Unsere Wachheit wird verdunkelt, wenn wir uns mit dem identifizieren, was müde wird und einschläft. Doch Wolken verdecken das Licht der Sonne nie ganz; nur dem Wahrnehmenden verstellen sie den Blick.

# 31. Kontinuität

Da wir daran gewöhnt sind, uns mit den Produkten unseres Geistes zu identifizieren, finden wir im Schlaf das Klare Licht nicht. Unser Wachleben ist aus dem gleichen Grund zerfahren, verträumt und verschwommen. Anstatt ursprünglich reines, nonduales Rigpa zu erfahren, bleiben wir unseren Phantasien und Projektionen verhaftet.

Aber das Gewahrsein *ist* etwas Durchgängiges, Kontinuierliches. Wenn wir schlafen und jemand leise unseren Namen sagt, hören und reagieren wir. Tagsüber, auch wenn wir völlig abgelenkt sind, bleiben wir unserer Umgebung doch irgendwie bewußt – wir werden nicht besinnungslos und laufen nicht gegen Hauswände. In diesem Sinne ist immer eine Hintergrundpräsenz vorhanden, doch es ist eine verschleierte, verdunkelte Bewußtheit. Wenn es uns in der Nacht gelingt, die Verdunkelungen der Unwissenheit zu durchdringen, treten wir ein in das Klare Licht. Und wenn wir die Einbildungen und Phantasien unseres geschäftigen Geistes am Tage durchdringen können, finden wir wieder dieses allem zugrundeliegende reine Gewahrsein des Buddha-Wesens. Die Abgelenktheit des Tages und die Bewußtlosigkeit des Schlafs sind zwei Seiten derselben Unwissenheit.

Die Praxis hat keine Grenzen außer denen, die wir selber ziehen. Am Ende müssen wir über die Aufteilung der Praxis in Abschnitte – Meditation, Traum, Schlaf und so weiter – hinausgehen und jederzeit, durchgängig, im Rigpa bleiben, ob wir wachen oder schlafen. Bis dahin müssen wir zusehen, daß jeder Augenblick ein Augenblick der Praxis ist. Das heißt aber nicht, daß wir jede Übung machen sollten, die wir gelernt haben. Experimentieren Sie mit den Übungen, finden Sie heraus, worin ihre Methode und Essenz besteht und welche tatsächlich Ihrer Entwicklung dienen. An diese Übungen halten Sie sich dann, bis Sie kontinuierlich im Rigpa bleiben können. Die Einzelheiten der Praxis haben vorläufigen Charakter. Die Körperhaltungen, die Vorbereitungen, die Visualisationen und sogar der Schlaf selbst sind nicht mehr von Bedeutung, wenn man des Klaren Lichts unmittelbar gewahr geworden ist und in ihm zu bleiben vermag. Die Einzelheiten der Praxis sind wichtig, um zur Erfahrung des Klaren Lichts zu kommen, aber sind wir einmal in dieser Erfahrung, dann bedarf es keiner Praxis mehr. Dann ist da nur noch Klares Licht.

# VI
# MATERIALIEN

*Dieser Teil bietet zusätzliche Kommentare, Informationen und Begriffserklärungen zum Thema Traum- und Schlaf-Yoga und soll zu der für die Praxis notwendigen Verständnisgrundlage beitragen.*

# 32. Kontext

Im Tantra und Dzogchen ist die Verbindung zwischen Schüler und Lehrer außerordentlich wichtig. Der Schüler muß vom Lehrer eingeweiht und unterwiesen werden und dann zusehen, daß er zu einiger Beständigkeit in der Rigpa-Erfahrung kommt. Ohne das bleiben die für den spirituellen Weg grundlegenden Konzepte schwer verständlich, weil sie für den, der die Erfahrung nicht selbst gemacht hat, lediglich begriffliche Festlegungen sind. Die Natur des Geistes ist jenseits aller Begriffe. Ohne intellektuelles Verstehen ist es schwer, zu eigener Erfahrung zu kommen, aber ohne Erfahrung könnten die Lehren für den Schüler so etwas wie Dogmen oder wie abstrakte Philosophie werden. Es wäre dann so, als würde man etwas über Medizin lernen, könnte aber seine eigene Krankheit nicht erkennen; wenn das Wissen nicht angewendet wird, ist es nutzlos. Es bringt überhaupt nichts, lediglich zu meinen, man sei im Rigpa oder wisse um das Klare Licht. Wissen und in der Schau sein, das ist mehr, als bloß über die Lehren nachzudenken und von ihnen zu reden; es bedeutet, daß man tatsächlich in der Erfahrung lebt, auf die die Lehren hinweisen. Was Rigpa ist, lernen wir dadurch, daß wir Rigpa *sind*. Und die Weisheit jenseits des begrifflichen Denkens entdecken wir, wenn uns aufgeht, daß unser wahres Wesen diese Weisheit *ist*.

Aber natürlich ist ein intellektuelles Verständnis des Zusammenhangs, in dem Traum- und Schlaf-Yoga stehen, für den Praktizierenden hilfreich, denn so kann er sich bei der Praxis der Richtung vergewissern, er kann Irrtümer vermeiden, und er ist darauf vorbereitet, die Frucht der Praxis zu erkennen. Wichtig ist vor allem, daß er seine eigene Erfahrung mit den Lehren vergleichen kann und damit weniger leicht dem Irrtum verfällt, irgendeine andere Erfahrung für Rigpa zu halten. Der eigentliche Prüfstein sind aber immer die mündlichen Unterweisungen des Lehrers, die der Schüler in mehr oder weniger großen Abständen im Laufe einer kontinuierlichen Beziehung erhält.

# 33. Geist und Rigpa

Wir werden frei von Unwissenheit und Leiden, wenn wir unser wahres Wesen erkennen und in ihm bleiben. Was da erkennt, ist nicht der denkende Geist, sondern der ursprüngliche Geist, die Natur des Geistes – Rigpa. Deshalb ist es sehr wichtig, auf praktische Weise zwischen dem denkenden Geist und dem reinen Gewahrsein des Rigpa unterscheiden zu lernen.

## *Der denkende Geist*

Der denkende oder sich bewegende Geist ist das, was wir täglich erleben, der unentwegt mit Gedanken, Erinnerungen, Bildern, inneren Dialogen, Urteilen, Meinungen, Emotionen und Phantasien beschäftigte Geist. Es ist der Geist, den ich normalerweise als »ich« und »meine Erfahrung« anspreche. Seine Grundausrichtung ist die Auseinandersetzung mit einer dualistischen Sicht des Daseins. Er sieht sich selbst als ein Subjekt in einer Welt von Objekten. Er greift nach manchen Aspekten der Erfahrung und versucht andere fernzuhalten. Er ist stets und manchmal überschießend reaktionsbereit, aber selbst wenn er einmal sehr ruhig und subtil geworden ist – etwa bei der Meditation oder bei intensiver Konzentration –, behält er die Haltung eines Beobachters bei: Er sieht sich einer Umwelt gegenübergestellt und bleibt bei seiner dualistischen Sicht.

Der denkende Geist zeigt sich nicht nur in Sprache und Ideen. Die Sprache mit ihren Substantiven und Verben, Subjekten und Objekten, ist zwangsläufig dualistisch, doch der denkende oder unterscheidende Geist ist in uns schon wirksam, bevor wir eine Sprache erlernt haben. In diesem Sinne haben auch Tiere oder Säuglinge oder ohne die Möglichkeit der Spracherlernung geborene Menschen einen denkenden Geist. Er entsteht aufgrund karmischer Tendenzen, die schon da sind, bevor wir ein Ichgefühl haben, ja bevor wir geboren werden. Sein Wesensmerkmal ist darin zu sehen, daß er die Erfahrung dualistisch auftrennt, und das beginnt mit Subjekt und Objekt, mit Ich und Nicht-Ich.

Das »Mutter-Tantra« nennt diesen Geist den »Geist der aktiven Manifestation«. Dieser Geist bildet sich aufgrund der Bewegung von karmischem Prāna und manifestiert sich im Reich der Form als Gedanken, Begriffe und mentale Aktivitäten aller Art. Wird der denkende Geist vollkommen still, so löst er sich in der Natur des Geistes auf und tritt erst wieder zum Vorschein, wenn Aktivität ihn rekonstituiert.

Die Aktivitäten des sich bewegenden Geistes werden als tugendhaft, untugendhaft und neutral bezeichnet. Tugendhafte Aktionen bereiten der Rigpa-Erfahrung den Weg. Neutrale Aktionen stören die Verbindung zur Natur des Geistes. Untugendhafte Aktionen verursachen noch mehr Störung und lassen die Verbindung noch schwächer werden. Die Lehren gehen, was die Unterschiede zwischen tugendhaften und untugendhaften Aktionen, also etwa zwischen Gebefreudigkeit und Habgier angeht, sehr ins Detail. Das Prinzip ist jedoch sehr einfach und klar: Manche Aktionen stärken die Verbindung zu Rigpa, andere schwächen sie.

Das der Dualität von Subjekt und Objekt verhaftete Ich ist ein Produkt des sich bewegenden Geistes. Dieser Geist ist Ursprung aller Leiden. Er legt sich mächtig ins Zeug, und das kommt dabei heraus. Wir leben in Erinnerungen an die Vergangenheit und in Zukunftsphantasien, abgeschnitten von der unmittelbaren Erfahrung des Strahlens und der Schönheit des Lebens.

## *Nonduales Gewahrsein: Rigpa*

Im Grunde ist der Geist reines, nonduales Gewahrsein: Rigpa. In seinem Wesen ist er eins mit allem Existierenden. Bei der Praxis ist es wichtig, daß wir ihn nicht mit dem sich bewegenden Geist verwechseln, wenn dieser einmal sehr still, sehr weit und sehr subtil geworden ist. Unerkannt manifestiert sich die Natur des Geistes als der sich bewegende Geist, doch wo wir seiner unmittelbar innewerden, ist er sowohl der Pfad zur Befreiung als auch die Befreiung selbst.

Im Dzogchen wird häufig der Spiegel als bildhafter Vergleich für Rigpa verwendet. Ein Spiegel reflektiert alles, ohne Wahl, ohne Vorlieben, ohne Urteil. Er reflektiert das Schöne und das Häßliche, das Große und das Kleine, das Tugendhafte und das Untugendhafte. Seine Spiegelungskraft unterliegt keinerlei Einschränkungen, aber auf dem Spiegel selbst bleibt keine Spur von dem zurück, was er spiegelt. Und er hört nie auf zu spiegeln.

Wie Gegenstände in einem Spiegel, so tauchen alle Phänomene der Erfahrung im Rigpa auf: Gedanken, Bilder, Emotionen, das Greifen und das Ergriffene, jedes scheinbare Subjekt und Objekt, jede Erfahrung. Der denkende Geist selbst geht aus dem Rigpa hervor und hat in ihm seinen Ort. Leben und Tod spielen sich in der Natur des Geistes ab, doch diese selbst ist ungeboren und stirbt nicht – wie Spiegelbilder kommen und gehen, ohne den Spiegel zu erschaffen oder zu zerstören. Durch unsere Identifikation mit dem denkenden Geist leben wir das Leben von Spiegelbildern, die auf andere Spiegelungen reagieren, Verwirrung und Schmerz erleiden und endlos leben und sterben. Wir nehmen Spiegelungen für die Wirklichkeit und laufen unser Leben lang Illusionen nach.

Wenn der denkende Geist frei ist von Verhaftung und Widerwillen, sinkt er spontan zurück in die ungeborene Natur des Geistes. Dann identifizieren wir uns nicht mehr mit den Bildern im Spiegel, sondern können mühelos alles zulassen, was die Erfahrung bietet, und wissen jeden Augenblick zu schätzen. Wo Haß entsteht, zeigt der Spiegel Haß. Wo Liebe ist, zeigt der Spiegel Liebe. Für den Spiegel sind beide nicht bedeutsam: Beide sind Manifestationen der in ihm liegenden Fähigkeit zu spiegeln. Man spricht hier von der spiegelgleichen Weisheit: Wenn wir der Natur des Geistes innegeworden sind und in ihr zu bleiben vermögen, wird kein emotionaler Zustand uns mehr ablenken. Statt dessen werden alle Phänomene und Zustände – sogar Zorn, Eifersucht und dergleichen – der Reinheit und Klarheit anheimgegeben, die ihr Grund ist. Wenn wir im Rigpa bleiben können, haben wir das Karma an seiner Wurzel abgeschnitten und sind frei von den Fesseln des Samsāra.

Durch die Fähigkeit, im Rigpa zu bleiben, werden auch andere spirituelle Ziele leichter erreichbar. Tugend zu üben fällt uns leichter, wenn wir vom Habenwollen, vom Gefühl des Mangels, frei sind. Mitgefühl fällt uns leichter, sobald wir nicht mehr überwiegend mit uns selbst beschäftigt sind. Und die Verwandlung unserer selbst wird um so eher möglich, je weniger wir an falschen, viel zu eng gefaßten Identitäten haften.

Das »Mutter-Tantra« bezeichnet die Natur des Geistes als den »uranfänglichen Geist«. Er ist wie das Meer, und der gewöhnliche Geist ist wie die Flüsse, Seen und Bäche, die an der Natur des Meeres teilhaben und in sie zurückkehren, aber vorübergehend als scheinbar gesonderte Gewässer existieren. Der sich bewegende Geist wird auch mit Luftblasen auf dem Meer des uranfänglichen Geistes verglichen, die sich je nach Stärke der karmischen Winde bilden oder auflösen. Die Natur des Meeres jedoch bleibt unverändert.

Rigpa geht spontan aus dem Grund hervor. Sein Wirken ist unablässige Manifestation – alle Phänomene bilden sich in ihm, ohne es zu stören. Durch die Fähigkeit, gänzlich in der Natur des Geistes zu bleiben, werden die drei Körper (Kāyas) des Buddha verwirklicht: der Dharmakāya als die gedankenfreie Essenz, der Sambhogakāya als unablässige Manifestation und der Nirmānakāya als das nichtverblendete mitfühlende Wirken.

## *Grund-Rigpa und Pfad-Rigpa*

Im Zusammenhang der Praxis unterscheidet man zwei Arten von Rigpa. Das ist zwar nur eine begriffliche Unterscheidung, aber für die Unterweisung wertvoll. Grund-Rigpa ist die durchgängige Grund-Bewußtheit (*khyab-rig*). Jedes Wesen, das einen Geist besitzt – Buddhas und samsārische Wesen gleichermaßen –, hat teil an diesem Gewahrsein, denn aus ihm gehen alle Geister hervor.

Das zweite ist das hervortretende innere Gewahrsein des Pfades (*sam-rig*), und damit ist die individuelle Erfahrung der durchgängigen Bewußtheit gemeint. Es wird Pfad-Rigpa genannt, weil es die unmittelbare Rigpa-Erfahrung bezeichnet, zu der ein Yogi kommt, der den Dzogchen-Pfad geht und die Einführung, Einweihung und Übertragung erhalten hat. Es kann erst in der Erfahrung realisiert werden, wenn der Schüler direkt darauf hingewiesen wird.

Der Grund dafür, daß Pfad-Rigpa sich manifestieren kann, liegt in der Tatsache, daß unser Geist aus dem uranfänglichen Gewahrsein des Grundes hervorgeht. Wird das uranfängliche Gewahrsein unmittelbar erfahren, nennen wir es innewohnendes Gewahrsein, und das ist das Pfad-Rigpa, das sich dem Yogi offenbart. In diesem Zusammenhang bezeichnen wir das uranfängliche reine Gewahrsein als Rigpa und das Pfad-Rigpa als *Rang-rig*. Ersteres wird mit Sahne verglichen, letzteres mit Butter: dieselbe Substanz, aber etwas muß getan werden, damit die Butter entsteht. Dies ist in dem Sinne hervortretendes oder Pfad-Rigpa, daß wir mal in ihm sind und es ein andermal wieder verlassen, um in den gewöhnlichen Geist zurückzufallen. Es ist keine durchgängige Erfahrung. Rigpa selbst ist jedoch immer gegenwärtig, ob wir es erkennen oder nicht. Das uranfängliche Grund-Rigpa *ist* Präsenz, weder entstehend noch vergehend.

# 34. Der Grund: Kunzhi

Kunzhi, der Grund alles Existierenden, der Materie ebenso wie des Geistes der Lebewesen, ist die unauflösliche Einheit von Leere und Klarheit. Diese beiden nennt man auch *Klares* und *Licht* – eben das Klare Licht, um das es im Schlaf-Yoga geht. (Kunzhi ist im Dzogchen nicht das gleiche wie in der Chittamātra-Schule des Sūtra-Buddhismus; vgl. »Kunzhi« im Glossar.)

Die Essenz des Kunzhi ist Leere (*shūnyatā*). Es ist grenzenloser absoluter Raum, leer: ohne Wesenheiten, ohne innewohnendes Sein, ohne Begriffe, ohne Grenzen. Es ist der leere Raum, der außerhalb von uns zu sein scheint, der leere Raum, den die Dinge »bewohnen«, und der leere Raum des Geists. Kunzhi hat weder Innen noch Außen, und man kann weder sagen, es existiere, denn es ist nichts, noch kann man sagen, es existiere nicht, denn es ist die Wirklichkeit selbst. Es ist grenzenlos, weder zu zerstören noch zu erschaffen; es ist nicht geboren und stirbt nicht. Der Versuch seiner sprachlichen Beschreibung führt zwangsläufig zu paradoxen Wendungen, da Kunzhi jenseits der Dualität und daher jenseits aller Begriffe ist. Jede sprachliche Konstruktion, die sich als Begriff, als Mittel des Begreifens, versteht, ist schon im Ansatz falsch; Sprache kann hier nur hindeuten auf etwas, was sie selbst nicht zu fassen vermag.

Der Klarheits- oder Licht-Aspekt des Kunzhi auf der Ebene des Individuums ist Rigpa, das reine Gewahrsein. Kunzhi ist dem Himmel ähnlich, aber nicht gleich, denn der Himmel besitzt keine Bewußtheit. Kunzhi ist beides, Leere und Bewußtheit. Das heißt aber nicht, daß Kunzhi ein Subjekt wäre, welches sich irgendwelcher Dinge bewußt ist; gemeint ist vielmehr, daß diese Bewußtheit die Leere *ist*. Die Leere ist die Klarheit, die Klarheit ist die Leere. Es gibt im Kunzhi weder Subjekt noch Objekt noch irgendeine andere Dualität oder Unterschiedenheit.

Wenn abends die Sonne untergeht, sagen wir, die Dunkelheit breche herein. Doch das ist Dunkelheit nur aus der Sicht des Betrachters. Der Raum ist immer und überall klar, er ändert sich nicht, wenn die Sonne auf- oder untergeht – es gibt keinen dunklen und hellen Raum. Dunkel und hell ist es nur für uns, die Betrachter. Dunkelheit und Helle sind im Raum, beeinflussen ihn aber nicht. Wenn die Lampe der Bewußtheit angezündet ist, wird es für uns licht im Raum des Kunzhi, des Grundes, aber das Kunzhi selbst war niemals dunkel. Die scheinbare Dunkelheit war nur ein Ausdruck unseres Nichtsehens, unser Gewahrsein hatte sich in die Finsternis des unwissenden Geistes verfangen.

## *Geist und Materie*

Kunzhi ist die Essenz sowohl des Geistes als auch der Materie, weshalb also besitzt die Materie kein Bewußtsein? Weshalb können Lebewesen erleuchtet werden, die Materie aber nicht? Im Dzogchen erklären wir das anhand eines Kristalls und eines Kohlebrockens; der Kristall steht für den Geist, der Kohlebrocken für die Materie.

Wenn die Sonne scheint, kann die Kohle dieses Licht nicht zurückstrahlen. Ihr fehlt diese Fähigkeit, und in gleicher Weise fehlt aller Materie das Vermögen des innewohnenden Gewahrseins. Trifft das Sonnenlicht jedoch den Kristall, so spiegelt er es, weil dieses Vermögen in ihm angelegt ist – es ist seine Natur, und es bekundet sich als ein Farbenspiel aus Licht. In diesem Sinne ist den Lebewesen ein in ihrer Natur liegendes Gewahrsein mitgegeben. Der Geist eines Lebewesens spiegelt das Licht des uranfänglichen Gewahrseins, und dieses Vermögen zeigt sich entweder als die Projektionen des Geistes oder als das reine Licht der Rigpa.

# 35. Klarheit und Leere erkennen

Das unmittelbare Innewerden des nondualen Gewahrseins, Rigpa, ist eine ganz wunderbare Erfahrung – Freiheit vom rastlosen Trachten des samsārischen Geistes. Und das ist kein ereignisloser Frieden, sondern ganz das Gegenteil: reine Wachheit, licht, offen, strahlend und voller Glück. Wenn wir nicht mehr – beherrscht von der Unsicherheit des illusorischen Ich mit seinen Wünschen und Abneigungen – ausschließlich unsere eigenen Belange im Sinn haben, ersteht die Welt in der Reinheit ihres natürlichen Zustands neu als ein lebendiges Schauspiel unverfälschter ursprünglicher Schönheit. Für den im Rigpa verwurzelten Schüler des Weges ist alle Erfahrung Ausschmückung der Natur des Geistes und keineswegs Problem oder Verblendung.

Die Begegnung mit Rigpa ist nicht wie eine Drogenerfahrung, kein High. Man gelangt zu ihr nicht durch besondere Aktionen oder dadurch, daß man sich ändert. Nicht von Trance, von extravaganten Visionen oder von blendendem Licht ist hier die Rede. Rigpa ist, was wir schon haben, was wir schon sind. Anhand von Erwartungen können wir Rigpa nicht finden; alle Erwartung handelt von bloß Vorgestelltem, und in der Erwartung schauen wir an dem vorbei, was schon da ist. Was ließe sich denn von Leere erwarten? Gar nichts. Aus Erwartung kann nur Frustration folgen.

Die Erfahrung der Leere ist wie die Erfahrung von Raum. Im unmittelbaren Erkennen des Raums hat das Erkennen etwas Leuchtendes, und das ist Rigpa. Ihn nicht erkennen ist *Ma-rigpa*, Unwissenheit, unser samsārischer Geist. Raum ist hier eine gute Analogie, denn in ihm ist nichts, worauf sich Bezug nehmen ließe. Er besitzt Wert, obgleich er nichts ist: Man kann einen Stūpa oder ein Haus in ihm bauen. Alles läßt sich bauen, sofern Raum dafür da ist. Raum ist reine Potentialität. Er hat kein Oben und Unten, kein Innen und Außen, weder Grenze noch Ende. All das können wir Dingen *im* Raum zuschreiben, aber der Raum selbst hat nichts davon. Es gibt wenig, was man über den Raum sagen kann, also beschreiben wir ihn normalerweise in negativen Begriffen und sagen, was er nicht ist. So ist es mit der Leere auch. Sie ist die Essenz von allem Existierenden, aber es läßt sich nichts positiv über sie aussagen, weil sie jenseits aller Eigenschaften, Attribute und Bezüge ist.

Es gibt nie etwas anderes als das, was eben jetzt da ist, wo wir auch sein, was wir auch tun mögen. Hebe den Blick, und die leere Essenz ist eben dort. Sieh nach links oder rechts, nach hinten oder nach innen: Da ist die leere Essenz. Rigpa, die Natur unseres Geistes, erkennt die Essenz und ist die Essenz. Manchmal haben wir den starken Wunsch nach spiritueller Erfahrung. Das ist gut so. Wir können Mitgefühl erzeugen, visualisieren, Gebefreudigkeit üben und uns vielerlei Übungen dieser Art widmen. Wir können uns mit der gedanklichen Seite des Weges beschäftigen oder bestimmte Eigenschaften in uns heranbilden. Aber mit Rigpa läßt sich überhaupt nichts »machen«. Wenn wir des Grundes nicht inne sind, in dem wir eben jetzt sind, dann finden wir ihn auch durch Suchen nicht, sondern erst, wenn wir damit aufhören.

Deshalb gibt es in gewissem Sinne keine Verblendung und hat sie nie gegeben. Der Grund von allem ist rein und immer rein gewesen. Und wir können dessen jederzeit unmittelbar gewahr werden, aber wir wissen es nicht. Dann wenden wir uns einem spirituellen Weg zu und versuchen dort zu diesem direkten Gewahrwerden zu kommen. Doch das Versuchen hat mit Denken und mit Bemühen zu tun, und gerade diese drei – Versuchen, Denken und Bemühen – sind der Rigpa-Erfahrung in gewissem Sinne im Wege. Wir finden Rigpa in dem Augenblick, wo alles Bemühen – sogar das Bemühen, ein Ich zu sein – zum Erliegen kommt. Rigpa ist das Nichtvorhandensein jeglichen Bemühens, es ist nicht herzustellen und aus sich selbst heraus vollkommen. Es ist die Regungslosigkeit, in der Aktivität sich abspielt, die Stille, die aller Klang zum Hintergrund hat, der gedankenfreie Raum, in dem das Denken sich ereignet. Was wir versuchen müssen, ist die karmische Auswirkung der Unwissenheit; wir tilgen das Karma allzu langer Unwissenheit, indem wir zu verstehen versuchen. Doch Rigpa, als Gewahrsein des Grundes, steht außerhalb des Karma. Wenn wir Rigpa erkennen und realisieren, identifizieren wir uns nicht mehr mit dem karmischen Geist.

Was wir suchen, ist uns näher als unsere eigenen Gedanken und Erfahrungen, denn das Klare Licht ist der Grund aller Erfahrung. Wenn wir also von der »Erfahrung des Klaren Lichts« sprechen, was meinen wir dann eigentlich? Im Grunde ist das gar keine Erfahrung, sondern der Raum, in dem Schlaf, Traum und Wachzustand sich abspielen, in dem wir selbst uns abspielen. Wir machen keine innere Kunzhi-Erfahrung, sondern wir schlafen und träumen im Leuchten des Kunzhi, in der Essenz des Wachseins. Nur aus unserer beschränkten Sicht meinen wir, es sei eine Erfahrung, die wir machen.

Wenn der sich bewegende Geist im reinen Rigpa-Gewahrsein aufgeht, sehen wir das Licht, das immer schon da war, realisieren wir, was wir schon sind. Wir mögen dann denken, das sei »unsere Erfahrung«, die wir nun aufgrund unserer Praxis »machen«. Aber hier erkennt nur der Raum, in dem alle Erfahrung auftaucht, sich selbst. Dies nennt man: »Das Sohn-Rigpa erkennt das Mutter-Rigpa«, reines Gewahrsein wird seiner selbst inne.

## *Ausgleich*

Das Klare Licht wird vielfach mit Begriffspaaren wie Leere *und* Klarheit oder Offenheit *und* Leuchten umschrieben. Natürlich ist das Klare Licht im Grunde eine Einheit, in der keine Unterschiede oder Trennungen sein können, aber für die Praxis ist es hilfreich, wenn wir uns die beiden Aspekte als zwei Qualitäten denken, die zum Ausgleich gebracht werden müssen.

Leere ohne Gewahrsein ist wie der Schlaf der Unwissenheit: eine Inhaltslosigkeit ohne Erfahrung, ohne Unterscheidungen, ohne Wesenheiten und so weiter, aber auch ohne Gewahrsein. Klarheit ohne Leere ist wie ein Zustand heftiger Gemütsbewegung, in dem wir alle physischen und mentalen Phänomene unserer Erfahrung für gegenständlich real halten, so daß sie mit der Heftigkeit und Überzeugungskraft von Fieberträumen auf uns eindringen. Nachts bedeutet dieser Zustand Schlaflosigkeit. Keines der beiden Extreme ist gesund. Wir müssen die beiden Seiten so miteinander ins Gleichgewicht bringen, daß wir weder aus der Bewußtheit fallen noch dem Wahn erliegen, die in unserem Bewußtsein auftauchenden Dinge seien fest gefügt und besäßen ihre eigene unabhängige Wirklichkeit.

## *Unterscheidung*

Rigpa geht nie verloren und ist niemals nicht Rigpa. Der Grund unseres Seins ist alles durchdringendes aus sich selbst existierendes leeres uranfängliches Gewahrsein. Aber ein jeder muß sich fragen: Bin ich dieses Gewahrseins inne und in ihm, oder lasse ich mich durch die Regungen des zeitlichen Geistes von ihm ablenken? Und jeder muß das für sich selbst beantworten, denn keiner kann es für einen anderen wissen.

Wenn wir uns von unseren inneren Prozessen vereinnahmen lassen, sind wir nicht im Rigpa, denn Rigpa hat keinen Prozeß. Prozeß ist eine Funktion des umtriebigen denkenden Geistes. Rigpa ist mühelos.

Rigpa ist wie der Morgenhimmel – rein, offen, weit, klar, wach, frisch und still. Rigpa selbst besitzt allerdings nicht tatsächlich Eigenschaften oder Attribute, doch die Lehren sagen, dies seien die Eigenschaften, an denen der Schüler des Weges seine Erfahrung messen kann.

# 36. Die Wirklichkeit des Ich

Die verschiedenen Religionen und Philosophien von der Antike bis zur Gegenwart haben unter dem, was wir »das Ich« nennen, nicht immer dasselbe verstanden. Im Bön-Buddhismus wird großer Wert auf die Lehre des Nicht-Ich oder der Leerheit (Shūnyatā) gelegt, denn Leere ist die letzte Wahrheit aller Phänomene. Ohne Einsicht in die Leere wird man die Wurzel des Ich-Wahns kaum kappen und sich aus seiner Umklammerung befreien können.

Wenn wir jedoch Bücher über die spirituelle Reise lesen, ist darin auch von Selbstbefreiung und Selbstverwirklichung die Rede, und was könnte damit gemeint sein, wenn nicht das Ich? Und sind wir denn nicht ganz offensichtlich ein Ich? Wir mögen anderen etwas von Ichlosigkeit erzählen, aber wenn unser Leben bedroht ist oder uns etwas weggenommen wird, kann dieses Ich, das wir angeblich gar nicht haben, sich ganz schön ängstigen oder aufregen.

Nach Auffassung des Bön-Buddhismus gibt es das, was wir im ganz normalen Sprachgebrauch als unser Ich bezeichnen. Wer würde sonst Karma erzeugen, leiden, Befreiung finden? Was es jedoch nicht gibt, ist ein innewohnendes, unseren Wesenskern ausmachendes Ich. Die Nichtexistenz dieses innewohnenden Ich bedeutet, daß nirgendwo eine Ich-Essenz auszumachen ist, die über Zeit und Raum unverändert bliebe. Die Natur des Geistes ändert sich nicht, aber Rigpa ist etwas völlig anderes als eine diskrete Entität, ein Ich, ein Bröckchen unzerstörbaren Gewahrseins, das ich bin. Die Natur des Geistes ist nicht Besitz eines Individuums und selbst kein Individuum. Sie ist für alle empfindungsfähige Wesen gleich und ist die Natur ihrer Empfindungsfähigkeit.

Greifen wir noch einmal auf das Beispiel des Spiegels zurück. Was die Spiegelbilder angeht, so können wir auf zwei verschiedene deuten und sagen: Das hier ist dieses Spiegelbild, und das dort ist jenes. Sie werden größer und kleiner, kommen und gehen, und wir können sie im Spiegel verfolgen, als wären es eigenständige Dinge. Sie sind wie das Ich im gewöhnlichen, alltäglichen Sinne. Aber diese Spiegelungen sind keine für sich selbst bestehenden Dinge, sie sind nichts als ein Spiel des Lichts, substanzlose Illusionen im leeren Leuchten des Spiegels. Als gesonderte Wesenheiten existieren sie allein dadurch, daß wir sie uns gedanklich so zurechtlegen. In den Spiegelungen bekundet sich die Natur des Spiegels, und im gleichen Sinne bekundet sich im gewöhnlichen Ich die leere, durchsichtige Klarheit des Grundes von allem Existierenden, des Kunzhi, aus dem das Ich sich herausformt, in dem es seinen Ort hat und in das es wieder eingeht.

Das gewöhnliche Ich, mit dem wir normalerweise identifiziert sind, und der sich bewegende Geist, der dieses Ich entstehen läßt, sind beide fließend, dynamisch, vorläufig, substanzlos, veränderlich, vergänglich – wie Spiegelbilder ohne ein in ihnen selbst liegendes Sein. Gehen Sie Ihrem eigenen Leben auf den Grund, und Sie werden genau das feststellen. Nehmen wir etwa an, Sie müßten einen Fragebogen zu Ihrer Person ausfüllen. Sie schreiben alles auf: Name, Alter, Geschlecht, Anschrift, Beruf, Familienstand, körperliche Merkmale. Sie machen Tests, die Ihre Persönlichkeitszüge und Ihren Intelligenzquotienten darlegen. Sie schildern Ihre Ziele und Träume, Ihre Überzeugungen, Gedanken, Wertvorstellungen und Befürchtungen.

Wenn man all das jetzt wegnähme, was bliebe dann? Nehmen Sie den Rest auch noch weg – Ihre Freunde, Ihr Zuhause, Ihr Land, Ihre Kleidung. Sie verlieren alle Verfügung über die Sprache, im Reden ebenso wie im Denken. Sie verlieren Ihre Erinnerungen. Sie verlieren Ihre Sinne. Wo ist jetzt Ihr Ich? Ist es der Körper? Was, wenn Sie Arme und Beine verlieren, mit einem künstlichen Herzen und einem Beatmungsgerät leben und schließlich Gehirnschäden und den Ausfall geistiger

Funktionen erleiden? Wo ist der Punkt, von dem an Sie kein Ich mehr sind? Wenn Sie immer weitere Schichten der Identität abtragen, immer höhere Funktionen wegnehmen, bleibt irgendwann nichts mehr übrig.

Sie sind nicht mehr das Ich, das Sie mit einem Jahr oder mit zehn Jahren waren. Sie sind nicht einmal mehr das Ich, das Sie vor einer Stunde waren. Alles an Ihnen verändert sich ständig. Und wenn Sie sterben, verschwinden auch noch die letzten Reste dessen, was man für ein unwandelbares Ich halten könnte. Wenn Sie wiedergeboren werden, sind Sie, falls Sie Mensch sind, vielleicht ein ganz anderer Typ – mit einem anderen Körper, von anderem Geschlecht, mit anderen geistigen Anlagen.

Nicht daß Sie kein Individuum wären; aber alle Individuen sind ohne ein in ihnen selbst liegendes eigenständiges Sein. Das gewöhnliche Ich ist ganz und gar ein Produkt der von Augenblick zu Augenblick wechselnden Umstände, ähnlich dem Strom der unaufhörlich in der Klarheit des Geistes aufsteigenden Gedanken, ähnlich dem ununterbrochenen Bilderreigen in einem Spiegel. Gedanken existieren, zweifellos; doch betrachtet man sie während der Meditation, so vergehen sie in die Leere hinein, aus der sie hervortraten. So ist es mit dem gewöhnlichen Ich auch: Untersuche es nur gründlich genug, und es erweist sich als nichts weiter denn ein Begriff, den man einer mehr oder minder beliebigen Ansammlung flottierender Elemente überstülpt. Doch Gedanken gibt es weiterhin, und so gibt es auch unsere behelfsmäßigen Identitäten weiterhin. Wir halten unser gewöhnliches Ich irrtümlich für das, was wir sind, und sehen uns als ein von Objekten umgebenes Subjekt. Das ist die Grundlage unserer dualistischen Betrachtungsweise, die tiefe Spaltung, aus der all das endlose Leiden des Samsāra erwächst.

# 37. Das Ich – ein Traum

Wenn wir aber ganz im Grunde reines, leeres Gewahrsein sind, wie kann es dann überhaupt ein Ich und den sich bewegenden Geist geben? Betrachten wir es anhand einer Erfahrung, die wir alle kennen: Wenn wir träumen, ersteht eine ganze Welt, in der wir alles mögliche erleben können. Im Traum identifizieren wir uns mit einer Gestalt als dem Subjekt, und es gibt da noch andere Wesen, anscheinend von uns getrennt, die ihre eigenen Erlebnisse haben und so real zu sein scheinen wie das Ich, als das wir uns sehen. Auch eine materielle Welt scheint es da zu geben: Der Boden trägt uns, unser Körper hat Empfindungen, wir können essen und berühren.

Dann wachen wir auf und wissen, daß der Traum nur eine Projektion unseres Geistes war. Er spielte sich in unserem Geist ab und bestand aus der Energie unseres Geistes. Aber wir fielen doch auf ihn herein, reagierten auf die geistgeschaffenen Bilder, als wären sie Realität und außerhalb unserer selbst. Unser Geist bringt es also fertig, einen Traum hervorzubringen und sich dann mit einer der Gestalten, die er in diesem Traum auftreten läßt, zu identifizieren, während er die anderen Gestalten, die er ebenfalls selber auftreten läßt, als Nicht-Ich einstuft. Wir können uns im Traum sogar mit Gestalten identifizieren, sie also als Ich-Subjekt erleben, die ganz anders sind, als wir im täglichen Leben eigentlich sind.

So sind wir auch im Wachzustand, jetzt, mit einem Ich identifiziert, das ebenfalls eine Projektion des Geistes ist. Wir sehen uns Objekten und Lebewesen gegenüber, die weitere Projektionen sind. Der Grund alles Existierenden, Kunzhi, läßt alles, was überhaupt existiert, aus sich hervortreten, sogar Lebewesen, die ihr wahres Wesen nicht mehr sehen können –

ganz in der Weise, wie unser Geist im Traum Lebewesen projiziert, die von uns getrennt zu sein scheinen. Wenn wir wahrhaft erwachen, löst sich der Traum, den unser gewöhnliches Ich darstellt, in reine Leere und leuchtende Klarheit auf.

# Ausblick

Traum- und Schlaf-Yoga sind selbst unter Tibetern nicht allzu verbreitet. Jungen Schülern gibt man diese Praxis normalerweise nicht, und sie wird auch der Öffentlichkeit nicht vermittelt. Doch die Dinge ändern sich. Ich lehre Traum- und Schlaf-Yoga, weil so viele Menschen des Westens sich für das Träumen und die Traumarbeit interessieren. Meist ist das allerdings ein psychologisches Interesse. Ich präsentiere die alten tibetischen Lehren in der Hoffnung, daß die Auseinandersetzung mit den Träumen sich zu etwas Tieferem entwickeln wird. Psychologische Traumarbeit verhilft vielleicht zu mehr Glück in dieser Samsāra-Welt, und das ist gut so; doch wenn volle Verwirklichung das Ziel ist, muß mehr als das geschehen. Hier ist dann der Schlaf-Yoga von besonderer Bedeutung. Er gehört zum Kern jener Praxis, die wir Große Vollkommenheit oder Dzogchen nennen, und die ließe sich folgendermaßen auf den Punkt bringen: Bleibe in jedem Augenblick deines Lebens, ob du wachst, träumst oder schläfst, im reinen nondualen Gewahrsein. Das ist der sichere Weg zur Erleuchtung, der Weg, den alle Meister gegangen sind. Es ist die Essenz des Schlaf-Yoga.

Wie kommt man zur Erfahrung des Klaren Lichts? Ich halte es für wichtig, über diese Frage nachzudenken, denn sie hat mit Ihrer Haltung gegenüber den Lehren zu tun. Alle Lehren sind von *einer* Essenz. Ich spreche von Rigpa, vom Klaren Licht. Wieviel Sie auch lernen, wie viele Texte Sie auch studieren, wie viele Unterweisungen Sie auch erhalten, Sie werden den Kernpunkt nicht treffen, solange Sie dieser einen Essenz nicht innegeworden sind. Das sagt auch ein tibetisches Sprichwort: »Du kannst so viele Unterweisungen bekommen, daß dein Kopf von den Berührungen mit der Einweihungsvase ganz flach geworden ist, aber wenn du die Essenz nicht erfaßt, wird nichts sich ändern.«

Solange man der Natur des Geistes nicht unmittelbar inne ist, bleiben die Lehren schwer verständlich. Man bekommt dann leicht den Eindruck, sie handelten von etwas Unmöglichem, denn die Natur des Geistes geht über unseren Verstand und ist durch ihn nicht zu begreifen. Die Natur des Geistes denkend erfassen zu wollen, das ist, als wollte man die Natur der Sonne durch das Studium der Schatten erfassen: Etwas lernt man da, doch die Essenz bleibt unerkannt. Deshalb ist Praxis notwendig, denn durch sie können wir über den sich bewegenden Geist hinausgehen, um der Natur des Geistes unmittelbar gewahr zu werden.

Manche Menschen empfinden all die Belehrungen, die sie gesammelt haben, schließlich als Last. Das beruht auf einem falschen Verständnis. Lerne und empfange Unterweisungen, aber sieh zu, daß du sie tief genug erfaßt, um ihnen das zu entnehmen, was dich weiterträgt. Die Auseinandersetzung mit den Lehren ist keine schwierige Pflichtübung mehr, sobald man sie versteht und anwendet. Sie sind ein Pfad zur Freiheit, und diesem Pfad zu folgen soll Freude machen. Man empfindet sie nur als Last, wenn man an der Form klebt, ihren Zweck jedoch nicht versteht. Man muß also lernen, wie man die Lehren zu ihrem Abschluß bringt, und das geschieht nicht durch Worte und Begriffe, sondern in der Erfahrung.

Auch die Praxis kann eine Falle werden, vor der Sie sich hüten müssen. Wenn Sie üben und üben, ohne daß etwas dabei herauskommt, ohne positive Veränderungen in Ihrem Leben, dann stimmt etwas nicht. Glauben Sie nicht, daß Sie schon wirklich üben, wenn Sie die Übungen eigentlich nur ohne viel Verständnis abspulen. Mit leerem Ritual erreicht man wenig. Sie müssen die Praxis wirklich durchdringen, Sie müssen herausfinden, was die Essenz ist und wie man sie anwendet.

Der Dharma ist sehr flexibel. Das heißt aber nicht, daß Sie die Tradition über Bord werfen und sich einen eigenen Dharma machen sollten. Die hier vorgestellten Übungen sind sehr tiefgreifend wirksam. Sie sind schon für unzählige Menschen das Mittel zur Verwirklichung der Freiheit gewesen. Wenn die Praxis nicht wirkt, muß man experimentieren, um herauszufinden, worauf sie eigentlich abzielt. Am besten besprechen Sie sich mit Ihrem Lehrer. Wenn Sie die Übungen verstehen, werden Sie auch sehen, daß das Problem nicht in der Form liegt; es kommt darauf an, die Anwendung der Form zu vervollkommnen. Die Praxis ist für Sie da, nicht Sie für die Praxis. Lernen Sie die Form, machen Sie sich ihren Zweck klar, setzen Sie ihn in die Praxis um, und Resultate werden sich einstellen.

Wo bringen Sie die Praxis schließlich zu ihrem Abschluß? Beim Sterben, im Zwischenzustand, dem Bardo. Der Bardo nach dem Tod ist wie ein Hauptknotenpunkt im Flugverkehr, den jeder auf seinen Reisen passieren muß. Er ist das Grenzland zwischen Samsāra und Nirvāna. Die Fähigkeit, in nondualer Präsenz zu bleiben, ist die Voraussetzung für die »Einreise« ins Nirvāna. Wenn Sie im Schlaf nie die Erfahrung des Klaren Lichts gemacht haben, ist der Übergang vom Samsāra in den Bardo schwierig. Es ist, als verdeckte dichter Schlaf das Klare Licht, als läge eine Decke dichter Gedanken über dem Rigpa. Können Sie aber mit dem Klaren Licht des Schlafs eins werden, dann wird es Ihnen auch beim Klaren Licht des Todes gelingen. Das Einswerden mit dem Klaren Licht im Schlaf ist wie das Bestehen einer Zwischenprüfung; Sie machen Ihre Sache gut und werden vermutlich das Abschlußexamen im Bardo ebenfalls schaffen. Mit dem Klaren Licht des Todes eins werden bedeutet, daß Sie den Buddha in sich selbst gefunden haben und jetzt unmittelbar realisieren können, daß alles, was sich zeigt, wesenlose Erscheinung ist.

Die Präsenz des Rigpa setzt sich von dieser Welt in die nächste fort, also üben Sie, um es jetzt zu erfahren, um es zu werden, um in ihm bleiben zu können. Das ist der Pfad, die Kontinuität der Klarheit und der niemals endenden Weisheit. Alle, die je Erleuchtung erlangten und Buddhas wurden, haben die Grenze überschritten und sind ins Klare Licht eingegangen. Machen Sie sich das klar, damit Sie wissen, worauf Sie sich vorbereiten. Versuchen Sie ein Gefühl für das Ganze der Lehren zu bekommen – wo Sie sind und wohin Sie unterwegs sind. Dann werden Sie auch wissen, wie man sie anwendet, wann man was macht und wie das Resultat aussehen wird. Die Lehren sind wie eine Landkarte, die Ihnen zeigt, wohin Sie sich wenden müssen und wo Sie finden können, was Sie suchen. Die Landkarte schafft Klarheit. Ohne sie kann man sich verlaufen.

Beten Sie darum, daß Sie beim Sterben Anschluß an das Klare Licht bekommen. Beten Sie auch, daß alle Wesen zur Natur ihres Geistes zurückfinden, wenn sie sterben. Die Macht des Gebetes ist sehr groß. Indem Sie beten, entwickelt sich eine Intention, und das, worum Sie beten, geht schon in Richtung seiner Verwirklichung.

Jeder Mensch kennt Augenblicke des Friedens und der Freude. Wenn Ihnen das Klare Licht als ein fernes Ziel erscheint, dann versuchen Sie einfach, die positive Erfahrung von Frieden und Freude aufrechtzuerhalten. Vielleicht empfinden Sie Freude, wenn Sie an den Meister oder die Dākinī denken, oder Glück stellt sich inmitten der Schönheit der Natur ein. Machen Sie dergleichen zu Ihrer Übung. Nutzen Sie jeden Augenblick, um Dankbarkeit und Wertschätzung wachsen zu lassen. Das Klare Licht ist der Gipfel der mystischen Erfahrung, die höchste Freude und der größte Frieden. Nehmen Sie also Freude und Frieden als das, was seiner Leitfunktion wegen zu wahren ist, als Hilfe für die Entwicklung kontinuierlichen Gewahrseins. Fühlen Sie Freude und Frieden in Ihrem Körper, sehen Sie sie in der Welt, und wünschen Sie sie auch anderen. Dabei entwickeln Sie Ihre Bewußtheit und erzeugen zugleich Mitgefühl und positive Züge.

Wenn Leben und Praxis in Einklang sein sollen, ist Kontinuität das alles Entscheidende. Mit Bewußtheit und Intention kann Kontinuität entwickelt werden. Und wenn das erreicht ist, wird Ihr Leben sich geändert haben, und von Ihnen selbst wird ein positiver Einfluß auf das Leben in Ihrer Umgebung ausgehen.

Durch Traum- und Schlaf-Yoga können wir zur Verwirklichung des Klaren Lichts kommen und schließlich in allen

Bereichen und Phasen unseres Lebens ständig in ihm bleiben – im Wachzustand, bei der Meditation, im Traum, im Schlaf und im Tod. Alles in allem sind die Lehren dazu da, uns die Natur des Geistes innewerden zu lassen; durch sie können wir Hindernisse bei unserer Praxis verstehen und überwinden und schließlich völlig im Rigpa bleiben. Mit den gleichen Methoden erreichen wir aber auch, daß wir in der Freude bleiben, daß wir mitten im Getümmel der Welt Frieden finden, daß wir ein gutes Leben führen und jeden Augenblick unseres Menschendaseins in dankbarer Wertschätzung leben. Von großen Meistern hören wir, daß sie erst nach vielen Jahren stetigen Übens wirklich in den Schlaf-Yoga hineinfanden – also lassen Sie sich nicht entmutigen, wenn Sie beim ersten oder hundertsten Mal noch keine Erfahrung machen. Allein die Tatsache, daß Sie sich auf die Praxis einlassen, bewirkt schon etwas. Alles, was mehr Bewußtheit in Ihr Leben bringt, ist zum Guten. Zum Erreichen des Ziels gehören unerschütterliche Intention und unermüdliches Üben. Lassen Sie sich durch nichts entmutigen. Wenn Sie üben, geben Sie alles, was Sie sind; lassen Sie Ihre Intention stark sein, und setzen Sie sich mit Freude ein, dann werden Sie sehen, daß Ihr Leben sich zum Besseren verändert, und Sie werden das Ziel der Praxis erreichen.

Ich hoffe, daß alle, die dieses Buch gelesen haben, ein neues Wissen um Traum und Schlaf entdecken werden, das ihnen hilft, ihr tägliches Leben besser zu machen, und das sie schließlich zur Erleuchtung führen wird.

# Anhang: Abriß des Traum-Yoga

## *Die vierfache grundlegende Praxis*

*Karmische Spuren ändern*
Bleiben Sie den ganzen Tag über ständig in dem Bewußtsein, daß alle Erfahrung ein Traum ist. Erleben Sie alle Dinge als Traumgegenstände, alle Vorgänge als Traumereignisse, alle Menschen als Traumgestalten. Versuchen Sie den eigenen Körper als durchsichtigen Illusionskörper zu sehen. Stellen Sie sich vor, daß Sie den ganzen Tag über in einem luziden Traum sind. Aber lassen Sie keine dieser kleinen Übungen in leere Wiederholung abgleiten. Sehen Sie zu, daß Sie wirklich luzider werden, sooft Sie »Dies ist ein Traum« sagen. Beziehen Sie Körper und Sinne ein in das Bemühen, präsenter zu werden.

*Anhaften und Widerwillen abbauen*
Begegnen Sie allem, was Begehrlichkeit und Anhaften erzeugt, in der Haltung, daß es sich dabei um illusorische, leere, leuchtende Traumphänomene handelt. Erkennen Sie Ihre Reaktionen auf alles, was Ihnen begegnet, als Traum. Emotionen, Urteile, Vorlieben – sie sind alle erträumt. Daß Sie dies richtig machen, erkennen Sie daran, daß Begehrlichkeit und Anhaften sofort nachlassen, wenn Sie sich daran erinnern, daß Ihre Reaktion ein Traum ist.

*Die Intention stärken*
Lassen Sie, bevor Sie schlafen gehen, den Tag Revue passieren, und vergegenwärtigen Sie sich, wie Ihre Praxis war. Lassen Sie Tageserinnerungen aufsteigen, und erkennen Sie sie als Traumerinnerungen. Entwickeln Sie eine starke Intention, in den Träumen der kommenden Nacht bewußt zu sein. Legen Sie

Ihr ganzes Herz in diese Intention, und beten Sie mit ganzer Kraft um den Erfolg.

*Ausbildung des Erinnerungsvermögens und des freudigen Bemühens*
Gehen Sie mit der starken Intention, bei der Übung zu bleiben, in den neuen Tag. Gehen Sie die Nacht noch einmal durch, und lassen Sie, wenn Sie sich im Traum erinnert haben oder luzide waren, die Freude über den Erfolg zu. Erneuern Sie Ihren Entschluß zu dieser Praxis – mit der Absicht, luzide zu werden, wenn Sie es nicht waren, oder, wenn Sie es waren, noch luzider zu werden. Zu jeder Tageszeit und am Abend ist es gut, um Erfolg bei der Praxis zu beten. Lassen Sie Ihre Intention so stark wie möglich werden. Das ist das Entscheidende.

## *Übungen zur Vorbereitung auf den Schlaf*

*Der neunfache Reinigungsatem*
Nehmen Sie, bevor Sie sich hinlegen, die Haltung zur Meditation im Sitzen ein, und üben Sie den neunfachen Meditationsatem.

*Guru-Yoga*
Üben Sie Guru-Yoga. Lassen Sie ein Gefühl großer Ergebenheit entstehen und dann Ihren Geist mit dem reinen Gewahrsein des Meisters verschmelzen; es ist der höchste Meister, das uranfängliche Gewahrsein – Ihr wahres Wesen.

*Schutz*
Legen Sie sich in der korrekten Haltung hin, Männer auf der rechten, Frauen auf der linken Seite. Visualisieren Sie um sich her Dākinīs, die Sie beschützen. Verwandeln Sie das Zimmer mit Hilfe Ihrer Vorstellungskraft in einen geschützten, heiligen Raum. Lassen Sie Atem und Geist ruhig werden, bis Sie ruhig und präsent sind und keinen Geschichten und Phan-

tasien mehr nachgehen. Fassen Sie den starken Entschluß, lebendige, klare Träume zu haben, sich an Träume zu erinnern, den Traum als Traum zu erkennen, während Sie träumen.

## *Die Hauptpraxis*

*Bewußtheit in den Zentralkanal bringen*
Die Übung des ersten Abschnitts der Nacht. Sammeln Sie sich auf das Kehl-Chakra, auf das reine, durchsichtige, kristallene *A*, das von den vier Blütenblättern, auf denen es ruht, rot gefärbt wird. Werden Sie eins mit dem roten Licht.

*Die Klarheit steigern*
Wachen Sie ungefähr zwei Stunden später wieder auf. Üben Sie in der Löwenhaltung siebenmal den auf S. 131-132 beschriebenen Atem. Sammeln Sie sich beim erneuten Einschlafen auf das weiße Tigle im Stirn-Chakra. Lassen Sie dieses weiße Licht alles auflösen, bis Sie und das Licht eins sind.

*Die Kraft der Präsenz entwickeln*
Wieder wachen Sie nach ungefähr zwei Stunden auf. Nehmen Sie die Rückenlage mit erhöhtem Kopf und locker überkreuzten Beinen ein. Sammeln Sie sich auf das schwarze *HUNG* im Herz-Chakra. Atmen Sie einundzwanzigmal tief, voll und sanft. Verschmelzen Sie mit dem schwarzen *HUNG*, und schlafen Sie wieder ein.

*Furchtlosigkeit*
Nach wiederum zwei Stunden wachen Sie noch einmal auf. Hier bedarf es keiner bestimmten Haltung oder Atemweise. Sammeln Sie sich auf ein schwarzes, leuchtendes Tigle im geheimen Chakra hinter den Genitalien. Werden Sie eins mit dem schwarzen Licht, und schlafen Sie noch einmal ein.

Versuchen Sie bei jedem Aufwachen präsent und gleich bei Ihrer Übung zu sein. Seien Sie auch beim endgültigen Aufwachen am Morgen gleich präsent. Lassen Sie die Nacht Revue passieren, stärken Sie Ihre Intention, und setzen Sie Ihre Praxis tagsüber fort.

Zusätzlich sollten Sie sich am Tag für die Übung des ruhigen Verweilens (Zhine) Zeit nehmen. Das läßt Ihren Geist ruhig und gesammelt werden und kommt allen anderen Übungen zugute.

Für die Vorbereitungen und die Hauptpraxis kommt es vor allem anderen darauf an, daß Sie tagsüber und in der Nacht so durchgehend wie eben möglich präsent bleiben. Das ist die Essenz des Traum- und des Schlaf-Yoga.

# Dank

Ich möchte den Menschen danken, die zur Veröffentlichung dieses Buches beigetragen haben. Der erste und wichtigste Dank gilt Mark Dahlby, meinem Schüler und engen Freund, mit dem das Arbeiten eine Freude war. Viele Stunden haben wir diskutierend in Cafés in Berkeley verbracht. Ohne ihn hätte ich dieses Buch nicht schreiben können.

Steven D. Goodman, ein Kollege und Freund, hat das Manuskript durch zahlreiche gute Vorschläge aufgewertet. Sue Ellis Dyer und Christ Baker machten Bearbeitungsvorschläge zu einer früheren Fassung des Buches. Sue Davis und Laura Shekerjian lasen den Text und gaben hilfreiche Kommentare. Christine Cox schließlich brachte ihr ganzes Können als erfahrene Lektorin ein und machte aus meiner Vorlage ein weitaus besseres Buch.

Für die von Antonio Riestra aufgenommenen Fotos der Meditations- und der Traum-Yoga-Haltung (S. 103 und 135) stellte sich Luz Vergara zur Verfügung. Die Chakra-Zeichnungen auf S. 130 und 133 stammen von Monica R. Ortega.

Auch allen anderen, die hier nicht namentlich genannt sind, aber auf vielerlei Weise geholfen haben, möchte ich danken.

# Glossar

**Bardo** (tibet. *bar-do*, Skrt. *antarabhāva*). Bardo bedeutet »Zwischen-Zustand« und bezieht sich auf jede Übergangsphase des Daseins – Leben, Meditation, Traum, Tod –, meint aber in den meisten Fällen den Zwischenzustand zwischen Tod und Wiedergeburt.

**Beschützer** (tibet. *srung ma* oder *chos skyong*, Skrt. *dharmapāla*). Beschützer sind männliche oder weibliche Wesen, die den Dharma (die Lehren) und diejenigen, die ihn praktizieren, zu beschützen gelobt haben. Das können weltliche Beschützer, aber auch die rasenden Manifestationen erleuchteter Wesen sein. Vor allem im Tantra baut man auf die Beschützer der jeweiligen Linie und bemüht sich, sie günstig zu stimmen.

**Bön** (tibet. *bon*). Bön ist die ursprüngliche spirituelle Tradition Tibets, älter als der indische Buddhismus. Über die Ursprünge des Bön gibt es in der Wissenschaft verschiedene Auffassungen, aber die Tradition selbst spricht von einer siebzehntausend Jahre alten ununterbrochenen Übermittlungslinie. Ähnlich den Schulen des tibetischen Buddhismus, insbesondere der Nyingmapa-Schule, besitzt das Bön eine ganz eigene Ikonographie, darüber hinaus jedoch eine reiche schamanistische Tradition; außerdem sieht sie ihren Ursprung nicht im Buddha Shākyamuni, sondern in einem Buddha namens Shenrab Miwoche.

Die neun Fahrzeuge des Bön bieten Lehren zu praktischen Dingen, wie Grammatik, Astrologie, Medizin, Weissagung, Besänftigung der Geister, sowie Lehren über Logik, Erkenntnislehre, Metaphysik, die verschiedenen Stufen des Tantra und sämtliche Linien der Großen Vollkommenheit (Dzogchen).

**Chakra** (tibet. *khor-lo*). Wörtlich »Rad« oder »Kreis«. Mit dem Sanskritwort Chakra werden die Energiezentren des Körpers bezeichnet. Ein Chakra ist ein Ort, an dem mehrere Energiekanäle (*tsa*) zusammenlaufen. Verschiedene Meditationssysteme arbeiten mit verschiedenen Chakras.

**Chöd** (tibet. *gcod*). Wörtlich »abschneiden« oder »durchschneiden«. Chöd, auch als »geschickter Gebrauch der Furcht« oder »Ausbildung der Gebefreudigkeit« bekannt, ist eine rituelle Praxis, die alles Haften am eigenen Körper und am eigenen Ich beseitigen soll; zu diesem Zweck bringt man alles, was man ist, anderen Lebewesen dar. Zu dieser Praxis gehört zunächst eine sehr umfangreiche Anrufung von Wesen verschiedener Klassen; danach visualisiert der Übende die Zerstückelung und Verwandlung seines Körpers in Opfergaben. Das Chöd-Ritual wird von Gesängen, Trommeln, Glocken und Hörnern begleitet und findet meist an furchteinflößenden Orten statt, etwa auf Bestattungsplätzen und besonders abgelegenen Bergpässen.

**Dākinī** (tibet. *mkha' gro ma*). Der tibetische Ausdruck für Dākinī ist Khadroma und bedeutet wörtlich »die Himmelsreisende«. »Himmel« meint die Leere, und eine Dākinī reist in dieser Leere: Bei allem, was sie tut, ist sie jederzeit im Bewußtsein der Leerheit, der absoluten Wirklichkeit. Eine Dākinī kann eine Frau von Fleisch und Blut sein, die ihr wahres Wesen realisiert hat; oder sie ist eine Göttin oder eine direkte Manifestation des erleuchteten Geistes. Mit Dākinī wird auch eine Klasse von Wesen bezeichnet, die im reinen Reich der Dākinīs geboren werden.

**Dharma** (tibet. *chos*). Dharma ist ein Begriff mit vielen Bedeutungen. Im vorliegenden Buch bezeichnen wir damit die letztlich von den Buddhas ausgehenden Lehren und zugleich den von diesen Lehren gewiesenen spirituellen Pfad. Dharma kann auch »Existenz« bedeuten.

**Dharmakāya** (tibet. *chos sku*). Von einem Buddha sagt man, er besitze drei Körper (Kāyas): Dharmakāya, Sambhogakāya und Nirmānakāya. Dharmakāya, häufig mit »Wahrheitskörper« übersetzt, bezeichnet das absolute Wesen des Buddha, an dem alle Buddhas teilhaben und das auch mit dem wahren Wesen alles Existierenden identisch ist: die Leere. Der Dharmakāya ist nondual, jenseits aller Begrifflichkeit und frei von Kennzeichen oder Merkmalen. (Siehe auch **Sambhogakāya** und **Nirmānakāya.**)

**Drei Wurzelgifte**. Diese drei Gifte sind Unwissenheit, Widerwille und Begierde, die drei Grund-»Plagen«, die dafür sorgen, daß das Leben immer wieder seinen Weg durch die Bereiche des Leidens nimmt.

**Dzogchen** (tibet. *rdzogs chen*), die »Große Vollkommenheit« oder »Große Vollendung«. Dzogchen gilt als die höchste Stufe der Lehre und Praxis im Bön und in der Nyingma-Schule des tibetischen Buddhismus. Die Grundaussage des Dzogchen lautet, daß alles, auch der Mensch, bereits ganz und vollkommen ist. Demzufolge muß man die Dinge weder transformieren (wie im Tantra) noch ihnen entsagen (wie im Sūtra-Buddhismus), sondern sie nur als das erkennen, was sie wahrhaft sind. Die Dzogchen-Praxis, in der das alles zum Ausdruck kommt, wird »Selbstbefreiung« genannt: alle Erfahrung einfach so sein lassen, wie sie ist, ohne daß der Verstand etwas hinzufügt, ohne Anhaften oder Widerwillen.

**Gong-ter** (tibet. *gong gter*). In der tibetischen Tradition gibt es die sogenannte Terma-Tradition. Manche Meister früherer Zeiten haben heilige Gegenstände, Texte oder Lehren, die Termas, versteckt, damit sie von kommenden Generationen wiedergefunden und zum Segen aller angewendet werden konnten. Die tantrischen Meister, die solche Termas auffinden, werden Tertön genannt, »Schatzfinder«. Termas können an bestimmten äußeren Orten, etwa in Höhlen oder auf Bestattungsplätzen, aufgefunden werden, aber auch in Elementen wie Wasser, Holz, Erde oder Raum; manchmal werden sie in Träumen oder visionären Erfahrungen empfangen, oder sie offenbaren sich direkt in den tiefen Schichten des Bewußtseins. Im letzteren Fall spricht man von einem Gong-ter, einem »Geist-Schatz«.

**Jalus** (tibet. *'ja lus*), der »Regenbogenkörper«. Das Zeichen der vollen Erleuchtung ist im Dzogchen das Erlangen des Regenbogenkörpers. Nicht länger vom Anschein der Substantialität oder von Dualismen wie Geist und Materie geblendet, gibt der erleuchtete Dzogchenpa im Sterben die Energie der Elemente frei, aus denen sein Körper gefügt ist. Vom Körper, der sich dann auflöst, bleiben nur Haar und Nägel übrig, und der Sterbende tritt bewußt in den Tod ein.

**Kanal** (tibet. *tsa*, Skrt. *nādi*). Die Kanäle sind die »Adern« des energetischen Kreislaufsystems im Körper; in ihnen bewegen sich die Ströme feinstofflicher Energie, die das Leben erhalten und ihm seine Lebendigkeit geben. Die Kanäle selbst sind ebenfalls energetischer Natur und nicht als anatomische Strukturen aufzufinden. Durch Übung oder natürliche Sensitivität kann man jedoch der Kanäle unmittelbar gewahr werden.

**Karma** (tibet. *las*). Karma bedeutet wörtlich »Handeln« oder »Tat«, steht jedoch allgemein für das Gesetz von Ursache und Wirkung. Jedes körperliche, sprachliche oder geistige Handeln ist ein »Same«, der in der Zukunft eine »Frucht« tragen, also zu entsprechenden Folgen führen wird, und zwar dann, wenn sich die dafür notwendigen Bedingungen und Umstände eingestellt haben. Positives Handeln hat positive Wirkungen, beispielsweise Glück, und negatives Handeln zieht entsprechend negative Folgen nach sich. Das Karma-Gesetz besagt nicht, daß das Leben determiniert ist, sondern daß alle Lebensumstände sich aus früherem Handeln ergeben.

**Karmische Spur** (tibet. *bag chags*). Hinter jeder körperlichen, sprachlichen oder geistigen Aktion steht eine Intention, und jede noch so kleine Aversion oder Begehrlichkeit hinterläßt eine Spur im Geist-Strom des Agierenden. Solche karmischen Spuren akkumulieren sich und prägen jeden Erfahrungs-Augenblick des Betreffenden im positiven oder negativen Sinne.

**Kunzhi** (tibet. *kun gzhi*). Im Bön ist Kunzhi der Grund alles Existierenden, auch des Menschen. Kunzhi ist nicht das gleiche wie das *Ālayavijñāna* des Yogāchāra, das sich eher mit dem Kunzhi namshe (siehe unten) vergleichen läßt. Kunzhi ist die Einheit von Leere und Klarheit, die Einheit der absoluten Unbestimmtheit der höchsten Wirklichkeit und der unaufhörlichen Darbietung von Erscheinung und Gewahrsein. Kunzhi ist der Grund des Seins.

**Kunzhi namshe** (tibet. *kun gzhi mam shes*, Skrt. *ālaya-vijñāna*). Kunzhi namshe ist das Grund-Bewußtsein des Individuums. Es ist das »Lager« oder der »Speicher«, in dem die karmischen Spuren gelagert werden, die die zukünftige Erfahrung bestimmen.

**Lama** (tibet. *bla ma*, Skrt. *guru*). Lama bedeutet wörtlich »höchste Mutter«. Gemeint ist ein spiritueller Lehrer, der für seinen Schüler von größter Wichtigkeit ist. In der tibetischen Tradition sagt man, der Lama sei sogar wichtiger als der Buddha, denn er ist es, der die Lehren für den Schüler lebendig macht. In der relativen Wirklichkeit ist der Lama unser persönlicher Lehrer, aber im Grunde ist er unser eigenes Buddha-Wesen.

**Loka** (tibet. *'jig rten*). Wörtlich »Welt« oder »Weltsystem«. Im Westen werden damit häufig die sechs Bereiche des zyklischen Daseins bezeichnet, doch eigentlich sind damit die größeren Weltensysteme gemeint, von denen nur eins die sechs Bereiche beherbergt. (Siehe **Sechs Bereiche des zyklischen Daseins.**)

**Lung** (tibet. *rlung*, Skrt. *vāyu*). Lung ist die Wind-Lebensenergie, die im Westen vor allem unter einem ihrer Sanskritnamen, Prāna, bekannt ist. Lung hat ein großes Bedeutungsspektrum; im Rahmen unseres

Buches meinen wir damit die Lebensenergie, von der die Vitalität des Körpers und des Bewußtseins abhängen.

**Ma-rigpa** (tibet. *ma rig pa*, Skrt. *avidyā*). »Unwissenheit«. Der Mangel an Wissen um die Wahrheit, um den Grund (Kunzhi). Vielfach werden zwei Arten von Ma-rigpa unterschieden: innewohnende Unwissenheit und kulturelle Unwissenheit.

**Nirmānakāya** (tibet. *sprul sku*). Dies ist der »Emanationskörper« des Dharmakāya. Normalerweise ist damit die sichtbare, körperliche Manifestation des Buddha gemeint. Es klingt jedoch in diesem Begriff die gesamte Dimension der Stofflichkeit an.

**Prāna** (siehe **Lung**).

**Rigpa** (tibet. *rig pa*, Skrt. *vidyā*). »Gewahrsein« oder »Innesein«. Im Dzogchen bezeichnet Rigpa das Gewahren der Wahrheit, das innewohnende Gewahrsein, das wahre Wesen des Menschen.

**Rinpoche** (tibet. *rin po che*). Wörtlich »Kostbarer«. Ein gebräuchlicher Titel als Anrede für einen Lama.

**Samaya** (tibet. *dam tshig*, Skrt. *samaya*). Verpflichtung oder Gelübde. Im allgemeinen die Verpflichtung hinsichtlich des Verhaltens und Handelns, die man im Zusammenhang mit der tantrischen Praxis eingeht. Es gibt allgemeine Gelübde und solche, die zu bestimmten tantrischen Praxisformen gehören.

**Sambhogakāya** (tibet. *longs sku*). Der »Freudekörper« des Buddha. Der Sambhogakāya ist ein gänzlich aus Licht gemachter Körper. In der Tantra- und Sūtra-Praxis wird er häufig visualisiert. Im Dzogchen wird häufiger das Bild des Dharmakāya visualisiert.

**Samsāra** (tibet. *'khor ba*). Der Bereich des Leidens, entstanden aus dem Nicht-sehen-Können des dualistischen Geistes. Hier sind alle Dinge vergänglich und ohne in ihnen selbst liegendes Sein, und alle Lebewesen müssen leiden. Samsāra umfaßt die sechs Bereiche des zyklischen Daseins, wird aber vor allem für die charakteristische Seinsweise von Lebewesen gebraucht, die leiden müssen, weil sie sich nicht vom Wahn der Dualität freimachen können. Samsāra ist für den zu Ende, der die Befreiung von der Unwissenheit und damit das Nirvāna erlangt.

**Sechs Bereiche des zyklischen Daseins** (tibet. *rigs drug*). Gemeinhin spricht man einfach von den »sechs Bereichen« oder »sechs Lokas«.

Zu den sechs Bereichen gehören sechs Arten von Lebewesen: Götter, Halbgötter, Menschen, Tiere, hungrige Geister und Höllenwesen. Die Wesen der sechs Bereiche sind Leiden ausgesetzt. Es handelt sich einerseits im wörtlichen Sinne um Bereiche, in denen die Lebewesen geboren werden; es sind aber zugleich auch Bereiche oder »Bänder« möglicher Erfahrung in unserem gegenwärtigen Leben.

**Shenla Odker** (tibet. *gShen lHa 'od dkar*). Shenla Odker ist die Sambhogakāya-Form des Buddha Shenrab Miwoche, der als Begründer des Bön gilt.

**Shenrab Miwoche** (tibet. *gShen rab mi bo che*). Shenrab Miwoche war der Nirmānakāya-Buddha, in dem das Bön seinen Ursprung hat. Traditionell wird angenommen, daß er vor siebzehntausend Jahren gelebt hat. Seine Biographie füllt in der Bön-Literatur fünfzehn Bände.

**Sūtra** (tibet. *mdo*). Sūtras sind Texte, die die unmittelbar vom historischen Buddha Shākyamuni stammenden Lehren enthalten. Den Sūtra-Lehren liegt der Pfad der Entsagung zugrunde, und so bilden sie die Basis des monastischen Buddhismus.

**Tantra** (tibet. *rgyud*). Tantras sind wie die Sūtras Lehren des Buddha, aber viele Tantras wurden erst durch Yogis der Terma-Tradition wiederentdeckt. In den Tantras geht es um den Pfad der Transformation, und zur Praxis dieses Weges gehören Übungen für den Umgang mit dem Energiekörper, Bewußtseinsübertragung, Traum- und Schlaf-Yoga und manches andere. Manche Tantras, nämlich die über den Pfad der nicht-allmählichen Transformation, können auch Dzogchen-Lehren enthalten.

**Tapihritsa** (tibet. *ta pi hri tsa*). Obgleich man Tapihritsa als historische Persönlichkeit ansieht, wird er auf Abbildungen als Dharmakāya-Buddha dargestellt, nackt und ohne Schmuck, eine Personifikation der absoluten Wirklichkeit. Er ist einer der beiden Hauptmeister in der Dzogchen-Linie des *Zhang Zhung Nyan Gyud*.

**Tigle** (tibet. *thig le*, Skrt. *bindu*). Tigle kann je nach Zusammenhang viele verschiedene Bedeutungen haben. Die ursprüngliche Bedeutung ist »Tropfen« oder »Punkt«, aber im Traum- und Schlaf-Yoga meinen wir damit eine Kugel aus Licht, die eine bestimmte Bewußtseinsqualität repräsentiert und bei der Meditation als Punkt der Sammlung dient.

**Tsa**, siehe **Kanal**.

**Yidam** (tibet. *yid dam*, Skrt. *devatā*). Ein Yidam ist eine Schutz- oder Meditationsgottheit, Verkörperung eines Aspekts des erleuchteten Geistes. Es gibt vier Arten von Yidams: friedvoll, zunehmend, machtvoll und zornvoll oder rasend. Yidams manifestieren sich in diesen verschiedenen Formen, um bestimmte negative Kräfte zu überwinden.

**Yogi** (tibet. *rnal 'byor pa*). Ein Mann, der einen meditativen Yoga wie etwa den Traum- und Schlaf-Yoga praktiziert.

**Yoginī** (tibet. *rnal 'byor ma*). Weibliche Praktizierende eines meditativen Yoga.

**Zhang Zhung Nyan Gyud** (tibet. *Zhang Zhung snyang rgyud*). Das *Zhang Zhung Nyan Gyud* stellt einen der wichtigsten Zyklen von Dzogchen-Lehren im Bön dar. Es gehört zur Upadesha-Klasse der Lehren.

**Zhine** (tibet. *zhi gnas*, Skrt. *shamathā*). »Ruhiges Verweilen« oder »Stille«. Bei der Übung des ruhigen Verweilens richtet man sich auf ein äußeres oder inneres Objekt aus, um Sammlung und geistige Stabilität zu entwickeln. Das ruhige Verweilen ist eine Grundlagenpraxis, auf der alle höheren Meditationsformen aufbauen, unverzichtbare Voraussetzung für Traum- und Schlaf-Yoga.

# Literatur


## *Tibetische Texte*

Ma rgyud Sangs rgyas rgyud gsum

1. *Ma rgyud thugs rje nyi ma'i gnyid pa lam du khyer ba'i grel pa*

2. *Ma rgyud thug rje nyi ma'i rmi ba lam du khyer ba'i Hgrel pa*

*A-khrid thun-mtshams bcu-lnga dang cha-lag bcas*
*Zhang Zhung Nyan rgyud bka' rgyud skor bzhi*

## *Bücher in deutscher und englischer Sprache*

Gyatrul Rinpoche, Venerable: *Ancient Wisdom: Nyingma Teachings on Dream Yoga, Meditation and Transformation*. Ithaca, New York.

Namkhai Norbu: *Traum-Yoga: Der tibetische Weg zu Klarheit und Selbsterkenntnis*. Bern u.a. 1994.

Shardza Tashi Gyaltsen: *Heart Drops of Dharmakaya: Dzogchen Practice of the Bön Tradition.* Ithaca, New York.

Varela, Francisco (Hg.): *Traum, Schlaf und Tod: Grenzbereiche des Bewußtseins.* Der Dalai Lama im Gespräch mit westlichen Wissenschaftlern. München 1998.

## *Ebenfalls von Tenzin Wangyal Rinpoche*

Tenzin Wangyal: *Der kurze Weg zur Erleuchtung: Dzogchen-Meditation nach den Bön-Lehren Tibets.* Frankfurt am Main 1997.

# Kontaktadressen

Tenzin Wangyal Rinpoche lehrt in den USA, Mexiko und Europa. Informationen über seine Lehrtätigkeit und die anderer Bön-Lehrer erhalten Sie über das von Tenzin Wangyal gegründete Ligmincha-Institut:

The Ligmincha Institute
P.O. Box 1892
Charlottesville, Virginia 22903, U.S.A.
Telefon: 001-804-977 6161, Fax: 001-804-977 7020
Internet: www.ligmincha.org, E-mail: ligmincha@aol.com

Tenzin Wangyal Rinpoche gibt regelmäßig Seminare im deutschen Sprachraum (Deutschland, Österreich, Schweiz). Informationen über diese Veranstaltungen erhalten Sie über:

Naldjor-Institut, Gerd Manusch, E-mail: naldjor@t-online.de
oder Martin Hönig, Denninger Str. 198, 81927 München,
Tel./Fax: 089-93 82 29, E-mail: 113037.752@compuserve.com

Stephanie Wagner, Stuttgarter Str. 15, 60329 Frankfurt,
Tel.: 069-61 87 21
oder Wolfgang Krebs, Josef-Wimer-Str. 38, 60488 Frankfurt,
Tel.: 069-7 68 17 86

Andreas Wehowsky, Hakenweg 17, 26349 Jaderberg,
Tel.: 044554-91 82 24, Fax: 04454-82 72, E-mail:
awehowsky@aol.com

Jörg Tammen, Am Steinback 29, 31848 Bad Münder,
Tel.: 05042-5 24 31, E-mail: Jtammen@t-online.de

Österreich: Karoline Seltenheim, Karl-Maisl-Straße 5/I,
A-3100 St. Pölten, E-mail: k.seltenheim@nol.at

Schweiz: Karin Eisenegger, E-mail: garuda@bluewin.ch